U0124427

广视角・全方位・多品种

权威·前沿·原创

广州蓝皮书

BLUE BOOK
OF GUANGZHOU

中国广州经济发展报告
（2011）

主　编／李江涛　　刘江华
副主编／欧江波　　杜家元

ANNUAL REPORT ON ECONOMIC DEVELOPMENT
OF GUANGZHOU IN CHINA (2011)

社会科学文献出版社
SOCIAL SCIENCES ACADEMIC PRESS (CHINA)

法 律 声 明

"皮书系列"（含蓝皮书、绿皮书、黄皮书）为社会科学文献出版社按年份出版的品牌图书。社会科学文献出版社拥有该系列图书的专有出版权和网络传播权，其 LOGO（▮）与"经济蓝皮书"、"社会蓝皮书"等皮书名称已在中华人民共和国工商行政管理总局商标局登记注册，社会科学文献出版社合法拥有其商标专用权，任何复制、模仿或以其他方式侵害（▮）和"经济蓝皮书"、"社会蓝皮书"等皮书名称商标专有权及其外观设计的行为均属于侵权行为，社会科学文献出版社将采取法律手段追究其法律责任，维护合法权益。

欢迎社会各界人士对侵犯社会科学文献出版社上述权利的违法行为进行举报。电话：010 - 59367121。

社会科学文献出版社

法律顾问：北京市大成律师事务所

广州经济蓝皮书编辑委员会

摘　要

　　《中国广州经济发展报告（2011）》是由广州市社会科学院主持编写的《广州蓝皮书》系列之一，由广州市社会科学院党组书记李江涛研究员、副院长刘江华研究员联袂担任主编，是由科研团体、高等院校和政府部门的专家学者共同撰写的关于广州宏观经济分析预测及相关重要专题研究的权威著作。本书分为总报告、"十二五"发展研究、产业经济、区域经济、其他研究五部分，共收录研究报告或论文16篇。

　　2010年，广州成功主办亚运会和亚残运会，显著提升了城市综合环境和城市形象，促进了宏观经济持续较快增长。全年经济增长13.0%，增幅比2009年提高1.5个百分点；完成地区生产总值10604.48亿元，成为继上海、北京之后第三个进入"万亿元俱乐部"的城市。展望2011年，世界经济将步入缓慢复苏期，在新兴国家经济增长的带动下，全球经济可望实现3%～4%的增长，但仍面临欧元区主权债务危机、美元泛滥、国际贸易摩擦加剧等风险；而我国将实施积极的财政政策和稳健的货币政策，宏观经济有望继续保持平稳较快增长，但仍存在经济内生增长动力不足、刺激政策边际效应递减等不利因素。2011年，广州要充分发挥"后亚运"效应，推动服务业大发展；继续推动重大项目建设，增强城市发展后劲；积极推进技术创新，加快经济发展方式转变；进一步提升城市管理水平，加快解决重大民生问题。综合考虑各方面影响因素，经课题组模型测算，预计2011年广州地区生产总值增长12%左右。

Abstract

Annual Report on Economic Development of Guangzhou in China (2011), one volume of the Blue Book Series compiled by the Guangzhou Academy of Social Sciences (GZASS), is an authoritative publication on the analysis and prediction of Guangzhou's economy as well as related study of the vital subjects. This book, with professor Li Jiangtao & Liu Jianghua, president & deputy president of GZASS, as the editors-in-chief, embodies newest achievements of experts and scholars from research institutes, universities and government departments. This research includes 5 parts, that is, general report, research on the Twelfth Five-year Plan development, industrial economy, regional economy, other research etc. , and contains 16 reports or theses in all.

In 2010, Guangzhou successfully hosted the Asian Games and Asian Paralympics, which significantly improved the synthesis environment and image of the city, and promoted the sustained and rapid growth of the macro economy. Annual economy in 2010 grew at a rate of 13. 0% , 1. 5 percentage points higher than that in 2009; GDP reached 1. 06 trillion yuan, which makes Guangzhou become the third city into the "one trillion yuan club" after Shanghai and Beijing. Outlook for 2011, the world economy will enter a period of slow recovery. The global economy, led by the economic growth in emerging countries, is expected to achieve a growth of 3% −4% , but there are still some risks, such as the sovereign crisis in the euro area, the U. S. dollar flooding, international trade frictions; China will implement a proactive fiscal policy and prudent monetary policy, the economy of China is expected to maintain a steady and rapid growth, but there are still some negative factors, such as lacking of endogenous economic growth momentum, diminishing marginal effects of stimulus. In 2011, Guangzhou should fully give play to the " Post-Asian Games" effect, promote the great development of the service industry; Continue to promote the construction of major projects, strengthen the urban development potential; Actively promote the technological innovation, speed up the change in the mode of economic development; Further upgrade the level of the city management, expedite the settlement of the major livelihood issues. Considering various factors, and estimated by the Research Group's model, Guangzhou's GDP is expected to grow at a rate about 12% in 2011.

目　录

B Ⅳ 区域经济

B Ⅴ 其他研究

皮书数据库阅读使用指南

CONTENTS

B I General Report

B II Research on the Twelfth Five-year Plan Development

B III Industrial Economy

B IV   Regional Economic

B V   Other Research

总 报 告

General Report

B.1

2010年广州经济分析与2011年预测

广州宏观经济分析预测课题组*

摘　要： 2010年广州成功主办亚运会和亚残运会，显著提升了城市综合环境和城市形象，促进了宏观经济持续较快增长。全年经济增长13.0%，增幅比2009年提高1.5个百分点；完成地区生产总值10604.48亿元，成为继上海、北京之后第三个进入"万亿元俱乐部"的城市。展望2011年，世界经济将步入缓慢复苏期，在新兴国家经济增长带动下，全球经济可望实现3%~4%增长，但仍面临欧元区主权危机、美元泛滥、国际贸易摩擦加剧等风险；而我国将实施积极的财政政策和稳健的货币政策，宏观经济有望继续保持平稳较快增长，但仍存在经济内生增长动力不足、刺激政策边际效应递减等不利因素。综合考虑各方面因素影响，经课题组模型测算，预计广州2011年生产总值增长12%左右。

关键词： 广州经济　经济增长　经济运行分析　经济预测　城市经济

---

* 课题顾问：李江涛，广州市社会科学院党组书记、研究员，刘江华，广州市社会科学院副院长、研究员；课题组长：欧江波、唐碧海，广州市社会科学院数量经济研究所（经济决策仿真实验室）所长、副所长；课题组成员：周兆钿、范宝珠、邓晓雷、江彩霞、伍庆。

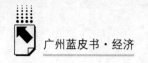
一 2010 年广州经济运行情况

2010 年广州经济增长呈现以下特征：从产业看，农业生产稳步发展；工业保持较快增长，但下半年受亚运会影响增速有所放缓；服务业在亚运会的带动下实现较快发展，物流、商贸、餐饮、旅游等全面增长；金融市场平稳运行，而房地产在国家严厉的调控政策下成交萎缩。从三大需求看，固定资产投资高位运行，消费市场需求旺盛，商品出口增长快中趋缓。在国内经济规模最大的 7 个城市中，2010 年广州经济增长快于上海、北京和深圳，但慢于天津、重庆和苏州（见图1）。

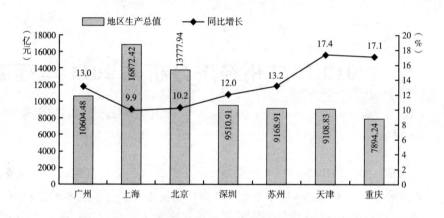

图1 2010 年国内主要城市经济总量及增长情况

（一）工业生产增长较快，企业效益持续好转

工业生产实现较快增长。2010 年，全市完成规模以上工业总产值 14721.47 亿元，同比增长 17.6%，增幅比 2009 年提高 7.4 个百分点。从月度增长情况来看，2010 年广州工业增长呈现"前高后低"的态势，一方面，由于 2009 年工业增长受到全球金融危机影响，呈现"前低后高"的走势，从而使 2010 年工业增长的基础出现差异，导致"前高后低"态势的出现；另一方面，2010 广州亚运会在第四季度召开，部分企业将生产任务尽量前移到前三季度，第四季度出现局部限产停产，这也是造成工业增幅逐步下降的重要原因。从经济类型来看，2010 年规模以上民营工业企业产值增长 18.4%，超过了国有及国有控股工业企业产值 15.3% 的增速（见图2）。

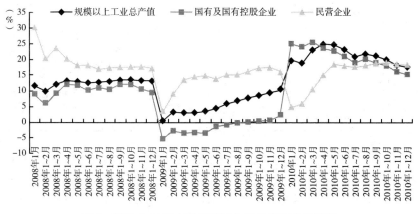

图 2　2008 年以来广州规模以上工业产值增长情况

三大支柱产业快速增长。2010 年三大支柱产业完成规模以上工业产值 6649.56 亿元，同比增长 23.3%，增幅高出 2009 年 3 个百分点。当年，汽车制造业、电子产品制造业、石油化工制造业分别完成产值 2878.44 亿元、1802.75 亿元和 1968.37 亿元，同比分别增长 21.2%、32.8% 和 18.5%（见图 3）。三大支柱产业全年增速变化呈现不同的特征：汽车制造业增幅逐步下降，主要由于竞争激烈使汽车企业销售压力加大，二季度个别汽车企业相继发生罢工导致汽车产量下降，此外缺乏新增大项目支持也是一个重要因素；电子制造业也逐步回落，主要原因在于电子产品出口产值下降幅度大；石油化工制造业增幅基本稳定。在电子产业快速增长的带动下，高新技术产品产值增长迅猛，2010 年广州规模以上工业企业实现高新技术产品产值 5670.71 亿元，同比增长 28.9%，增速比 2009 年提高了 11.6 个百分点。

工业出口和投资增长较快。2010 年规模以上工业实现出口产品产值 2815.66 亿元，同比增长 20.0%，增幅比 2009 年提高 16.9 个百分点。分月度看，工业出口产品产值累计增幅在上半年达到 32.0% 后开始逐月回落。2010 年完成工业固定资产投资 601.15 亿元，同比增长 11.8%（见图 4）。分行业看，电子制造业完成投资额增长最快，2010 年完成投资 43.94 亿元，同比增长 48.7%，而汽车制造业完成投资 69.65 亿元，同比下降 27.5%。

工业企业经济效益向好。2010 年广州规模以上工业企业实现主营业务收入 13545.39 亿元，同比增长 23.4%，增幅比 2009 年提高了 17.3 个百分点；实现利税总额 1660.74 亿元，利润总额 970.25 亿元，同比分别增长 26.5% 和 31.6%，增幅比 2009 年提高了 8.5 个和 9.3 个百分点。亏损企业经营状况持续好转，全

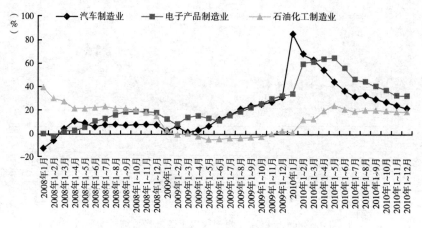

图3　2008年以来广州三大支柱产业产值增长情况

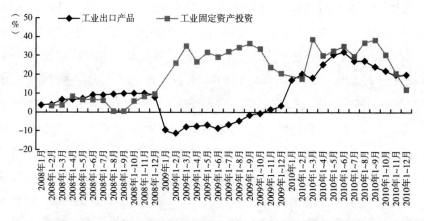

图4　2008年以来广州工业出口产品和工业固定资产投资增长情况

市规模以上工业亏损企业亏损额为57.05亿元,在2009年大幅下降33.1%的基础上2010年继续下降29.3%（见图5）。

广州工业增长落后于天津、重庆、上海、苏州和北京。从全国经济规模最大的七个城市看,2010年广州规模以上工业企业完成总产值14721.47亿元,产值规模落后于上海、苏州、深圳和天津;工业产值增长17.6%,增幅只高于深圳,低于天津、重庆、上海、苏州和北京（见图6）;工业投资方面,广州只略高于深圳,远低于天津、重庆、苏州、上海（见图7）。从全国和广东省内的工业增加值增长情况来看,2010年广州规模以上工业增加值同比增长16.4%,增速低于全省平均水平（17.6%）,但高于深圳（13.8%）和全国平均水平（15.7%）。

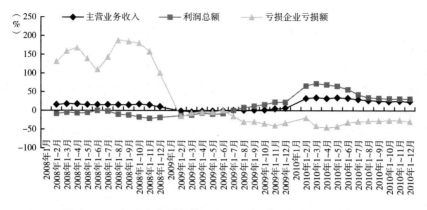

图 5　2008 年以来广州规模以上工业企业经济效益增长情况

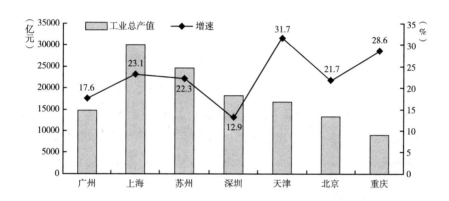

图 6　2010 年国内主要城市规模以上工业企业产值及增长情况

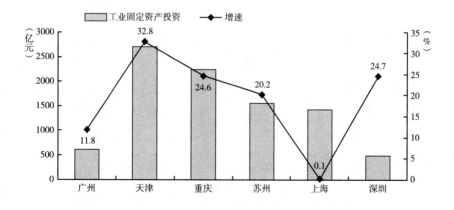

图 7　2010 年国内主要城市工业固定资产投资及增长情况

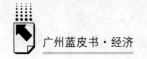

（二）亚运会成功举办，带动服务业全面发展

2010 年广州成功主办亚运会和亚残运会，带动了商贸、物流、餐饮、旅游等服务业的全面增长。同时，全球经济逐步好转、国内经济持续向好、国家一揽子促进内需政策实施、一系列节庆促销活动的举行较好地促进了服务业发展。

批发零售业大幅提升。2010 年广州实现社会消费品零售总额 4476.38 亿元，实现商品销售总额 21204.27 亿元，同比分别增长 24.2% 和 40.0%，增幅比 2009 年分别提高 8 个和 27 个百分点（见图 8）。其中，批发销售增长迅猛，全年批发零售企业实现批发销售额 17345.44 亿元，同比增长 44.4%，增幅比 2009 年提高了 32 个百分点，高于同期商品销售总额增速 4.4 个百分点，改变了 2009 年商品销售总额增幅高于批发销售总额增幅的情况，广州作为国家中心城市的商贸辐射功能进一步增强。工业生产持续向好，对成品油、金属材料、煤炭、化工原料等生产资料的需求大增以及物价的上涨是批发销售额有较大幅度增长的主要原因。零售市场持续兴旺，全年批发零售业实现社会消费品零售额 3883.59 亿元，同比增长 23.4%，增幅比 2009 年提高 7.6 个百分点。在国内经济规模最大的 7 个城市中，广州消费市场总量规模仅次于北京和上海，增长情况好于其他城市，社会消费品零售总额增速高于北京、上海、天津、重庆、深圳和苏州（见图 9）。

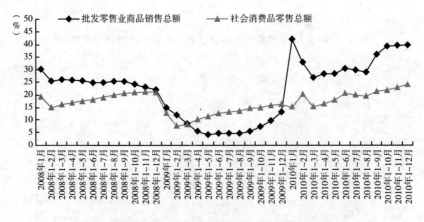

图 8　2008 年以来广州批发零售业主要指标增长情况

交通运输业全面向好。2010 年广州完成货运量 57460.98 万吨，同比增长 9.4%，增幅比 2009 年提高了 3.5 个百分点；完成货物周转量 2450.26 亿吨千

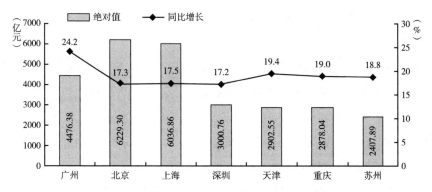

图 9 2010 年国内主要城市社会消费品零售总额及增长情况

米，同比增长 12.6%，在 2009 年负增长 11.3% 的基础上实现恢复性增长。港口运输保持稳定增长，全年完成港口货物吞吐量 42341.05 万吨，同比增长 12.8%，增幅比 2009 年提高了 11.2 个百分点，完成集装箱吞吐量 1267.33 万 TEU，同比增长 12.0%（见图 10）。港口腹地经济的增长加大了对港口货物运输的需求，大宗商品价格上涨使煤炭、矿石、钢铁、粮食等主要货类吞吐量有较大幅度增长。航空货运快速增长，全年累计完成机场货邮吞吐量 145.04 万吨，同比增长 18.6%。全球经济全面好转以及联邦快递业务快速发展，使机场货邮吞吐量在 2009 年高增长的基础上仍实现较快增长。

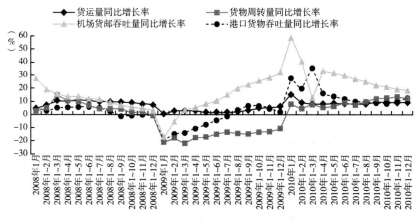

图 10 2008 年以来广州交通运输业主要指标增长情况

住宿餐饮和旅游业迅猛增长。2010 年广州住宿餐饮业实现零售额 592.78 亿元，同比增长 29.5%，增幅比 2009 年提高了 11.2 个百分点。其中，在亚运会举办的 11 月，住宿餐饮业实现零售额 57.10 亿元，同比增长 50.1%，增速高于 2009 年同期 34.9 个百分点。亚运会的成功举办促进了广州旅游市场的发展。2010 年广州实现旅游业总收入 1254.61 亿元，其中旅游外汇收入 46.89 亿美元，同比分别增长 26.2% 和 29.4%，增速比 2009 年分别提高了 7.5 个和 13.6 个百分点。2010 年广州接待过夜旅游者 4506.38 万人次，同比增长 13.4%，增速比 2009 年提高了 0.7 个百分点。11 月份，在亚运会运动员、裁判员等工作人员及各地游客大量集中到来的影响下，广州接待过夜旅游者 650.63 万人次，同比增长 18.8%，其中海外旅游者 125.91 万人次，同比分别增长 44.4%，增速高于 2009 年同期 20.1 个百分点；实现旅游业总收入 123.67 亿元，其中旅游外汇收入达到 6.18 亿美元，同比分别增长 40.5% 和 73.7%，增速高于 2009 年同期 16.0 个和 52.9 个百分点（见表 1）。

表 1　2008 年 11 月~2010 年 11 月广州旅游、餐饮、商业情况

类　　别	2008 年 11 月		2009 年 11 月		2010 年 11 月	
	绝对值	同比增长（%）	绝对值	同比增长（%）	绝对值	同比增长（%）
社会消费品零售总额（亿元）	267.19	22.2	328.90	24.0	421.49	33.1
其中：批发零售业（亿元）	222.04	22.5	276.91	25.8	364.39	30.8
住宿餐饮业（亿元）	45.15	20.7	51.99	15.2	57.10	50.1
商品销售总额（亿元）	1101.05	12.1	1482.03	34.5	2090.55	40.0
接待过夜旅游者（万人次）	447.15	2.4	547.64	22.5	650.63	18.8
其中：海外旅游者（万人次）	70.12	1.7	87.17	24.3	125.91	44.4
旅游业总收入（亿元）	70.70	0.9	88.00	24.5	123.67	40.5
旅游外汇收入（亿美元）	2.94	-7.8	3.56	20.8	6.18	73.7

（三）房地产交易明显缩减，金融市场平稳运行

住宅市场交易明显缩减。一手住宅成交显著减少。2010 年广州十区一手住宅网上签约面积为 657.2 万平方米，成交量与 2009 年的 978.39 万平方米（该数据为交易登记面积，与网上签约面积在统计方式上有所区别）相比出现较大幅度的下降。房地产宏观调控政策对广州一手住宅月度成交影响较大：受 4 月 17 日出台的"新国十条"影响，5~7 月成交量大幅萎缩，每月网签面积均在 35 万平方米以下；进入 8 月份，开发商由于担忧宏观调控政策收紧及亚运停工因素影响而加大推货力度，购房者也担心更严厉调控政策的出台而纷纷"抢购"，成交出现新一轮的活

跃，8～10 月网上签约面积不断攀升；随着 10 月 15 日广州"限购"政策的出台，11 月、12 月成交量又大幅减少（见图 11）。二手住宅市场成交量亦有所缩减，2010年广州二手住宅交易登记面积为 825.40 万平方米，与 2009 年相比下降了 13.9％。

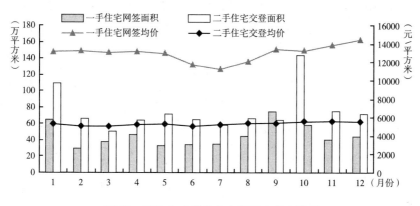

图 11　2010 年广州住宅市场月度成交情况

住宅市场价格高位运行。一手住宅成交价格高位运行。2010 年广州十区一手住宅网上签约均价为 13074 元/平方米，与 2009 年交易登记均价 9346 元/平方米相比有较大幅度的上涨。分区域看，中心城区上涨幅度大于外围四区，2010 年 12 月中心城区（越秀、荔湾、海珠、天河、白云、黄埔六区）和外围四区（番禺、花都、南沙、萝岗六区）一手住宅网签均价分别为 21034 元/平方米和 9698 元/平方米，同比分别上涨 30.2％ 和 14.7％（见图 12）。二手住宅成交价格上涨相对温和，2010 年二手住宅交易登记均价为 5302 元/平方米，与 2009 年相比上涨了 10.5％。

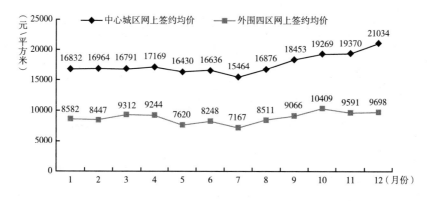

图 12　2010 年广州中心城区和外围四区一手住宅市场价格情况

金融市场平稳运行。存贷款平稳增长，规模不断扩大。2010 年末，广州金融机构人民币存贷款余额分别为 23384.50 亿元和 14987.73 亿元，比年初分别增长 14.6% 和 19.0%，增速分别比 2009 年低 9.6 个和 4.2 个百分点（见图 13）。在国内经济规模最大的 7 个城市中，广州存贷款规模居北京和上海之后位列全国第三位，而从增长情况看，存款增速低于其他 6 个城市，贷款增速高于北京、上海和深圳，但低于重庆、天津和苏州（见图 14）。从贷款结构看，年末金融机构人民币中长期贷款余额 11172.61 亿元，短期贷款余额 3148.54 亿元，分别比年初增长 21.9% 和 13.3%，中长期贷款余额增速高于短期贷款增速 8.6 个百分点。全年累计新增人民币贷款 2389.57 亿元，略高于上年同期水平（2293.43 亿元）。受通胀预期和人民币升值预期等因素影响，广州存贷款呈现出贷款长期化、贷款增速快于存款的趋势。

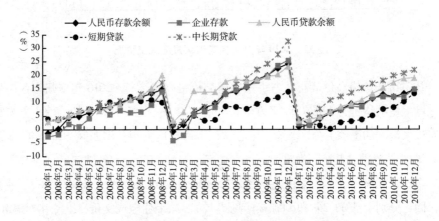

图 13　2008 年以来广州人民币存贷款增长情况

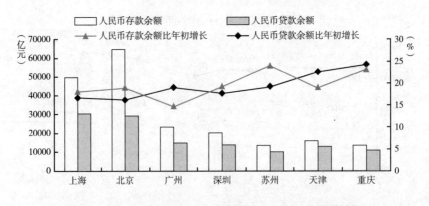

图 14　2010 年国内主要城市人民币存贷款余额及增长情况

（四）农业生产稳定发展，农村基础设施建设扎实推进

农业生产稳定发展。2010 年全市实现农业总产值 323.38 亿元，同比增长 3.5%。全市蔬菜种植面积 53 万亩，复种和套种面积 205 万亩，全年蔬菜产量 340 万吨、水产品产量 45 万吨、家禽出栏量 1 亿只，基本满足广州蔬菜、水产、家禽的总量自给；年均生猪出栏数 260 万头、水果产量 43 万吨、禽蛋产量 3 万吨、牛奶产量 5 万吨，肉、蛋、奶的自给率均达到 30% 左右。本年度出台实施《广州市新菜地开发建设基金征收办法》、《广州市生猪养殖管理办法》，农业法规体系进一步完善。全市有 37 个农业项目被列入市产业发展重点项目，8 个被列入省现代农业 100 强。新增农民专业合作社 123 家，江南果蔬批发市场成为国家级农业龙头企业，农产品电子商务、"农超"对接等现代流通方式蓬勃发展。海洋综合管理不断深化，野生动植物资源保护进一步加强。

农村基础设施建设扎实推进。坚持规划先行，开展了农村建设用地布局与控制指标等基础研究，完成 788 个行政村的村庄规划审批。全市新增扶持 153 个行政村进行基础设施建设和村容村貌整治，有 68 个村开展农村生态示范村创建工作。开展了 65 项农村"五小"水利工程整治建设项目；完成 542 个站点、共涉及 296 个行政村的农村生活污水处理工程，受惠农村居住人口 66 万人；农村自来水改水受益率达到 99.96%。完成自然村通水泥路建设 400 公里，农村和城乡接合部"绿道"建设 667 公里。完成在册农村危房改造 11604 户，占任务总量的 64.5%。建设中央农村改厕项目 3000 户，农村卫生厕所普及率达到 97.78%。农家连锁店达到 39 个镇级店和 1165 个村级店，实现镇村全覆盖。

（五）固定资产投资高位运行，资金到位情况良好

固定资产投资快速增长。2010 年全市完成固定资产投资 3263.57 亿元，同比增长 22.7%，增幅高于 2009 年 0.4 个百分点。受第四季度因"亚运"停工影响，增速自 6 月份开始逐月回落，全年增速与上半年相比回落 20.8 个百分点（见图 15）。其中，房地产开发完成投资 983.66 亿元，同比增长 20.3%，增幅高于 2009 年 13.2 个百分点，占全社会固定资产投资额的 30.1%，占比与 2009 年相比下降了 0.6 个百分点。亚运村和体育场馆建设进入冲刺阶段，城市基础设施项目建设全面推进是 2010 年以来固定资产投资快速增长的主要原因。2010 年投

资额超 20 亿元的项目共有 7 个，分别是南方航空公司购置飞机项目、亚运城及亚运场馆工程、西江引水工程、地铁二/八号延长线工程、三号线新机场线路工程、新广州站及相关工程和万达广场工程。从投资主体看，国有投资继续保持稳定增长，全年完成投资 1553.99 亿元，同比增长 22.1%，占全社会固定资产投资额的 47.6%，政策性投资因素仍是拉动投资增长的主力；民营投资恢复增长，全年完成投资 541.45 亿元，同比增长 16.6%，增幅高于 2009 年 11.1 个百分点。从产业看，第二、第三产业投资均实现较快增长，分别完成投资 625.87 亿元和 2634.27 亿元，同比分别增长 14.7% 和 24.8%。

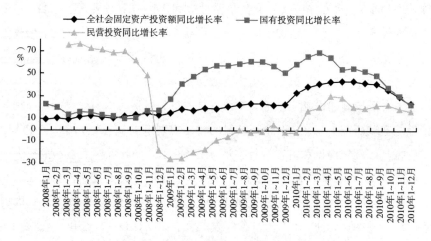

图 15 2008 年以来广州固定资产投资增长情况

资金到位情况良好。2010 年广州全社会固定资产投资到位资金 3910.50 亿元，同比增长 22.2%，到位资金与投资的比例为 1.2:1，资金到位情况良好。从投资项目到位资金结构看，自筹资金增长明显，全年累计到位资金 2039.80 亿元，同比增长 36.2%，占本年到位资金总额的 52.2%，占比与 2009 年相比提高了 5.4 个百分点。自筹资金投入量的多少取决于企业的资金情况和投资意愿。从企业资金情况看，2009 年国家为应对全球经济危机实行宽松的货币政策，企业存款实现较快增长，2010 年广州地区金融机构企业存款余额在 2009 年高增长的基础上仍实现 14.7% 的增长，企业可用于投资的资金比较充裕。同时，2009 年第四季度以来，国内外经济持续向好，物价不断上涨，工业企业利润增长较快，企业家信心提高，企业投资意愿增强。2010 年下半年以来，受国家货币政策调整影响，银行贷款收紧，固定资产投资到位资金中的国内贷款的增速自 6 月份开始明显回落，1～12 月累计同比增长 14.5%，增幅与上半年（44.2%）相比回落了 29.7 个百分点。

广州投资规模落后于其他国家中心城市。虽然 2010 年以来广州固定资产投资实现较快增长，投资增速高于北京、上海、深圳和苏州，但投资规模却远远落后于其他国家中心城市。2010 年广州完成固定资产投资 3263.57 亿元，仅为重庆（6934.80 亿元）的 47.1%，天津（6511.42 亿元）的 50.1%，北京（5493.5亿元）的 59.4%，上海（5317.67 亿元）的 61.4%，投资的不足将严重影响广州今后的发展后劲（见图 16）。

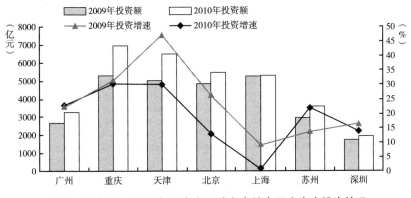

图 16　2009 年、2010 年国内主要城市全社会固定资产投资情况

（六）进出口快中趋缓，利用外资呈现变暖趋势

商品进出口快中趋缓。2010 年全市实现商品进出口总值 1037.76 亿美元，同比增长 35.3%，其中，进口 553.96 亿美元，出口 483.80 亿美元，同比分别增长 41.0% 和 29.3%。进出口的迅猛增长得益于"稳出口、促进口"政策的持续作用，同时广州出口产品以中低端产品为主，所以出口恢复较快。但自 2010 年 6 月以来世界经济复苏势头明显放缓，外需逐步下降，加之 2009 年下半年对比基数逐步走高，全年进出口增幅持续回落（见图 17）。

进口产品结构不断优化。2010 年广州实现一般贸易进口和加工贸易进口分别达 309.67 亿美元和 192.88 亿美元，同比增长 29.4% 和 56.8%；机电产品进口和高新技术产品进口分别为 242.41 亿美元和 134.07 亿美元，同比增长 48.6% 和 62.1%（见图 18）。进口贸易伙伴中韩国表现最为突出，2010 年广州从日本、欧

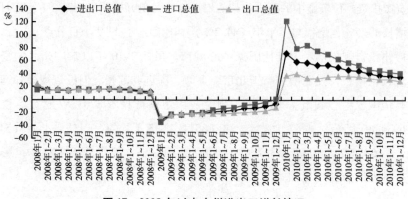

图 17 2008 年以来广州进出口增长情况

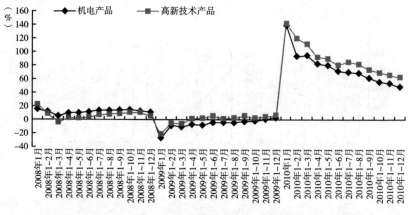

图 18 2008 年以来广州机电产品和高新技术出品进口增长情况

盟、韩国和美国进口额分别达到 111.55 亿美元、85.02 亿美元、64.22 亿美元和 43.61 亿美元，同比分别增长 39.4%、28.2%、120.1% 和 25.8%（见图 19）。

出口增长相对均衡。2010 年全市实现一般贸易出口和加工贸易出口分别达到 202.59 亿美元和 259.65 亿美元，同比分别增长 26.4% 和 30.4%；机电产品和高新技术产品出口达到 263.91 亿美元和 99.03 亿美元，同比分别增长 31.9% 和 30.3%（见图 20）。广州对主要贸易伙伴出口均实现大幅增长，对香港、美国和欧盟出口额分别达到 125.43 亿美元、91.76 亿美元和 78.68 亿美元，同比分别增长 35.2%、24.8% 和 24.2%（见图 21）。从全国经济规模最大的 7 个城市来看，2010 年广州出口规模低于深圳、上海、苏州和北京，增长速度落后于重庆和苏州，但高于上海、深圳、天津和北京（见图 22）。

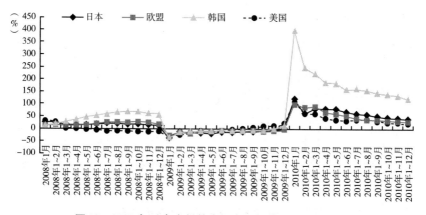

图 19　2008 年以来广州从主要贸易伙伴进口增长情况

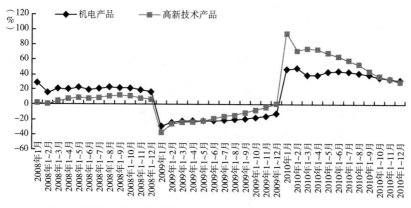

图 20　2008 年以来广州机电产品和高新技术出品出口增长情况

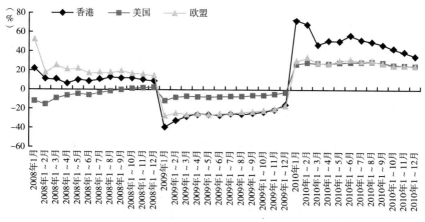

图 21　2008 年以来广州对主要贸易伙伴出口增长情况

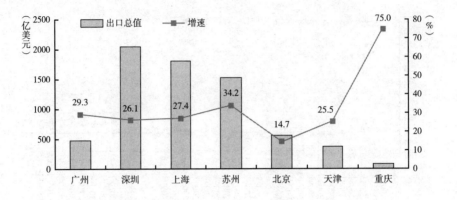

图22 2010年七大城市出口总值及增长情况

　　使用外资呈现变缓趋势。2010年广州外商直接投资中实际利用外资金额达到39.79亿美元，同比增长5.4%，增长比较缓慢（见图23）。从全国经济规模最大的7个城市来看，广州实际使用的外商直接投资规模处于第六位，2010年利用外资39.79亿美元，低于上海（111.21亿美元）、天津（108.49亿美元）、苏州（85.35亿美元）、北京（63.64亿美元）和深圳（42.97亿美元）（见图24）。但值得注意的是，2010年广州合同利用外资中的外商直接投资达到49.74亿美元，同比大幅增长31.4%，表明外商对广州未来发展充满信心，广州未来实际使用外资有望跟随上涨。

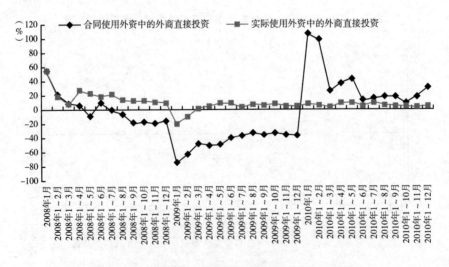

图23 2008年以来广州使用外商直接投资增长情况

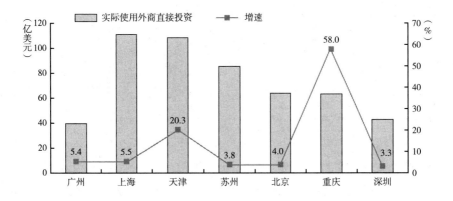

图 24　2010 年七大城市实际使用外商直接投资情况

（七）财政税收增长较快，城乡居民收入稳步提高

财政税收实现较快增长。2010 年广州完成税收 2902.04 亿元，同比增长 23.4%，增速高于 2009 年 16.9 个百分点。其中，国税规模首次突破 2000 亿元大关，完成收入 2057.5 亿元，同比增长 27.8%，增速高于 2009 年 20.2 个百分点，国税规模仅次于直辖市上海、北京和天津，居全国副省级城市首位。地税实现收入 844.54 亿元，同比增长 13.8%，增速高于 2009 年 9.5 个百分点（见图 25）。2010 年广州税收增长较快的原因在于：一是 2009 年受全球经济危机影响

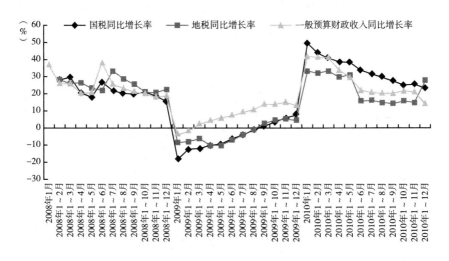

图 25　2008 年以来广州财政税收增长情况

对比基数较低，二是 2010 年在国内外经济恢复性增长及亚运经济拉动下，广州全年地区生产总值突破万亿元，对税收增长形成了有力支撑。2010 年广州实现地方财政一般预算收入 872.65 亿元，同比增长 20.2%，增速高于北京（16.1%）、上海（13.1%），但低于苏州（20.9%）、深圳（25.7%）、天津（30.1%）和重庆（49.4%）。

城乡居民收入稳步提高。2010 年广州城市居民人均可支配收入达到 30658.49 元，同比增长 11.0%，增幅高于 2009 年 1.9 个百分点。城市居民收入实现"四个增长"，即工资性收入同比增长 10.9%，转移性收入同比增长 11.5%，经营性收入同比增长 9.4%，财产性收入同比增长 18%。2010 年全市农村居民人均年纯收入 12688 元，同比增长 14.7%，增幅高于 2009 年 2.1 个百分点，增速连续五年超过两位数，连续三年超过同期城市居民人均可支配收入增幅（见图 26）。农村居民收入持续较快增长的原因在于：亚运工程建设拓展了农民外出就业空间，中心镇、山区镇经济的快速发展带动了农民就地就近就业，农民工资性收入稳步提高；农产品价格上涨推动农业效益增加，新型农民培训提升了农民生产经营水平，观光休闲农业、乡村旅游、"农家乐"经营兴旺，农民家庭经营收入增长明显；农业农村各项补贴进一步落实，强农惠农政策效应突出，转移性收入继续保持较快增长；城乡"三旧"改造和产业转移效果显著，土地流转加快，农村集体经济股份制改革不断深化，农民财产性收入呈现加速增长势头。但是，城乡居民收入差距有进一步扩大的趋势，

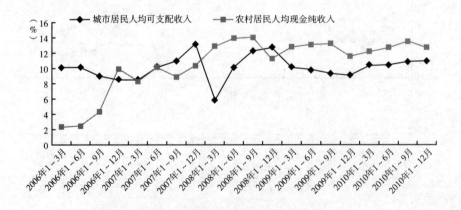

图26　2008年以来农村居民人均现金收入增长情况

2010 年广州城市居民人均可支配收入与农村居民人均纯收入之比为 2.41∶1，比 2009 年的 2.24∶1 有所扩大。

（八）消费价格逐步上涨，能源原材料价格涨幅较大

城市居民消费价格逐步上涨。2010 年，伴随着整体国际和国内经济形势的好转，物价呈现逐月走高态势。广州城市居民消费价格总指数在 2009 年负增长的基础上逐步回升，1 月份为全年最低点，然后逐月上涨，一季度、上半年、前三季度和全年城市居民消费价格总指数分别较 2009 年同期上涨了1.7%、2.8%、2.9% 和 3.2%。其中，消费品价格上涨 4.1%，服务项目价格上涨 1.2%。随着整体经济形势的回暖，全国和广东省的城市居民消费价格总指数也从 1 月份的全年最低位开始逐步回升，但广州上升的幅度大于全省和全国（见图 27）。在全国经济规模最大的 7 个城市中，广州的城市居民消费价格总指数低于天津（103.5）、深圳（103.5）和苏州（103.4），高于上海（103.1）和北京（102.4），与重庆持平。

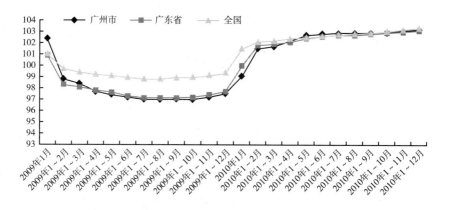

图 27　2009 年以来全国、广东省和广州市的居民消费价格指数走势

衣着、食品和居住等成为带动城市居民消费价格上涨的主要品种。在构成城市居民消费价格的八大类商品中，明显上涨的有衣着（上涨 6.6%）、食品（上涨 5.7%）、居住（上涨 4%）、医疗保健和个人用品（上涨 3.2%）、烟酒及用品（上涨 2.8%）等五类，其他三类与 2009 年基本持平（见图28）。衣着类和居住类价格是在 2009 年分别下降 5.4% 和 4.7% 的基础上实

现恢复性上涨。而食品类价格上涨主要是由于鲜菜价格上涨所带动的。受天气等因素影响，2010 年鲜菜价格同比上涨了 21.6%，同时水产品类和粮食类价格也出现一定程度的上涨，分别上涨 4.6% 和 4.1%，三者共同推动了食品类价格的上涨。

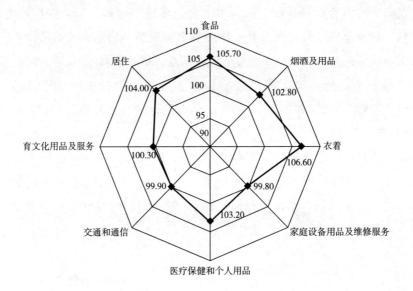

图 28　2010 年广州居民消费价格分类指数雷达

能源原材料价格上涨幅度大于工业品出厂价格涨幅。2010 年广州能源原材料价格上涨 10.87%，工业品出厂价格上涨了 2.44%，能源原材料价格涨幅高于工业品出厂价格涨幅 8.43 个百分点，为工业企业带来巨大的成本压力。分月度看，能源原材料价格上涨呈现"先升后稳"态势，1～8 月持续上涨，从 1 月的同比上涨 3.65% 上升到 1～8 月累计同比上涨 11%，9月份开始升幅趋于稳定，累计同比涨幅基本保持在 10%～11% 之间。工业品出厂价格上涨也呈现"先升后稳"态势，1～5 月不断上涨，从 1 月的同比上涨 1.84% 上升到 1～5 月累计同比上涨 3.0%，6 月份开始升幅趋于稳定，累计同比涨幅基本维持在 2.5%～3.0% 之间（见图 29）。工业品出厂价格的上涨主要是由重工业品和生产资料出厂价格上涨所致，两者分别上涨 3.97% 和 4.58%，而轻工业品和生活资料出厂价格则与 2009 年基本持平。

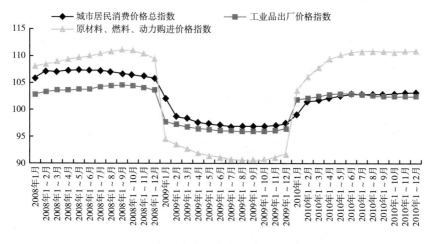

图 29　2008 年以来广州的主要价格指数走势情况

二　2011 年广州经济发展环境分析

（一）国际经济环境分析

1. 全球经济步入缓慢复苏期

2010 年主要发达国家经济在 2009 年低基数基础上出现了回升态势。美国经济第一季度 GDP 同比增长率为 2.4%，至第三季度提高到 5.2%，连续五个季度同比正增长，表明美国经济步入复苏期。日本经济第一季度 GDP 大幅增长 5.9%，结束了连续 5 个季度的同比负增长，但第二季度增速急剧回落到 3.5%，第三季度增速再次回升至 5.3%（见图 30）。欧元区经济与美国走势基本相同，除了德国经济较理想之外，其他国家经济复苏速度略显不足。

当前世界经济复苏总体上比较缓慢、缺乏动力。究其原因，一是发达国家个人和政府过度消费模式的转变不仅需要持续一段时间，而且还会影响消费增长，进而影响经济复苏；二是金融领域去杠杆化远未完成，金融市场功能的恢复尚需时日，难以推动实体经济的实质性复苏；三是新能源、环保等新兴产业由于技术、政策等原因，短期内还不足以带动新一轮经济增长。

国际货币基金组织（IMF）2010 年 10 月发布的《世界经济展望》认为，全球经济复苏仍然脆弱，增长速度将趋于下行，但急剧下滑的可能性较低。预测全

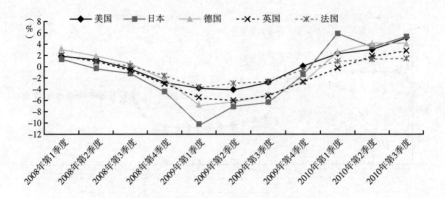

图 30   2008 年以来主要发达国家 GDP 同比增长率

资料来源：美国商务部，日本内阁府，欧盟统计局。

球经济 2010 年和 2011 年将分别增长约 4.8％和 4.2％，其中，新兴和发展中经济体在 2010 年和 2011 年将分别增长 7.1％和 6.4％；发达经济体 2010 年和 2011 年的增长率将只有 2.7％和 2.2％（见表 2）。世界银行 2011 年 1 月的《全球经济

表 2   三大机构对 2011 年世界及主要国家经济增长率的预测

单位：%

地区、国家	IMF （2010 年 10 月）	世界银行 （2011 年 1 月）	联合国经济与社会事务部 （2010 年 12 月）
世界	增长 4.2	增长 3.3	增长 3.1
发达国家	增长 2.2	增长 2.4	—
美国	增长 2.3	增长 2.8	增长 2.2
日本	增长 1.5	增长 1.8	增长 1
欧洲地区 *	增长 1.5	增长 1.4	增长 1.3
德国	增长 2.0	—	—
法国	增长 1.6	—	—
英国	增长 2.0	增长 1.8	—
发展中国家	增长 6.4	增长 6.0	增长 6
中国	增长 9.6	增长 8.7	增长 8.9
俄罗斯	增长 4.3	增长 4.2	—
印度	增长 8.4	增长 8.5	增长 8.2
巴西	增长 4.1	增长 4.4	—

＊世界银行、联合国报告中的分类是"欧元区"。

资料来源：国际货币基金组织《世界经济展望》，世界银行《全球经济展望》，联合经济与社会事务部《2011 年世界经济形势与展望》，并根据最新数据补充。

展望》也对 2011 年全球经济增长持审慎乐观态度，认为全球经济仍将稳步增长，但速度放缓，不确定性和风险犹存，在发展中国家经济带动下，全球经济 2011 年有望增长 3.3%。2011 年全球经济复苏的可持续性受制于以下几个因素：一是银行贷款的恢复和金融市场的进一步正常化；二是刺激性的财政和货币政策的逐步推出；三是克服持续的产能闲置和高失业率带来的负面影响。

2. 2011 年全球经济仍面临较大风险

世界经济下行风险依然存在。大部分发达经济体失业率高企、消费者信心不足以及收入和财富的减少抑制了居民消费；金融稳定受挫，市场波动加剧，使投资者信心下降；欧元区的主权债务风险以及美国高企的双赤字，限制了政府刺激经济的空间。大部分新兴经济体的高增长仍然依赖于发达经济体的需求，全球结构性滞胀、贸易保护主义、国际资本冲击以及汇率战的风险仍然令人担忧。

首先，发达国家经济增长前景并不乐观。尽管在个人消费支出增长、美元贬值、放松出口管制、大幅减税等因素拉动下，2010 年美国第三季度 GDP 修正值按年率增长 2.5%，好于预期，但美国经济增长的前景并不乐观。这主要由于：传统制造业不具有比较优势，高科技行业由于受创新周期及新技术应用需时间的限制在短期内难以推动美国经济新一轮增长，前期出台的《制造业促进法案》和"出口倍增计划"等措施的实质性作用不大；房地产市场持续疲软，包括止赎房屋和银行收回但尚未挂牌出售的房屋在内的"影子库存"激增带来了巨大的供给压力，10 月份全美成屋销量和价格双双下滑，新屋销量意外大幅下跌 8.1% 至 28.3 万套，仅次于 2010 年 8 月份创下的 27.5 万套的最低纪录。欧元区主权债务危机持续以及金融不稳定因素的存在，迫使欧洲央行再次推迟退出经济刺激措施的时间。日本出口增长乏力，至 2010 年 10 月份，出口增幅连续 8 个月放缓，日元走强和外需减弱让日本经济增长前景蒙上阴影。

其次，发达国家失业率高企，消费增长难以乐观。尽管经济出现了复苏，但是发达国家的失业状况依然没有明显改善，经济发展进入了"无就业增长"的困境，其中美国和欧洲尤甚。美国失业率 2010 年基本在 9.6% 上下徘徊，2010 年 11 月非农业部门失业率再次意外攀升，达到 9.8%，美联储预计失业率到 2011 年底仍将位于 9% 的高位（见图 31）。欧洲的失业率也不容乐观，IMF 预测欧元区 2011 年的失业率仍将高达 10%。高企的失业率加重了消费者对未来收入前景的担忧，直接影响了居民消费意愿的恢复。

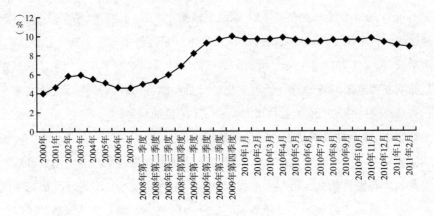

图31　2000 年以来美国失业率变化情况

资料来源：美国劳工部。

再次，美元的泛滥将进一步加剧国际金融动荡。高额的政府债务和贸易赤字迫使美国政府利用美元在国际货币体系中的特殊地位，不惜采取财政赤字货币化和美元贬值措施，为政府债务融资，转嫁刺激经济的成本和削减外债水平。2008年 12 月以来，美联储一直将联邦基准利率的目标区间维持在 0% ~ 0.25% 不变，并一再重申将在较长时间内维持利率在"异常低位"。为了压低长期利率，2010年 11 月，美联储实施第二轮 6000 亿美元的定量宽松政策，并且不排除继续推出新的定量宽松政策。其他各国或明或暗地采取针对性应对措施，导致货币竞争性贬值，加剧了国际金融动荡。美元的泛滥导致全球重要基础商品价格剧烈波动，并进一步对其他商品价格造成冲击，给发展中国家稳定金融市场和宏观经济带来严重挑战。

3. 国际贸易摩擦呈现常态化趋势

由于消费者信心的波动以及各国经济刺激政策的潜在退出，全球市场不确定性增强，各主要经济体顾及自身利益与发展的趋势明显，贸易摩擦将在一段时间内呈现常态化。2010 年上半年，随着世界经济步入复苏，全球贸易救济数量大幅度下降，世界贸易组织成员在全球范围内发起的反倾销调查和反补贴调查分别较上年同期下降 29% 和 44%；但是随着复苏步伐趋缓，各国经济复苏进程进一步分化，前期被掩盖的问题不断暴露，国际市场需求短期内难以显著恢复，美欧日等主要经济体自顾倾向强化，更倾向于滥用贸易救济措施，甚至强化对绿色、新能源产业和电子信息产品的贸易保护。加上欧美等国提出了"重振实体经济"、"再工业化"和"产业回归"等策略，出台"奖出限入"措施，鼓励产业回流、进口替代和出口促进，普遍强化了贸易保护政策，加剧了国际市场的竞争。

近来，对华发起的贸易调查继续呈高发态势，以知识产权、技术性壁垒等形式出现的摩擦也不断增多。当前我国遭受的贸易摩擦从绝对数量上有所减少，但从相对数量上仍呈增加态势，出口贸易环境不容乐观。我国面临的对外经贸环境更为复杂，一些国家在人民币汇率、自主创新、新能源政策、知识产权保护、投资环境、稀土出口等问题上，频繁对中方施压。摩擦对象正由发达国家向新兴和发展中国家蔓延，涉及的产品也从传统的劳动密集型的纺织品、化工产品向能源、电子信息技术等新兴产业扩展。2010 年前 11 个月，我国共遭遇来自 19 个国家或地区发起的 56 起贸易救济调查案件，涉案金额 70 亿美元。其中，美国对我国发起了知识产权"337 调查"19 起，"301 调查"1 起。

（二）国内经济环境分析

1. 我国经济将继续保持平稳较快增长

2010 年我国经济基本实现年度发展目标。面对复杂多变的国内外环境和各种重大挑战，我国实施了一揽子应对计划及相关政策措施，加快推进经济结构调整和发展方式转变，加强和改善宏观调控，使三大需求均实现较快增长，呈现出经济增长较快、结构不断优化、市场基本稳定、民生继续改善的良好态势。全年国内生产总值达到 397983 亿元，比上年增长 10.3%。投资增速高位趋稳，全社会固定资产投资达 278140 亿元，增长 23.8%；居民消费持续较旺，社会消费品零售总额达 154554 亿元，增长 18.4%；消费市场价格得到较好控制，居民消费价格同比上涨 3.3%；外贸全面恢复，2010 年实现进出口总值 29727.26 亿美元，增长 34.7%，其中出口 15779.3 亿美元，增长 31.3%，进口 13948.3 亿美元，增长 38.7%。

2011 年我国经济将呈现稳定增长的态势。国家信息中心预计 2011 年我国 GDP 增速为 9.5% 左右，比 2010 年有所回落。中国社会科学院发布的预测报告认为，在保持宏观调控政策力度相对稳定的条件下，2011 年我国经济仍将保持高位平稳较快增长态势，GDP 增长率将稳步回升到 10% 左右的水平。国务院发展研究中心产业经济研究部副部长杨建龙预计，2011 年全年 GDP 增速为 9.2% ~

9.7%。国家统计局总工程师郑京平预测，2011年我国经济增长速度在8%至9%之间。国家发改委对我国2011年经济增长的预期目标是8%。

世界银行2010年11月发布的《中国经济季报》预测中国经济2011年增速会达到8.7%。国际货币基金组织（IMF）2010年10月发布的《经济形势展望》预测中国经济2010年有望达到9.6%的增长。高盛和联合国经济与社会事务部的预测更加乐观，分别认为中国GDP增长将达10%和10.2%（见表3）。

表3　国内外重要机构对2011年中国经济增长的预测

机构名称	GDP增长（%）	CPI（%）	新增信贷（万亿元）	发布时间
IMF	9.6	—	—	2010年10月
世界银行	8.7	—	—	2011年11月
联合国经济与社会事务部	10.2	—	—	2010年12月
国家信息中心	9.5	—	—	2010年12月
中国社会科学院	10	—	—	2010年10月
高盛	10	4.3	8	2010年12月
摩根斯坦利	9	4.5	7	2010年12月
野村证券	9.8	3.6	8.5	2010年12月
花旗银行	9.2	4.6	7.5	2010年12月
美国银行&美林银行	9.1	4.5	7	2010年12月
渣打银行	8.5	5.5	6~7	2010年12月
国家发改委预期目标	8	4	增长16%	2010年12月

2. 国家宏观调控政策逐步由宽松转向稳健

尽管2010年我国经济实现了较好的发展，但是也要看到，在后金融危机的复杂环境下我国经济发展中的结构性、体制性问题更为突出，错综复杂的国内国际问题、短期长期问题相互交织，经济社会发展还面临不少困难和问题。2011年我国经济的主要担忧包括：资产价格持续上升，地方财政紧张，银行呆坏账渐显，通胀风险也不能排除，粮食稳定增产和农民持续增收基础不牢固，经济结构调整压力加大，资源环境约束强化，改善民生和维护社会稳定任务艰巨等。因此，2010年底召开的中央经济工作会议明确指出，2011年要以科学发展为主题，以加快转变经济发展方式为主线，加快推进经济结构战略性调整，增强经济发展的协调性、可持续性和内生动力，力争实现"十二五"良好开局。

国家宏观经济政策总体将逐步由比较宽松转向稳健。2011 年，我国将实施积极的财政政策和稳健的货币政策，更加积极稳妥地处理好保持经济平稳较快发展、调整经济结构、管理通胀预期的关系，增强宏观调控的针对性、灵活性、有效性，把稳定价格总水平放在更加突出的位置，巩固和扩大应对国际金融危机冲击成果，保持经济平稳较快发展。在积极的财政政策方面，将发挥财政政策在稳定增长、改善结构、调节分配、促进和谐等方面的作用；保持财政收入稳定增长，优化财政支出结构，压缩一般性支出；加强地方政府性债务管理，坚决防止借"十二五"时期开局盲目铺摊子、上项目；继续加大对促进就业、保障性住房、"三农"、公共服务、节能减排等方面的支持力度。在稳健的货币政策方面，要按照总体稳健、调节有度、结构优化的要求，把好流动性总闸门，把信贷资金更多投向实体经济特别是"三农"和中小企业，更好地服务于保持经济平稳较快发展；进一步完善人民币汇率形成机制，保持人民币汇率在合理均衡水平上的基本稳定。在房地产调控方面，为巩固和扩大几年来的调控成果，逐步解决城镇居民住房问题，继续有效遏制投资和投机性需求，促进房地产市场平稳健康发展，国务院在 2011 年 1 月 26 日出台了《国务院办公厅关于进一步做好房地产市场调控工作有关问题的通知》（"新国八条"），从加大房地产市场供给、抑制不合理需求、加强保障性住房建设、规范市场秩序等方面强化房地产市场调控，预计将对 2011 年广州房地产业和建筑业产生较大冲击。

（三）粤港澳经济与政策分析

1. 广东经济

2010 年广东经济发展质量和效益明显提高，结构调整取得新进展，民生保障进一步增强。全省实现地区生产总值 45472.83 亿元，增长 12.2%。其中第一、第二、第三产业分别增长 4.4%、14.5% 和 10.1%。2010 年广东进出口贸易总值达到 7846.60 亿美元，增长 28.4%，其中 7~12 月的月度外贸出口屡次刷新历史最高纪录。扩大内需成效明显，全社会固定资产投资 16113.19 亿元，增长 20.7%。社会消费品零售总额达到 17414.66 亿元，增长 17.3%。继续深入推进"广货全国行"，广货的国内市场得到进一步拓展。

2011 年广东将突出"促进转型、改善民生、深化改革"三个重点，全力开拓国内外市场，着力加快调整产业结构和推动自主创新，深入推进珠三角一体化和"双转移",切实加强文化建设,努力发展社会事业。广东省为了更加突出调整结构和转变发展方式,将 2011 年经济增长目标定为 9%。本书课题组预计 2011 年广东经济将有望保持 11% 以上的较快增长。

2. 香港经济

香港经济承接 2009 年第四季度的恢复势头继续强劲复苏,本地生产总值在 2010 年一、二、三和四季度分别比上年同期增长 8.1%、6.4%、6.7% 和 6.2%,全年比 2009 年增长 6.8%。受亚洲市场旺盛需求和欧美经济复苏的拉动,货物出口和服务输出均呈强劲增长势头。经济转好使就业形势得到改善,12 月失业率降至 4.0%,就业不足率只有 1.8%。随着就业形势好转和收入的增加,私人消费进一步增长,但投资增长受设备购置回落而趋缓。受内外成本压力影响,12 月消费物价温和上涨了 3.1%,全年上涨 2.4%。

2011 年,香港政府将继续实行控制房地产业潜在风险和抑制炒卖活动的措施,优先处理住房、老龄化和贫富差距等民生问题,并争取把对香港的国际金融、贸易和航运及物流中心定位纳入国家"十二五"规划,积极推进与深圳和台湾的交流与合作,继续巩固香港的金融、旅游、贸易及物流、工商支援及专业服务业等四大支柱产业,积极发展医疗、教育、环保、检测和认证、创新科技、文化及创意等六大优势产业,推动香港经济朝着多元化、高增值方向发展。预计 2011 年香港经济仍将保持较快增长,国际货币基金组织 2010 年 11 月预计香港经济在 2010 年增长 6.75%,2011 年则回落至 5% ~ 5.5%,政府需要特别关注金融及物业价格稳定。汇丰银行 2010 年 12 月预测香港经济 2011 年增长 5.2%,物价估计将会显著上升,达到 4.4%。

3. 澳门经济

在博彩业及旅游业带动下,2010 年澳门经济增长强劲。本地生产总值在 2010 年的一、二和三季度分别比上年同期增长 17.2%、31.5% 和 27.1%。1 ~ 11 月博彩业毛收入同比增长 56.6%,1 ~ 10 月旅客入境流量同比增长 16%,上半年对外商品贸易也保持了上升势头,同比增长 15.6%,但本地货物出口仍然下降,同比下降了 33.2%。就业形势改善,支持了私人消费的回升,消费回升和博彩、旅游业的快速增长也使综合消费物价平均指数回升,1 ~ 11 月同比上升了 2.71%。预计 2011 年在中国内地经济和香港经济的带动下,澳门经济将保持良好增长势头。

三 广州经济景气分析与趋势判断

根据课题组构建的广州宏观经济景气监测预警系统的监测结果，从 2010 年 1 月至 2010 年 12 月广州经济合成指数值和预警指数值如表 4 所示。

表 4 2010 年 1 月~2010 年 12 月广州经济合成指数和预警指数

时　　间	先行指数	一致指数	预警指数	时　　间	先行指数	一致指数	预警指数
2010 年 1 月	110.92	111.10	145.90	2010 年 7 月	104.08	103.53	116.11
2010 年 2 月	110.71	111.62	145.37	2010 年 8 月	103.21	101.92	118.94
2010 年 3 月	109.83	111.14	144.50	2010 年 9 月	102.73	100.81	115.80
2010 年 4 月	108.44	109.69	138.12	2010 年 10 月	102.65	100.16	108.76
2010 年 5 月	106.82	107.66	126.44	2010 年 11 月	102.89	99.87	108.76
2010 年 6 月	105.32	105.49	124.63	2010 年 12 月	103.24	99.72	108.76

（一）先行指数走势

广州经济先行指数的峰谷平均领先一致指数的峰谷 4~5 个月。广州经济景气预警监测系统的监测结果表明，2010 年 12 月先行指数为 103.24（2000 年 = 100），先行指数从 2010 年 1 月开始回落后连续下降 9 个月，到 2010 年 10 月达到谷底，2010 年 11 月、12 月开始回升（见图 32）。

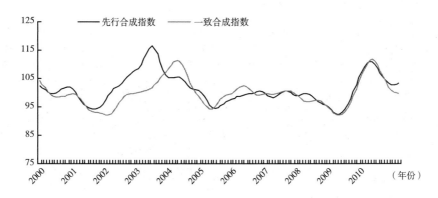

图 32 2000 年以来广州经济先行指数和一致指数走势

（二）预警灯号和预警指数走势

2010 年 12 月广州宏观经济预警指数为 108.76，与上月持平，预警指数自 2010 年 1 月以来一直回落，目前已经回落到稳定区间的上半部。在 12 月预警指数的 10 个构成指标（经季节调整去除季节因素和随机因素影响）中，有 2 个指标处于过热区间（社会消费品零售总额、人民币贷款余额），2 个指标处于偏热区间（全社会固定资产投资额、城市居民消费价格总指数），4 个指标处于稳定区间（货运量、商品进出口总值、一般预算财政收入、规模以上工业企业利润总额），2 个指标处于偏冷区间（规模以上工业总产值、十区房屋交易登记金额）（见表 5）。

表 5　2010 年广州月度宏观经济景气监测信号灯

类别＼月份	01	02	03	04	05	06	07	08	09	10	11	12
规模以上工业总产值	●	●	●	●	◉	○	○	◎	◎	◎	◎	◎
社会消费品零售总额	●	●	●	●	●	●	●	●	●	●	●	●
货运量	●	●	●	●	●	○	○	○	○	○	○	○
十区房屋交易登记金额	●	●	◎	○	◎	○	⊗	⊗	◎	◎	◎	◎
全社会固定资产投资额	●	●	●	●	●	●	●	●	●	●	●	●
人民币贷款余额	●	●	●	●	●	●	●	●	●	●	●	●
商品进出口总值	●	●	●	●	●	●	●	●	◉	○	○	○
一般预算财政收入	●	●	●	●	◉	◉	●	●	●	●	●	●
规模以上工业企业利润总额	◉	◉	◉	◉	○	○	○	○	○	○	○	○
城市居民消费价格总指数	○	○	○	◉	◉	◉	◉	◉	◉	◉	◉	◉
预警指数	●	●	●	●	●	●	◉	◉	◉	◎	◎	◎
	145.90	145.37	144.50	138.12	126.44	124.63	116.11	118.94	115.80	108.76	108.76	108.76

说明：●过热；◉偏热；○稳定；◎偏低；⊗过冷。

从预警指数走势图来看，2010 年宏观经济从 6 月份的过热发展回到稳定发展阶段，经济景气自 2010 年 1 月到达这一轮经济周期的顶峰以来至 12 月份呈现持续下降态势（见图 33）。

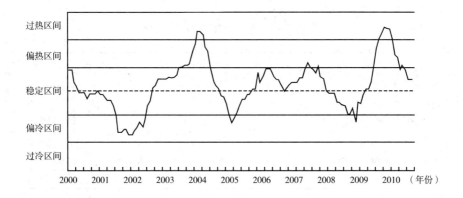

图 33　2000 年以来广州经济预警指数走势

（三）未来三到六个月经济景气预测

课题组预计，2010 年 12 月后的 3～6 个月广州经济景气将呈现企稳回升态势，但回升速度较慢且基本处于稳定区间。这是因为：①从经济先行合成指数走势来看，广州先行合成指数领先一致合成指数 4 个月左右，先行合成指数在 2010 年 1 月、2 月冲高回落，到 2010 年 10 月触底回升，但回升的幅度比较小，因此未来 3～6 个月经济景气呈现企稳并且缓慢回升态势的可能性较大。②从预警指数的走势来看，预警指数于 2010 年第一季度达到了这一轮经济波动的高点，其后转向下行，但 2010 年底有企稳的迹象，由此判断未来 3～6 个月经济景气存在企稳回升的可能。③受亚运会期间停工限产措施影响的行业，在亚运会结束后陆续恢复生产，由此带动未来半年的工业生产、货运和进出口的回升，经济景气在未来 3～6 个月回升的可能性大。

（四）2010～2011 年主要经济指标预测

根据国内外宏观环境分析、广州宏观经济景气分析结论，我们对广州宏观经济计量模型（GMEAM）在 2010 年和 2011 年需要的外生变量作了初步估计，以便对 2011 年的广州主要经济指标进行初步预测。模型的外生变量的取值见表 6。

在设定了外生变量的 GMEAM 模型模拟基础上，对 2011 年的广州主要经济指标的预测结果见表 7。

表6　GMEAM 模型外生变量设置

单位：%

外生变量	2007 年	2008 年	2009 年	2010 年	2011 年预测
世界贸易总额增速	15.17	13.26	−11.3	9	6.3
全国固定资产投资增速	24.8	25.9	30.1	23.8	20.0
全国社会消费品零售总额增速	16.8	21.6	15.5	18.4	18.5
全国居民消费价格指数	4.8	5.9	−0.7	3.3	4.0
全国工业品出厂价格指数	3.1	6.9	−5.4	5.5	5.0
全国能源原材料价格指数	4.4	10.5	−7.9	9.6	8.0

说明：a. 2010 年、2011 年世界贸易总额增速使用了国际货币基金组织的预测值；

b. 2011 年全国固定资产投资增速、全国社会消费品零售总额增速等经济指标预测值使用国家信息中心 2010 年 9 月 28 日发布的《2011 年中国经济发展情景预测》中的预测数据，其中 2011 年的预测值为平稳增长情景下的预测值；

c. 2011 年全国居民消费价格指数、全国工业品出厂价格指数、全国能源原材料价格指数等经济指标预测值由课题组根据历史趋势预测。

表7　2011 年广州经济主要指标预测

单位：亿元，%

项　　　目	2009 年全年		2010 年全年		2011 年全年预测	
	绝对值	增长率	绝对值	增长率	绝对值	增长率
地区生产总值	9138	11.7	10604.48	13	12537	12.0
第一产业增加值	172	3.8	189.05	3.2	203	3.0
第二产业增加值	3405	9.3	3950.64	13	4646	12.0
第三产业增加值	5561	13.4	6464.79	13.2	7689	12.2
一般预算财政收入	703	13	872.65	20	986	13.0
全社会固定资产投资	2660	22.3	3263.57	22.7	3590	10.0
社会消费品零售总额	3616	13.4	4476.38	24.2	5148	15.0
城镇居民消费价格指数	97.5	−2.5	103.2	3.2	104.0	4.0
海关出口总额	374	−12.9	483.80	29.3	532	10.0

四　对策建议

（一）充分发挥后亚运效应，推动服务业大发展

广州成功主办亚运会，不仅全面改善了城市基础设施和城市环境质量，而且

大大提升了广州的整体城市形象和城市影响力。根据大型运动会对举办城市经济影响的一般规律，举办亚运会对广州经济发展特别是服务业的发展具有明显的促进作用。广州要在以下几方面抓住后亚运时代衍生出的大量商机，充分发挥"后亚运"的正效应，大力推动广州服务业加快发展步伐：一是要充分利用"亚运"的品牌效应，积极争取国家政策支持，加快建设七大现代服务业核心功能区，大力发展总部经济、金融保险、现代物流、信息服务等国家中心城市支撑功能，针对迅速发展的第三方电子支付、现代物流、互联网金融、网上交易等电子商务相关服务业，成立专门机构负责统筹协调规划这些行业的发展，努力把过去广州想做却做不了、想推却推不动的关键要事大事落实。二是要及时抓住"亚运"推动带来的机会，完善广州商业布局，积极引进世界品牌，大力推动新型消费模式，借"亚运"重锤进一步夯实广州作为华南消费中心的地位，提升广州"千年商都"形象。三是要积极利用成功举办亚运会的综合影响力，提升广州城市旅游的吸引力，要适应游客日渐成熟的旅游观念和多元化的需求，积极与周边地区联合创新开发旅游产品，对广州现有旅游产品重新整合，推出主题各异、特色鲜明、有深度有品位的新产品。四是要利用承办亚运会的经验及影响，大力引进国际品牌展会，积极承办国际和全国重要会议，充分发挥广交会的龙头带动作用和中博会、广博会、留交会的品牌效应，加快培育广州自主品牌展会，努力构建"会展之都"，要通过行业协会建立行业发展基金，支持在广州举办各种类型的学术会议、文化交流、展览会、运动会等活动，吸引大量游客前来洽谈贸易、旅游观光并进行技术合作、信息沟通和人员互访，不断扩大酒店业市场空间。五是要开拓亚运场馆经营的新思路，及时借助亚运带来品牌效应统筹亚运场馆经营；通过招商引资引入国际知名运营服务商，培育大型体育场馆经营管理人才；通过积极承办各种重大体育赛事或国际性节事活动，建设会议展览、商业商务、住宿餐饮等互补项目，提高场馆利用价值。

（二）继续推动重大项目建设，增强城市发展后劲

要加快国家中心城市建设步伐，围绕城市主体功能区未来发展需要，继续大力投入城市基础设施建设。一是要进一步完善交通基础设施，通力配合国家、省和周边城市加快高铁、城轨和高速路建设，继续完善空港、海港等交通枢纽功能，加大地铁、BRT、轻轨等市内交通骨干网络建设力度。二是要大力优化城市

空间结构，积极推进"三旧"（旧城镇、旧村庄、旧厂房）改造项目，加快"中新知识城"基础设施建设，继续深入推进"双转移"（产业转移、劳动力转移）工作，加大政府对农村地区交通、教育、医疗、环境治理等基础设施的投入力度。三是要加快实施《珠江三角洲地区改革发展规划纲要》有关战略性工程，积极争取国家立项支持，确保未来经济发展后劲。

要加大招商引资工作力度，重点强化重大产业项目储备，及时谋划一批能够支撑广州经济发展、符合广州产业发展方向和功能区规划要求的重大产业项目。主动开展招商引资，加强与行业和技术领先企业的交流与沟通，利用各种机会邀请他们来广州寻求投资机会，积极面向欧美日等地区开展招商引资活动，根据广州未来发展需要制定有针对性的招商引资策略。注重提升投资质量，提高招商引资的技术、环境和效益门槛，大力引进市场潜力大、附加值高、产业关联强、环境友好的优质项目。要提高项目服务质量，建立和完善各类服务平台，加大全市招商资源和信息的统筹力度，加强各部门和各区域的协调配合，明确各方责任，提高征地拆迁工作效率，确保重点招商引资项目得到落实。要落实重点项目计划目标责任，加强重点项目督办考核，健全重点项目工作协调运行机制，加快重点项目的策划、引进、申报、建设和投产工作。

（三）积极推进技术创新，加快转变经济发展方式

要加快构建城市自主创新体系。加大政府投入力度，加强公共创新平台建设，促进产学研有效结合；大力实施提升自主创新能力行动计划，切实增强企业自主创新能力；完善创新政策体系，加大政策支持力度。投入专项资金设立专门网站，发现和寻求解决广州经济社会发展面临的关键技术问题，借助中国留学人员广州科技交流会的品牌地位和平台作用，充分利用国内外科技人才力量为广州经济社会突破发展难题出力。要充分发挥政府和行业协会的作用，有效促使广州企业全面掌握和熟练运用电子商务、移动互联、物联网、服务外包、绿色低碳等新技术、新模式。

要加快转变经济发展方式，加快调整产业结构。一要做强做大传统优势产业，集中资源增强传统优势产业核心竞争力，加快发展产品研发、设计、营销等上下游产业链，充分发挥广州媒体品牌资源优势，继续全力打造广州自主品牌，不失时机地推动传统产业转型升级，支持核心企业加快发展。二要强化人才支

撑，转变发展方式的关键靠人，广州要加大人才队伍建设力度，大幅增加各层次人才培养投入，抓住国际金融危机中高层次人才国际流动加快的重大机遇，抓紧引进海内外高层次人才，扩大中国留学人员广州科技交流会吸引人才的类型范围，增加金融投资、经营管理、法律财税等国内紧缺的国际性人才类型。三要针对行业特点制定专门实施方案，大力扶持 LED 光源、移动终端、教育培训、文化体育、医疗健康、研发服务、创意产业、海洋产业等新兴产业。四要提高广州企业与国际接轨的能力，有效整合全球人才、资金、技术和市场等资源，促使广州资本更好地走向世界。五是要进一步强化节能减排目标责任制，大力发展新能源和可再生能源，积极推广绿色建筑、新能源汽车，加快低碳技术研发和应用，建设"绿色城市"。

（四）进一步提升城市管理水平，加快解决重大民生问题

要进一步提升广州城市管理的科学化、精细化水平，提高群众的满意度。一要深化城市管理体制改革，继续完善"两级政府、三级管理、四级网络"的城市管理格局，进一步简政放权，合理分工，理顺权责关系，完善城市管理考核体系，落实管理责任，充分发挥各方面的积极性、主动性和创造性。二要全面总结举办亚运过程中取得的城市管理经验，巩固城市建设管理成果，让成功的做法尽快以制度的形式确定下来，积极探索城市管理常态化、长效化机制。三要积极创新社会管理与服务，大胆改革社会管理服务体制机制，加快探索符合广州特点的社会管理服务新模式，有效推动社会组织协调发展，加强社会工作人才队伍建设，大力发展志愿者队伍，提高志愿者的服务水平。四要加快城市管理和服务体系信息化，有效提高城市管理和服务的效率。

针对交通、环境、住房保障、食品安全等涉及群众切身利益的突出问题，尽快拿出可操作、可检验的政策措施和解决方案，及时解决民生领域突出问题。一要切实维护社会公平，强化企业和部门责任，积极推进基本公共服务均等化，畅通诉求表达渠道，进一步改进政府网站服务，重视做好信访工作。二要继续完善社会保障制度和提高保障水平，加快构建具有广州特色的多层次住房保障体系，让人民群众共享改革发展成果。三要借鉴其他先进城市的成功经验，大力发展公共交通，优化城市交通管理，综合整治交通环境，系统破解大城市交通拥堵问题。四要继续提高城市环境质量，加快企业环保搬迁，建立和完善环境污染联防

联治机制，积极探索适合广州的生活垃圾综合利用和处理方案。五要强化居民生活必需品供应保障，加大"菜篮子工程"投入力度，确保市场供应。加强物价监管力度，严格控制影响居民生活的价格过快增长。六要继续加大就业、创业扶持力度，积极帮助和鼓励年轻人创业，进一步强化就业困难人员培训。加大文化建设力度，大力发展文化产业，满足人民群众对文化的需求。

Analysis on Guangzhou Economy in 2010 and Forecast for 2011

Guangzhou Macroeconomic Analysis and Forecasting Group

Abstract：In 2010, Guangzhou successfully hosted the Asian Games and Asian Paralympics , which significantly improved the synthesis environment and image of the city, and promoted the sustained and rapid growth of the macro economy. Annual economy in 2010 grew at a rate of 13.0% ~1.5 percentage points higher than that in 2009; GDP reached 1.06 trillion yuan, which makes Guangzhou become the third city into the "one trillion yuan club" after Shanghai and Beijing. Outlook for 2011, the world economy will enter a period of slow recovery, the global economy, led by the economic growth in emerging countries, is expected to achieve a growth of 3% - 4% , but there are still some risks, such as the sovereign crisis in the euro area, the U. S. dollar flooding, international trade frictions; China will implement a proactive fiscal policy and prudent monetary policy, the economy of China is expected to maintain a steady and rapid growth, but there are still some negative factors, such as lack of endogenous economic growth momentum, diminishing marginal effects of stimulus. Considering various factors, and estimated by the Research Group's model, Guangzhou's GDP is expected to grow at a rate about 12% in 2011.

Key Words：Guangzhou Economy; Economic Growth; Analysis on Economy Operating; Forecast of Economy; City Economy

"十二五" 发展研究

Research on the Twelfth Five-year
Plan Development

B.2

广州 "十二五" 发展思路研究

杨再高　陈来卿　蒋 丽　张小英*

　　摘　要：本文分析了广州"十二五"时期发展的基础、面临的问题及形势，提出了广州未来发展的总体思路。"十二五"时期，广州要坚持更加注重转变经济发展方式、更加注重扩大内需与稳定外需相结合、更加注重绿色发展、更加注重城乡区域一体化发展、更加注重改善民生福祉、更加注重先行先试等六个战略方向，推进经济社会全面发展。

　　关键词：广州　思路　规划

　　"十二五"时期是广州推进经济发展方式转变及加快国家中心城市建设、全

---

* 杨再高，广州市社会科学院副院长、研究员，主要从事区域经济、城市经济等方面的研究；陈来卿、蒋丽，广州市社会科学院区域经济研究所副研究员、助理研究员；张小英，广州市社会科学院区域经济研究所实习研究员。

面提升科学发展实力的关键时期，也是全面建设小康社会及率先实现现代化的重要时期。面对国内外发展环境变化的新趋势和新情况，广州要准确把握"十二五"时期经济社会发展的战略取向，立足当前，着眼长远，科学谋划好未来五年的发展新思路，对开创广州经济社会发展的新局面及争当科学发展排头兵具有重大的意义。

一 "十一五"时期发展情况评价

（一）主要成就

"十一五"时期，面对复杂多变的国际国内环境，广州坚持以科学发展观统领经济社会发展全局，认真贯彻实施《珠江三角洲地区改革发展规划纲要（2008~2020年)》（以下简称《规划纲要》)，以加快国家中心城市建设、全面提升科学发展实力和建设宜居城市的"首善之区"为目标，以迎"亚运"为契机，积极应对国际金融危机的严重冲击，全力以赴保增长、保民生和保稳定，经济社会发展取得了新成就，预计将圆满完成了"十一五"规划确定的主要目标和任务，国家中心城市建设迈上新台阶，城市环境面貌实现"大变"，科学发展实力提升，为"十二五"持续健康发展奠定坚实的基础。

经济又好又快发展，综合经济实力不断提升。2009年，全市地区生产总值9112.76亿元，2006~2009年GDP年均增长13.5%。人均GDP四年年均增长13.5%，2009年人均GDP达88834元，超过1.3万美元。地方一般预算财政收入达702.58亿元，四年年均增长16.56%；实现社会消费品零售总额3647.8亿元，全社会固定资产投资2659.8亿元，商品进口总额393.32亿美元，商品出口总额374.05亿美元，消费、投资、出口四年年均分别增长17.7%、13%、8.8%；实际利用外资达37.73亿美元，四年年均增长8.9%。每万元生产总值综合能耗从2005年的0.78吨标准煤降至2009年的0.65吨标准煤，年均下降4.5%。

产业结构不断优化，现代产业体系建设初见成效。三次产业结构由2005年的2.53∶39.68∶57.79优化调整为2009年的1.89∶37.14∶60.97，服务业增加值达5545.56亿元，年均增长13.77%。全市金融业、文化产业增加值占GDP比重分别达6.07%和7.81%。2009年全市规模以上工业实现高新技术产品产值

4103.9 亿元，占工业总产值的比重为 32.8%，比 2005 年增长了 7.5 个百分点。民营经济稳步发展，实现增加值 3164.44 亿元，占地区生产总值的比重达 34.7%，比 2005 年提高 2.7 个百分点。

城乡一体化步伐加快，区域发展协调性增强。"十一五"期间广州顺利完成农村"五通"和"万村千乡"工程，农村社会事业加速发展，实现农村义务教育阶段学生全部免费，"十里文化圈"基本形成，新型农村合作医疗参合率达 99.7%。积极推进主体功能区建设，在推进"南拓北优、东进西联"的空间发展战略基础上，实施"中调"战略，加快中心城区产业"退二进三"，促进中心城区产业和功能不断优化。积极发挥广州中心城市的龙头带动和辐射作用，广佛肇经济圈建设加快推进，与清远、云浮、梅州等环珠三角地区的合作逐步推进，穗港澳合作日益加深，与泛珠三角地区及东盟国家的合作日益密切，多层次的区域合作发展格局逐步形成。

城市建设管理成效显著，宜居创业环境明显改善。2006～2009 年累计固定资产投资达 9844.4 亿元，比"十五"时期增长了 63.2%。以"三港双快"（空港、海港、信息港，高快速路、快速轨道线网）为主骨架的综合交通枢纽体系已经形成。2009 年白云国际机场旅客吞吐量达 3704.9 万人次，年货邮吞吐量 120 万吨；广州港货物吞吐量 3.64 亿吨，集装箱吞吐量 1120 万标箱。大规模推进城市水环境及河涌综合整治、污水处理系统、西江引水工程、"穿衣戴帽"等工程建设，落实花园城市行动计划。城市生活污水处理率达 85%，人均公共绿地面积 13.02 平方米。

和谐社会建设取得新成绩，人民生活水平不断提高。"十一五"期间，实施"富民强市"战略，制定并全面实施"66 条"及 17 条补充意见，"和谐广州"建设取得明显成效。城镇登记失业率控制在 3% 以内（2009 年为 2.32%）。2009 年城镇居民人均可支配收入达 27600 元，农民人均纯收入达 11067 元，前四年年均分别增长 10.9%、11.8%。

（二）存在问题

总体上看，"十一五"期间广州经济社会发展取得了巨大成绩，然而由于"十一五"计划未能预测到国际金融危机、经济周期变化和内需不足等国内外大环境的变化及其带来的不利影响，也由于体制机制创新不够，表现出一些重大的问题有待进一步解决：经济发展方式亟待转变，"十一五"实施四年以来，广州整体上粗放型经济增长方式并未有大的改观，城市经济发展深层次的结构性矛盾还比较突出；自主创新能力有待提高，广州自主创新能力有了较大提高，但相较于北京、上海等国内其他大城市仍有较大差距；城市综合服务功能有待强化，与国际国内经济中心城市相比，广州的经济总量偏小、总部经济和金融服务功能优势不明显，经济活动组织和资源配置的功能不强，综合交通枢纽功能尚不完善，对区域的服务影响力还比较弱；体制机制改革创新有待加强，由于改革创新意识弱化，改革方向不明确，改革力度不强，改革步伐有所放缓，一些深层次的体制机制问题解决进展并不顺利；资源环境约束趋紧，当前广州工业等能耗还较高，未来节能减排及能耗目标实现面临一定的压力；民生问题依然突出，在收入分配、社会保障、教育体制和医疗卫生等社会领域的改革进展相对缓慢，城乡基本公共服务差别还比较大，服务均等化水平不高。

（三）阶段特征

从广州人均 GDP、产业结构、城市化水平、消费结构等经济社会发展指标现状及变化趋势来看，广州的发展出现了新变化：发展动力进入以创新驱动为主的阶段，产业结构进入服务经济主导阶段，城市化进入质量提升阶段，城市功能进入高端化阶段，消费结构日趋多元化阶段，社会发展进入协调和谐阶段。因此，"十二五"时期广州经济社会将进入以转型促发展的新阶段，发展条件和动力将发生变化，并呈现出新的特征和趋势，这是制定广州"十二五"总体规划思路的重要依据。

二 "十二五"时期面临的发展环境

"十二五"时期国内外发展环境将出现新的变化，广州既面临难得的发展机遇，也面临严峻的挑战，总体上是机遇大于挑战。

（一）机遇

"十二五"时期，广州经济社会发展面临许多新的机遇和有利条件。

从全球层面来看：经济全球化趋势不改，金融危机之后，虽然世界经济发展存在不稳定的因素，但经济全球化的总趋势不会逆转，还会随着交通、通信技术而进一步加强；新技术革命正在孕育突破，经济危机往往孕育着新的科技革命，总体来看，现在正处于新一轮技术革命的启动期；全球产业分工和贸易格局出现新变化，世界金融危机的影响，导致一些发达国家的消费储蓄结构、国际收支结构发生变化，进而对我国的对外经济和贸易关系产生重要影响。

从国内发展环境来看：我国仍处在战略机遇期，为应对世界金融危机的影响及确保经济持续稳定增长，国家出台了以扩大内需为主旨的经济刺激计划，这为广州加快经济发展及国家中心城市建设创造了良好的宏观环境；目前我国正在转变经济发展方式及大力发展战略性新兴产业，在金融危机的影响下，传统经济发展模式的弊端已日益显现，中央提出加速经济发展方式转型及加快产业结构调整升级的决策部署，积极发展战略性新兴产业，大力提高自主创新能力；新型城市化不断发展，未来中国的城市化将是资源节约、环境友好、经济高效、社会和谐和城乡互促共进的新型城市化。

从区域发展环境来看：中国—东盟自由贸易区的全面建成。2010 年中国—东盟自由贸易区的全面建成，将进一步促进中国与东盟相互间的贸易与投资；全省科学发展，转变广东经济发展方式，建设绿色广东、文化强省、智慧广东等战略举措，争当全国新一轮科学发展的排头兵；珠三角一体化发展，全面实施《规划纲要》、《粤港合作框架协议》、《广佛同城化规划》等，必将加快珠三角经济一体化及穗港澳合作步伐，促进珠三角世界级城市群建设。

从市域发展环境和条件看：加快国家中心城市建设，实施《规划纲要》及加快广州国家中心城市建设，将推进广州进入新一轮发展的轨道，并为广州未来发展注入新的动力；随着空港、海港、铁路公路枢纽、信息港等国际性综合枢纽建设完善，广州与全国几大经济圈的经济联系更加紧密，与东盟、印度洋周边国家、欧美等地区联系程度加深，这为广州加快对内对外开放及扩大广州辐射影响带来良好的机遇。

（二）挑战

在看到机遇和有利条件的同时，也必须清醒地认识到"十二五"时期广州经济社会发展面临的挑战和压力。

从全球层面看：一是全球经济仍存在着诸多不确定因素。二是国际贸易保护主义重新抬头，世界金融危机后主要经济体自顾性增强，贸易保护主义重新抬头，贸易摩擦纠纷增多，使我国及广州在外向型经济发展方面将受到很多挑战。

从国家层面看：一是节能减排及低碳经济发展。在全球气候变暖的宏观背景下，从国家到地方的节能减排压力增大，开展节能减排及构建资源节约型、环境友好型社会对广州未来发展形成挑战。二是转变经济发展方式。在现行的体制机制、科技发展水平及要保持经济持续稳定增长的条件下，广州转变经济发展方式面临巨大挑战。三是发展新兴战略产业。在国家的鼓励下，战略性新兴产业将成为国内城市发展竞争的主要领域，这将使广州提升产业竞争力和自主创新能力面临着激烈的竞争压力。

从区域和城市来看：竞争更加激烈。2008 年以来，国务院先后批准了长江三角洲、海峡西岸经济区、江苏沿海地区、广西北部湾经济圈、珠海横琴岛等多个区域规划，使这些区域成为国家先行先试及改革发展的热点，围绕资源、产业、基础设施、技术、人才等的区域竞争更加激烈。上海、北京、天津、重庆等国家中心城市和苏州、深圳、杭州等区域中心城市的新一轮大发展及对高端要素的争夺，将给广州发展带来全方位的压力和挑战。

从自身发展来看：广州未来发展仍面临着转变经济发展方式任务艰巨，自主创新能力不强，产业竞争力不强，集聚和辐射功能还不强，城乡区域发展不平衡仍较突出，社会事业发展较滞后，城中村改造生产遗留问题，城市管理水平不高，经济管理权限与国家中心城市的要求不相匹配等挑战。

三 "十二五"时期发展总体思路

"十二五"时期是广州推进经济发展方式转变及加快国家中心城市建设、全面提升科学发展实力的关键时期。广州应紧抓机遇，迎接挑战，树立世界眼光，瞄准国际先进城市发展水平，创新发展模式，突出发展重点，努力在转变经济发展方式、优化产业结构、改善民生福祉、建设宜居城市、增强综合服务功能、提升科学发展实力等方面取得明显成效。

（一）总体思路

"十二五"时期广州经济社会发展的指导思想是：深入贯彻落实科学发展

观，全面落实《规划纲要》及《实施细则》，以科学发展为主题，以先行先试为动力，以结构优化升级为主线，以改善民生为立足点，以提升国家中心城市综合服务功能为突破口，实施创新驱动、高端集聚、绿色发展和富民强市战略，切实加快经济发展方式转变，着力构筑现代产业体系、提高自主创新能力和文化软实力、加快宜居花园城市建设及绿色发展、促进城乡区域一体化发展、推进基本公共服务均等化、深化改革开放和完善科学发展体制机制，争当全省乃至全国推进科学发展、促进社会和谐的排头兵，进一步强化国家中心城市的集聚、辐射和带动作用。

（二）战略方向

根据以上总体思路，"十二五"时期广州经济社会发展要坚持"六个更加注重"的战略方向。

——更加注重转变经济发展方式。坚持创新驱动及自主创新的核心战略地位，把提高自主创新能力及建设国家创新型城市作为转变经济发展方式、促进产业结构优化升级的核心推动力，尽快完善自主创新体系，集聚全球创新资源，提高科技创新对经济持续发展的支撑力。坚持高端要素集聚战略，继续推进"三旧"改造、"退二进三"、"双转移"和"双提升"工作，大力促进产业结构调整升级。

——更加注重扩大内需与稳定外需相结合。要坚持扩大内需与稳定外需相结合，在继续转变外贸发展方式、再创开放经济发展新优势的同时，把扩大内需放在更加突出的位置，正确处理好内外源经济发展的关系，探索推进新型城市化、构建国际消费中心、建设智慧广州、发展壮大民营经济等扩大内需的新路径。

——更加注重绿色发展。要坚持生态优先及可持续发展战略，大力推进水环境、人居环境和大气污染综合治理，保护生态环境；实施花园城市行动计划，加快城乡绿道、生态绿地和森林生态保护体系建设，打造绿色低碳城市，建设宜居城乡的"首善之区"。

——更加注重城乡区域一体化发展。要坚持实施城乡区域协调发展战略，构建城乡一体化发展体制机制，促进城市基础设施向农村延伸，促进城乡互动和共同繁荣发展，使广大农民共享改革发展成果。要按照区域一体化发展的要求，加快广佛同城化发展及广佛肇经济圈建设，携领珠三角经济一体化发展，优化区域

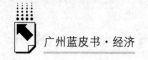

资源配置，引领多层次的区域一体化发展。

——更加注重改善民生福祉。大力推进基本公共服务均等化，形成持续改善民生、促进社会和谐长效机制，把发展的目的真正落实到富民、惠民和安民上。加快发展社会事业，全面提高社会保障水平，提升城市文明和市民素质，努力使改革发展成果惠及全市居民和外来农民工，切实解决好事关人民群众切身利益的问题，促进社会和谐稳定，提高居民幸福感。

——更加注重先行先试。大胆改革创新，着力推进管理服务体制改革，积极争取国家和省对广州重大改革创新举措的支持，在经济社会发展和城市管理的重要领域和关键环节率先突破。要继续实施经济国际化战略，深化穗港澳台的紧密合作，积极开展与新加坡等东盟国家及世界主要经济体的合作。

四 "十二五"时期发展主要任务和举措

围绕总体要求和发展目标，广州"十二五"发展的主要任务和举措有九方面。

（一）着力推动产业转型升级

1. 大力发展以战略性新兴产业为重点的高新技术产业

把握世界科技和产业发展方向，高标准推进新知识城、南沙智慧岛等战略性新兴产业发展载体建设，大力培育壮大战略性新兴产业，使其成为推动广州经济新一轮发展的重要引擎。加快谋划发展物联网产业。策应智慧地球发展趋势，以物联网核心芯片、智能设备、智能信息集成服务为发展重点，着力物联网、云计算等关键技术，培育具有核心竞争力的物联网企业，培育物联网产业链。加快发展新能源产业。跟踪世界能源发展新趋势，建立新能源技术创新体系和研发平台，加强清洁能源和可再生能源关键技术的联合攻关，重点发展新能源技术及产品，建设新能源研发中心和新能源装备制造基地。加快发展新材料产业。依托新材料产业发展载体建设，突破关键基础材料的核心技术和共性技术，重点发展新型光电、改性高分子、生物医用、新型金属等材料的技术研发和制造，形成新材料与智能绿色制造体系。加快发展生命健康产业。把生命科学前沿、高新技术手段与传统医学优势结合起来，加快创新药物研发和先进医疗设备制造，大力开展生命健康产业关键技术和新产品研发，打造具有国际竞争力的生命健康产业集群。

2. 加快做大做强以生产服务业为重点的现代服务业

以加快现代服务业集聚功能区建设为抓手，大力发展生产服务业，打造国际化现代服务业中心。做大做强金融保险业。以珠江新城金融商务区等为载体，发展金融保险业和金融总部经济；积极发展和利用多层次资本市场，争取恢复设立广州期货交易所，设立国家级区域性柜台交易市场和区域性产权交易中心，强化区域金融中心功能。做大做强现代物流业。以智能化手段完善海港、空港和陆路枢纽的功能，优化现代航运集疏运体系；建设南方国际航运服务中心、黄埔临港商务区和南沙粤港澳国际航运综合试验区，发展各类航运服务业及总部经济。加强保税港区、大宗商品和集装箱电子交易中心等建设，强化国际航运中心和亚洲物流中心功能。做大商务会展业。发挥广交会龙头带动作用，提升广博会、中博会、中国网商会等展会的辐射影响力，完善与国际营商规则接轨的商务服务体系，推进会展业的国际化、专业化和品牌化，推进国际商务会展中心建设。做大文化创意产业。以"三旧"改造和"退二进三"为契机，加快文化创意产业园区建设，大力培育文化创意企业，积极发展文化数字内容和传播产业，建设全国文化中心、亚洲创意之都和世界文化名城。

3. 加快做优做强先进制造业

以自主品牌的新能源汽车制造为重点，大力发展整车、零部件和汽车电子产品制造，带动汽车金融、贸易等相关产业发展，打造竞争力强的跨国汽车企业集团。优化发展以精细化工产品为重点的石化工业，提升石油化工产业支柱地位。依托国际生物岛等载体，强化生物产业关键技术及产品开发，做大做强生物医药产业集群。依托龙穴岛造船基地等载体，发展造船、修船和船舶零部件制造业，积极发展海洋工程装备配套产业，建设国家船舶及海洋工程装备基地。依托南沙重型机械装备基地等载体，发展百万千瓦核电装备、重型燃气轮机、地铁车辆、建筑机械、数控设备等机械成套装备制造业，打造国家重大成套和技术装备基地。

4. 优化发展传统优势产业和都市农业

发挥"千年商都"优势，优化和完善多层次的商圈和商贸集聚区建设，促进各类消费市场改造升级，大力发展电子商务和新的商业业态，形成辐射全国、影响东南亚及印度洋周边地区的国际商贸中心。整合旅游资源，做响做特旅游产品，集聚和培育发展国际旅游企业，强化区域旅游中心城市功能。促进家电、轻工、造纸、中药、文体用品等传统优势工业转型升级，积极发展高附加值环节，优化提升传统优势工业。优化市域农业产业与区域布局，加大现代农业基地建设，推进农业科技创新和产业化经营，加强农业服务与合作，完善农产品质量安全保障体系，培育壮大一批农业龙头企业，增强广州农业可持续发展能力。

（二）着力提高自主创新能力

1. 强化企业和产业自主创新能力

推动和引导创新要素向企业集聚，支持企业与全国高等院校、科研院所共建高水平的工程技术中心，鼓励创办各类科技型企业，实施创新型企业示范工程和国际合作创新试点。围绕广州现代产业体系建设的技术需求，加强关键领域技术攻关，重点加大对物联网、软件、云计算、生物、新材料、新能源、汽车等一批重点领域共性关键技术的攻关力度，组织实施一批重大科技专项，推进技术创新和产业化。

2. 构建多层次的自主创新载体

抓住广州建设国家创新型城市试点机遇，以中新知识城、南沙智慧岛、科学城等高新技术产业基地为依托，加快中科院广州工研院、中科院广州生命健康院、华南新药创制中心、超级计算机中心、云计算中心、物联网技术中心等研发共享和转化平台建设。鼓励企业及科研机构参与国家科技创新平台建设，引进国家级科技服务项目，鼓励广州地区的科技服务机构开展跨区域的高端科技服务；建设科技中介服务体系与综合技术服务联盟，构筑区域科技服务中心。以香港科技大学南沙分校建设为突破口，与国际高水平大学合作及吸纳国际师资，建设国际一流的研究型大学。

3. 打造一流的自主创新环境

认真贯彻国家和省推进自主创新的有关政策，完善自主创新的政策支持体系和投融资机制，积极争取国家和省的资金支持，实施科技型中小企业创新基金计划，引导企业加大研发投入。加强对科技企业和项目的信贷支持，积极推动科技资本市场建设，支持符合条件的高新技术企业在境内外上市和发行企业债券，改善金融机构对中小企业科技创新的金融服务。鼓励境内外创业投资机构来设立创业投资公司，完善创业投资体系。加强知识产权保护，实施标准化战略，创新文化建设。

4. 加强创新合作和集聚创新资源

加强推动国家、省、市联动的产学研紧密合作，规划建设一批共性和关键技术创新平台，扩大与各类国家级科研机构的合作领域和规模。鼓励穗港企业、高校和科研机构共同设立研发、技术中心和实验室，推进穗港技术平台、研发设施及资源共享，打造穗深港创新轴。推进广州创新机构与珠三角企业的产学研密切合作，组建多种形式的战略联盟和研发基地，开展产业关键技术研发。建设国际创新资源合作的主要节点，积极融入国际技术创新体系。构建高层次人才集聚体系，完善人才评价激励机制，集聚国内外创新人才，打造具有国际竞争力的高层次人才队伍，以人才高地建设提升广州的技术辐射作用和转移效应。

（三）着力推进新型城市化发展

1. 大力提升城市等级地位

加强国际化功能建设，通过扩大开放，积极探索与国际接轨和成功对接的国际化城市发展模式，完善开放型的、多层次的市场经济体制和符合国际惯例的运行机制，把广州打造成国内全球化程度较高的城市之一，发挥其在文化、科技、经济等方面对全国乃至世界更大的影响作用，推动形成面向全球、服务全国、引领区域的优势局面，增强广州集聚辐射和资源配置的能力。

2. 大力推进形成主体功能区

重点加快推进广州、南沙和增城三大国家级经济技术开发区，珠江新城——员村、琶洲、白鹅潭、白云新城、新中轴线南段等五大现代服务业功能区，空港经济区、海港经济区、总部经济区、知识创新区、生态休闲旅游区等五大综合经济区建设；积极整合资源，争取省和国家支持建设国家空港经济示范区，以及国际汽车、国家船舶、重大装备、数控设备、石油化工和精品钢铁六大先进制造业区。

3. 大力推动城区优化发展

继续实施"东进西联、南拓北优、中调"战略，以"三旧"改造、"退二进三"和现代服务业发展功能区建设为重点，以城中村改造为突破口，引导低端要素及人口向新城区及中心镇转移，聚集高端要素，推进土地集约利用和空间高

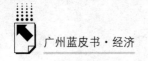

效利用，推进城区产业、环境、空间和功能优化，促进城区再城市化。

4. 大力推进中心镇现代化建设

加大中心镇建设力度，放大中心镇在新型城市化发展的带动效应。力争经过 5~10 年时间把中心镇建设成为环境优美、生态优良、宜居宜业的卫星城，使之成为城市拓展和城市文明向广大农村辐射的重要载体和依托。

5. 加快农村城市化

继续推进农村基础设施建设，促进农村基础设施现代化。稳定和完善农村基本经营制度，推进土地适度规模经营和集体土地流转制度改革。统筹农村集体留用地开发利用，大力发展农村集体经济，为农民增收开辟新途径，提高农村消费水平。积极培养农村带头致富人才，鼓励农村创业能手、大学生村官等带动农民创业致富。全面开展北部贫困山区的"脱贫致富"规划，落实"规划到户、责任到人"的"双到"工作，提升农村发展水平。

（四）着力推进基础设施现代化

1. 完善提升"三港"建设

坚持国际化和智慧化的要求，推进广州白云国际机场扩建、综合交通换乘枢纽、飞机维修基地等工程建设，不断提升复合型枢纽空港地位。继续推进南沙港区一批重大码头项目建设，完善南沙港区集疏运体系，提升港区江海、海铁等联运能力，提升广州港作为综合性主枢纽港和集装箱干线港的地位。加快国家信息化示范城市建设，率先推动"三网融合"，推进"数字社区"、"数字家庭"、无线城市和电子政务工程建设；建设一批国际和国家级重点领域、重点行业数据中心，完善公共服务电子政务体系和信息安全保障体系，促进网络资源共享和互联互通。

2. 超前推进市域基础设施智慧化

按照智慧城市理念，统筹交通与给排水、供电、信息、绿化等市政设施网络一体化规划建设和管理，构建智慧广州基础设施。大力发展以轨道交通为重点的公共交通，加快轨道交通建设，优化市域公交线网，建设智能交通体系。优化能源结构，加快油气基础设施及管网一体化建设，推进能源储备工程，多渠道开拓能源资源，形成以智慧电力为中心的绿色能源供应保障体系。实施城市建筑节能、新能源社区等新能源工程，打造节能示范城市。加快推进以西江引水为重点的水利基础设施建设，完善城市供水管网建设，实施全过程水量水质监测，完善水利防灾减灾工程体系建设，确保城乡饮用水和防洪安全。

3. 加快推进以交通为重点的区域基础设施一体化

加快推进贵广、南广和广深港高铁项目建设，规划建设昌广、厦广和海广高铁项目，强化广州作为全国四大铁路枢纽和高铁中心的地位，加快建成以广州为中心的珠三角城际快速轨道线网。加快建设珠三角南环段、广河、广肇、新化等高快速路，形成以广州为中心辐射珠三角的一体化高快速公路网络。推进市域公交线网与跨区域客运网络的有效衔接，共同构筑珠三角一体化的公共交通网络服务体系。加快广州与周边城市交通、排水、排污、信息、环保等市政设施网络的衔接。

（五）着力推进绿色发展

1. 大力发展低碳经济

加快制定发展低碳经济政策，推进全市低碳发展，打造广东及全国低碳经济发展示范区。重点加快发展可再生能源和清洁能源，推动太阳能光伏发电、高效节电、输变电和电力自动化等能源产业发展，加快新能源汽车发展，主攻油电混合动力汽车和高性能纯电动汽车两大重点。探索建立广州低碳交易市场，不断拓展节能减排与环保领域的技术、资本和权益交易，开发创新碳交易、碳金融产品市场。通过各种媒体渠道扩大教育宣传，推广普及低碳知识、低碳理念等，倡导理性健康的生活方式。要开展"低碳企业"评定与宣传，提高企业的社会责任意识，在采购、生产、销售等经营活动中贯彻低碳发展理念，实现经济增长与低碳发展的有机融合。

2. 集约高效利用土地

采取规划指引、"三旧"改造等综合措施，为新增投资计划项目预留用地空间，严禁向落后产业供应土地，保证重点项目和新增投资项目的用地需要。制定支持重点项目用地政策意见，为企业转型升级和现代产业体系建设提供土地保障。要积极推进节约集约用地试点工作，提高低效和闲置土地占有成本，鼓励低效和限制土地的二次开发，通过土地收益调节机制的经济手段提高土地利用集约水平。加快促进农村土地规范流转和农村宅基地换住宅，推动土地规模集约经营，提高土地利用效率。

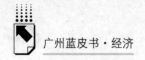
3. 推进城市生态化和公园化

贯彻落实珠江三角洲绿道网规划，大力推动绿道建设，促进广州绿道与珠三角较各市绿道互联互通。推进城市景观林和城区公共绿地建设，全面建设城乡绿色生态安全网络。增加生态公益林比重，提高生态公益林补助标准。继续实施花园城市行动方案，实现城市公园化，重振花园城市形象。进一步完成污水治理和河涌综合整治，推进工业废水集中处理，加快建设生活污水处理设施，提高水环境质量。进一步提高机动车尾气排放标准，加强城市粉尘、烟尘、灰尘的预防与管控，提升大气环境质量。

4. 加强节能减排

以高效节能技术应用促进工业节能，重点实施工业用电设备节点工程、能量系统优化节能工程、余热余压利用节能工程等。开展节能建筑示范工程、空调和其他家用商用电器节电工程、绿色照明工程、政府机构节能工程等。大力发展城市公共交通，提高公共交通运行效率和出行比重；推进清洁能源和节能环保型车辆应用，大力推广新能源汽车等低碳排放的交通工具。

（六）着力推进基本公共服务均等化

1. 健全基本公共服务均等化的保障机制

建立完善公共财政投入及保障机制，不断增强公共产品和公共服务的供给能力，缩小城乡间基本公共服务差距。逐步探索将非户籍常住人口纳入基本公共服务均等化范畴，逐步实现非户籍常住人口与当地社会的融合。积极探索基本公共服务多样化供给形式，建立基本公共服务供给的市场机制和社会、民间参与机制，放宽投资的准入限制，创新政府基本公共服务投资体制，建立以基本公共服务为重要导向的政府绩效考评体系，提高政府提供基本公共服务的效率和水平。

2. 提升基础类基本公共服务均等化

加大教育投入力度，合理均衡配置教育资源，完善义务教育、职业教育、高等教育、成人教育和特殊教育体系，率先普及学前到高中阶段的 15 年教育，率先实现市域义务教育均衡发展和 12 年义务教育免费，促进高等教育大众化。完善公共卫生服务体系，推进公立医院改革试点，开展爱国卫生运动，加强对公共卫生的监管，推进公共卫生服务在不同城乡和人群之间的均等化。完善以城市"十分钟文化圈"和农村"十里文化圈"为重点的公共文化服务网络，增加公共文化产品的生产和供给，提升文化软实力。扩充和完善社区体育活动设施与场所，健全全民健身活动网络体系和群众体育竞赛体系，满足群众多方面的体育需求，推进体育强市建设。实施城市公共交通优先发展战略，加快市域公共交通网络建设，促进多种交通出行方式无缝衔接，形成智能化的公共交通体系。

3. 强化保障类基本公共服务均等化

以农民工、非公有制企业从业人员等为重点，扩大养老保险覆盖面，完善城镇职工基本养老保险制度。加快完善优抚安置保障体系和社会救助体系建设，加大城乡社会福利设施建设力度。加大廉租房建设力度，多渠道筹措房源；通过土地划拨等优惠政策，引导社会资金投入，增加经济适用住房供应，解决低收入家庭住房困难问题；积极改善农民工居住条件，鼓励建设向农民工出租的房屋。健全公共就业服务平台，促进就业服务体系覆盖城乡内所有常住人口；实行农村劳动力技能培训免费制度，让全体劳动者享受公共就业服务。完善医疗保障制度，逐步建立覆盖城镇居民、农村居民、外来劳务人员及子女的基本医疗保险制度和城乡一体的医疗救助制度，逐步促进城乡居民基本医保与城镇职工基本医保并轨运行。不断改善用工环境，维护职工权益，探索构建以人为本、公平正义、和谐稳定的社会主义新型劳动关系。

（七）着力促进多层次区域协调发展

1. 加速广佛同城化及广佛肇经济圈建设

深入落实《广佛同城化发展规划》等规划，重点推进广佛城际轨道、机场、港口、铁路及高快速路网等重大交通基础设施对接，协调促进供水、排水、供电、供气等市政基础设施网络的衔接，加快推进信息基础设施及信息服务对接，全面构建一体化的基础设施体系。积极协调推进金融、会展、商贸、旅游、教育等现代服务领域的合作，加快推动汽车、石化、电子信息、造船、机械装备、家电、家具和纺织等制造业领域的合作，构建区域产业集群及品牌。以水环境污染和空气污染联防联治为突破口，建立区域协调共治机制，改善区域整体环境质量，构筑优质生活圈。推动生产要素的自由流动，建立和形成区域一体化的市场。

2. 加快推进珠三角区域一体化发展

充分发挥广州国家中心城市的引领作用，以规划对接、产业合作、环境保护、交通设施等为重点，加强广州与周边城市的规划合作与对接。要密切产业合作，发挥广州现代服务业及先进制造业的集聚与辐射效应，以广州空港经济区、海港经济区等建设为载体，形成基于产业链的专业化分工、产业化协作的一体化体系，促进广州产业链条向珠三角延伸，使广州发展成为珠三角多层次产业圈的中心。以珠三角绿道网建设为契机，加快推动建立跨行政区域环保联动机制和生态补偿机制，跨区域同步实施珠江流域综合治理与保护开发，构建珠三角优质生活圈。加强交通网络一体化建设的协调和对接，推进区域电源、电网、汽源、汽网和信息网络的衔接，实现广州与珠三角城市群基础设施的无缝衔接和高效连通，提高珠三角的整体发展和竞争能力。

3. 积极推进泛珠三角区域合作发展

深入落实《泛珠三角经济区合作框架协议》的要求，鼓励企业参与资源深加工项目合作，建立原料开发加工基地和绿色农产供应基地。鼓励企业参与泛珠三角地区的国资重组、科技研发、重大装备制造等。推动高铁、海铁联运等交通基地设施合作建设，加快建设与广州海港、空港紧密连接的"无水港"建设，扩大空港、海港腹地，形成广州—泛珠三角一体化区域交通物流网络。以保护环境和预防污染为重点，推进环境保护合作，提高大区域可持续发展能力。以增强对口支援地区自我发展能力为着力点，有序组织企业开展梯度转移及发展经济，带动对口支援地区脱贫致富并提升发展水平。

4. 积极服务全国发展

以构建智慧广州为重要抓手，充分发挥国家中心城市枢纽型基础设施领先优势，加速与泛珠三角乃至全国的基础设施网络的连接，进一步强化海港、空港、智慧港等枢纽的作用，在服务全国的同时提升广州的综合实力和国际竞争力。以动态、开放和高级的现代产业体系建设为目标，着重与珠三角及其他省市优势互补，形成向珠江流域延伸的产业链条和网络布点，推动产业向周边地区转移，动态调整产业布局。要加强发展高端服务体系，发挥在商务会展服务、管理服务、研究开发、营销和品牌管理等高增值环节的优势，以总部经济为抓手，完成向服务化的转型，带动国内服务业大发展。以全方位融资服务为纽带，形成连接全国的资本市场、产权市场和技术市场。进一步加强制度创新，保持广州作为我国改革前沿和改革先锋的特性，重点推动城市发展观、政府角色、商业模式、社会体系等方面的全面调整与创新，向国际规制接轨，对国内其他城市和区域产生重要的制度示范和带动效应。

（八）着力深化对外开放

1. 提高开放型经济水平

创新对外贸易发展方式，巩固并深入开发港澳、欧美日等传统市场，大力开发东盟、非洲等新兴市场，优化出口市场结构。促进加工贸易转型升级，提高加工贸易产业水平，推进加工贸易企业扩大内销份额，优化加工贸易产业布局。要提高利用外资质量，创新招商引资方式，主动承接新一轮国际先进制造业和现代服务业转移，实现从制造业为主向制造与服务并重的转变。加强服务业项目的招商引资，重点引进高端服务业领域的跨国公司。完善鼓励政策和协调机制，加强风险防范、信息沟通、政府协调等方面的境外服务，推动有条件、有实力的企业"走出去"，实现从产品输出向服务输出和资本输出的跨越，鼓励企业在国外建立生产基地、营销中心、研发机构和经贸合作区。

2. 深化与港澳台更紧密合作

深化落实《粤港合作框架协议》，积极推进穗港澳经济一体化。要创新穗港澳合作发展思路和方式，积极推进穗港澳在教育、科技、环保、旅游、服务外包等方面的合作。利用香港作为国际金融中心、国际航运中心及生产性服务业高度发达的优势，重点推进金融合作与创新和航运服务的合作，积极引入港澳法律服务、医疗服务、市场调研、管理咨询、人才机构等知识型服务业，共创区域服务品牌。以南沙新区为载体合作共建南沙智慧岛，发展智慧产业、推进存量产业进行智慧化改造，建设智慧化基础设施和智能社区，打造中国南方的感知中心及智慧产业基地。积极开展穗港教育合作，引进香港一流大学到广州建立分校，促进广州高等教育国际化。加强推进穗港澳通关便利化等方面的合作，探索推进行业标准一体化、认证体系一体化和技术职称资格互认，联合构建穗港澳贸易投资电子商务平台和大通关信息平台，实现人员、资金、货物、信息等要素的便捷流动。依托现有台资企业，进一步扩大与台湾在经贸、高新技术、现代农业、旅游、文化等领域的合作，加大民间交流力度，拓展合作领域。加强穗台合作，以长洲"文化岛"建设为重要载体，打造国际黄埔军校文化交流平台，积极吸引台金融、物流、旅游、知识产权等高端服务业来穗发展，大力引进台生物技术、电子信息等高新技术产业，深化穗台现代农业合作，促进穗台在产业、公共服务、文化、科技等领域的全方位的交流与合作。

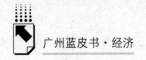

3. 着力拓展国际经济合作

全力开拓东盟市场，充分发挥广州国家中心城市的功能优势，以建设中国—东盟自由贸易区为抓手，以中新知识城合作为突破口，加强与东盟自由贸易区国家的紧密经贸合作，开展与东盟多层次、多方式、多领域的合作，鼓励资金技术优势企业到东盟等国家或地区开展资源开发、产品营销、基础设施建设和农产品种植加工等方面的合作。支持劳动密集型产业向东盟转移，扩大对东盟等国家或地区进出口贸易，积极开展与东盟的旅游合作，扩大文化交流。积极拓展与印度洋周边国家的合作，提升广州对印度洋周边国家及区域的辐射影响力，代表国家参与东盟及印度洋周边地区的国际分工与合作。以拓展国际友好城市为重点，继续深化与欧美日等国家和地区的合作，重点拓展与俄罗斯、东欧、中东、大洋洲、南美、非洲等多个层面的国际合作，最终形成广州与多层次的国际区域合作发展的新格局，提升广州的国际化水平和影响力。

（九）着力推进体制机制创新

1. 深化行政管理体制改革

学习借鉴深圳行政管理体制改革经验，以转变政府职能为核心，以构建服务政府和法治政府为关键，按照"富县强镇"和"简政强区"的事权改革要求，深化大部门制改革，完善行政运行机制，加快转变政府职能，提高政府服务水平和执行力。建立政府主导、市场运作、社会组织协调和公民参与的公共服务机制，全面梳理部门职能和减少政府职能交叉，大力减少行政审批事项，大幅降低市场准入门槛。进一步理顺市、区、街职责事权体系和行政运作机制，探索行政审批权限下放，适当扩大区级政府及中心镇经济社会发展管理权限。构建市、区、街镇政务服务中心的三级网络和统一政务服务标准，全面推广"一站式服务"的电子政务。学习借鉴香港和新加坡城市管理经验，按照属地管理和责权一致原则，深化城市管理体制改革，推动城市管理重心下移和管理事权下放，完善城市管理目标责任制和综合执法机制，加强街道综合执法，促进城市管理精细化和城市服务人性化。

2. 深化经济体制改革

积极争取国家和省的支持，赋予广州与国家中心城市相适应的经济管理权限，争取把更多事关广州长远发展的重大项目、体制、政策列入国家和省的规划中。建立政府投资目标管理责任制，规范投资准入门槛设置。要尽快出台促进民营经济发展规划，落实鼓励和引导民间投资的政策措施，建立健全民间投资服务体系，营造民营经济发展和民间投资的环境，不断拓宽民间投资的领域和范围，促进民营经济大发展。健全市、区两级财力与事权相匹配的体制及转移支付制度，完善公共财政体系，强化政府投资项目和公共资金监管；进一步完善财政预算制度及推进预算公开透明。加快金融改革创新试验，探索设立票据交易中心、债券交易市场、信贷资产二级市场、要素交易市场等，恢复设立期货交易所和区域产权交易中心，设立消费金融公司、村镇银行、小额贷款公司、汽车金融公司等新型金融机构，发展壮大地方金融公司，发展风险投资、创业投资、私募股权投资和产业投资基金，推进金融产品、服务和经营的创新。推进市属国有企业资产重组和业务整合，分类推进股份制改造和产权多元化，完善国有企业法人治理机制，加强国有资产监管和保值增值。

3. 构建现代社会管理体制

借鉴香港和新加坡的社会管理和服务的先进经验，提升社会管理和公共服务水平。不断完善城乡公共治理结构，重点在培育发展社会组织、加强社区建设、强化社会工作、建立城市志愿者及义工队伍、慈善组织等领域先行先试，强化基层社区的自治功能和城市自组织维护系统，鼓励各种社会组织、行业协会、企业等参与公共服务。深化收入分配制度改革，实施城乡居民收入倍增计划，逐步提高劳动报酬在初次分配中的比重和居民收入占国民收入的比重；实施最低工资标准制度，不断提高低收入劳动者的工资水平和最低生活保障标准，增加城乡居民尤其是农村居民的财产性和转移性收入。实行城乡居民户口统一登记管理制度，加强对流动人口和外籍流动人口的管理。

4. 构建法治城市

积极开展民主法制试点建设，健全立法程序，拓展公众立法参与，完善民主监督；深化司法工作机制改革，规划司法行为，推行"阳光司法"，强化执法监督，加强社会、新闻舆论和网络的监督，创造良好的法治环境。全面推进依法行政工作，建设法治政府。完善事前深入调研、事中检查评估、事后跟踪反馈的决策程序和机制，建立健全专家咨询、公众参与、社会公示、公开听证等制度，建立重大决策法律审查制度，提高科学民主决策水平。

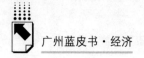
Research on the General Ideas of the Development of Guangzhou During the Twelfth Five-year Plan

Yang Zaigao   Chen Laiqing   Jiang Li   Zhang Xiaoying

Abstract: Based on the analysis of the development foundation, the problems and facing the situation in the twelfth five-year plan, the paper proposes general ideas of the development of Guangzhou in the period of the twelfth five-year plan. Guangzhou shall insist on six strategic directions on paying more attention to the transformation of the mode of economic development, combining explanding domestic demand with stabilizing foreign demand, the green development, the development of urban and rural regional integration, improving the people's livelihood and first test. it urges economy and soliety of Guangzhou to deuelop in the round.

Key Words: Guangzhou; Mentality; Planning

B.3

广州"十二五"重点发展区域
选择及发展策略研究

广州市社会科学院课题组*

摘　要：本研究在分析回顾广州"十一五"时期重点区域发展的成绩和存在问题的基础上，综合分析了国内外发展环境，提出"十二五"时期广州重点区域发展的总体思路和目标，明确"十二五"期间重点建设的十个发展区域，明确了每个重点发展区域的定位、开发模式和发展策略等，最后从基础设施、体制创新、资金、空间拓展、人口、组织机构等七方面提出了建设重点发展区域的政策建议。

关键词：重点发展区域　发展规划　对策

一　广州"十一五"时期重点区域发展评估

（一）发展概况

1. 珠江新城

珠江新城作为广州新城市中心区和"十一五"期间广州重点规划建设地区，从 20 世纪 90 年代初开始即启动开发建设，至 21 世纪初城市架构已基本成型，目前建成的项目包括第二少年宫、高级商务写字楼、居住区等，歌剧院、博物馆和图书馆等文化项目也正在建设中，整体上已形成功能完备、效应明显、具有一定规模的中央商务区。

＊ 课题组组长朱名宏，广州市社会科学院副院长，研究员；课题组成员陈勇、尹涛、刘名瑞、秦瑞英、李明充、谢涤湘、王冠贤。

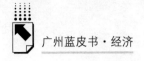

2. 广州新城

2006 年亚运村的建设正式启动，这标志着"广州新城"的建设正式起步。目前的建设主要集中在亚运村和亚运场馆，其余建设较少，各项城市功能尚未显现。因亚运村面积很小，仅为 2.73 平方公里，对整个新城的带动作用将十分有限。

3. 白云新城

白云新城已建成白云国际会议中心、居住区等项目，其余省画院、城市规划展览馆、会议中心周边道路工程等项目的建设也正在进行中，整体上已初具雏形，具有一定的城市功能。

4. 广州科学城及周边地区

广州科学城自 1998 年 12 月 28 日奠基启动，目前已建成有一定规模的软件、科研、动漫等基地，其余项目也在陆续建设中，已凸显其产业价值。未来科学城（北区）还将打造它的升级版。

5. 南沙地区

2005 年 4 月 28 日，国务院正式批准设立广州市南沙区，目前南沙中心区已建成包括行政中心、道路交通、产业基地等在内的多个项目，已具有较完整的城市中心区功能。南沙已经形成产业集群，北部为汽车和重型装备工业、中部为高新科技产业、南部为港口物流和临港工业的总体布局已经初步形成；汽车、钢铁、造船、重型机械装备、石化、高新技术产业及港口物流等七大产业已初具规模。

6. 大学城及周边地区

大学城地区目前已完成各高校园区的建设，其他配套服务设施和市政设施也在完善中，已基本形成环境友好、设施完善、生态化、信息化、集产学研于一体的综合性大学园区。

7. 白云国际机场及周边地区

新机场周边地区已建成的项目有新机场、物流园区等，目前的建设主要集中在新机场续建、联邦快递亚太转运中心、轨道交通三号线等，地区功能逐渐完善。

8. 新客站周边地区

新客站周边地区的建设起步相对较晚，已有和现有的建设项目主要集中在客运站主体工程及轨道交通工程，整体上尚未成型，尤其是道路交通工程和市政公用设施建设相对滞后，各项城市功能也未显现。

9. 萝岗中心区

2007 年萝岗中心区建设指挥办成立。目前萝岗新城中心区基础设施及公共配套设施项目，行政服务中心、市民公园等已陆续建成。行政中心区和市政基础设施建设正抓紧推进。城市中心区功能逐渐完善，逐步成为集行政办公、文化、教育、体育、居住、商业配套等多功能于一体的广州东部现代化新城区，实现由产业园区向综合性城区的转变。

10. 琶洲地区

琶洲地区的建设步伐相对较快，已基本完成会展中心的建设，其余配套设施和市政设施也在完善中，地区已形成较强的会展功能，其余城市功能也在不断完善中。

（二）重点区域的发展评估

1. 对经济发展的影响

"十一五"期间，重点发展区域对经济发展的影响，可以从两个角度来衡量：一是对地区生产要素投入的影响，包括资本、人才、技术等生产要素；二是对地区产出的影响，包括地区生产总值（GDP）、税收等方面。鉴于统计数据的局限，本研究中对生产要素的投入用从业人数代替，对地区产出的影响用营业收入代替。

从从业人数来看，许多重点发展区域的就业人数有比较大的增长。"十一五"期间确定的十个重点发展区域中，2007 年总就业人数比 2005 年增加了 122640 人，增长 87.46%，占全市的比重由 2005 年的 12.28% 增长到 2007 年的 12.62%。

从营业收入来看，"十一五"时期的十个重点区域 2007 年营业总收入比 2005 年增加了 1868.85 亿元，增长 1.7 倍，占全市的比重从 2005 年的 7.56% 提高到 2007 年的 14.29%，增加了近 7 个百分点，这证明重点发展区域已经成为广州重要的经济增长点。

从资产总计来看，十个重点发展区域 2006 年比 2005 年增加了 353.78 亿元，增长了 95.51%，占全市的比重从 2005 年的 6.78% 提高到 2006 年的 8.56%。

综上分析，无论是从就业人数、营业收入，还是固定资产等指标看，广州"十一五"时期确定的重点发展区域自身既取得了较快的发展，对全市的经济增长贡献也相当突出。

2. 对城市建设的影响

近年来，按照广州总体战略规划确定的"南拓、北优、东进、西联、中调"

的城市空间发展布局构想，广州以重点发展区域为支点，拉开城市建设，开辟新城区，多中心组团式网络型的城市空间架构基本形成。此外，还形成了珠江新城—琶洲地区的新城市 CBD、广州科学城高新科技产业和先进工业制造业的聚集区等新的城市空间；重点区域的建设构建了广州标志性城市地区，改善了城市形象和环境。如白云国际机场及其周边地区的建设为广州提供了一个国际一流的大型航空港及现代化的空港经济区。而南沙地区的大开发、新客站的建设塑造出崭新的形象，成为城市重要的节点。

（三）重点区域发展存在的问题分析

1. 缺乏分工与协调，重点地区之间联系薄弱

由于区域平衡以及项目牵导的因素，各重点地区在相关规划与大都市地区空间结构和管理结构之间缺乏协调，在职能定位和产业设置中缺乏协调和互补，尤其体现在项目引进、设施开发等实际工作中，常常出现产业同构、重复建设甚至恶性竞争等现象，如广州新城与珠江新城的关系定位等，缺乏统筹的区域分工与协调机制。这些都影响了重点地区对完善广州城市结构作用的发挥。

2. 过于注重产业开发，重点地区功能相对单一

重点地区多以产业拉动为主，功能相对单一，缺少对社会效益的关注，配套不足，难以形成城市氛围，与中心城区形成钟摆交通，如大学城及周边地区、萝岗地区。

3. 投入量少且分散，重点地区效应发挥局限

近年来，尽管重点地区发展战略不断提出，广州全市的固定资产投资仍然大部分集中在中心城区，尤以公共投资的集聚度更为突出，其中投入越秀区的固定资产投资高达 200 亿元。其余部分分散到各个城区，导致各重点地区建设所获得的资金投入和持续时间有限，发展规模一直难以壮大，从而制约了外部新城疏解旧城压力的预期目标的实现。

4. 公共配套相对不足，环境品质提升滞后

目前各重点地区的建设，大多属于基础设施建设和项目投资带动下的用地拓展，尚处于初期粗放型扩张的建设模式，不仅在设施配套水平和城市面貌上没有显著提升，甚至在生态环境保护和利用方面也效果不佳。各新区和新城的环境品质优势并不明显。

二 广州"十二五"时期重点区域发展背景

(一) 国内外环境的变化

1. 可持续发展、科学发展成为城市发展的必然之路

目前，科学发展观正在我国日益深入人心，这是我国区域发展观的历史性转变。科学发展观要求坚持以人为本，树立全面、协调、可持续的发展观，促进经济社会和人的全面发展，强调"五个统筹"，即统筹城乡发展、统筹区域发展、统筹经济社会发展、统筹人与自然的和谐发展、统筹国内发展和对外开放。通过科学发展观的引领，不仅要达到可持续发展的要求，而且要实现建设社会主义和谐社会的宏伟目标。

2. 全球金融危机挑战世界及中国经济

2008 年的金融危机导致了需求不振、生产下降、银根紧缩、国际贸易大幅度减少、全球经济增长明显放缓，其破坏性影响逐步从金融行业扩展到实体经济，从少数国家扩展到全球。中国的社会经济发展也受到了强烈冲击，这也使得中国政府认识到，过于依靠国际市场、依靠外来投资，经济风险非常大。因此，中国政府提出要扩大内需促进增长，减少本国经济对外部世界的依赖，其中进一步提高城市化水平、促进区域经济发展是一个非常重要的举措。

3. 全球化成为城市发展的"双刃剑"

全球化是当今最重要的社会经济发展趋势之一。全球化过程不仅影响着一个国家或地区产业的空间变化，而且也在促成社会经济新的空间表现形式。全球化对于城市的发展是一柄"双刃剑"。一方面，全球化为城市提供了其所需要的各种资源、技术和市场，城市只要有能力，就有足够的市场，也就能吸引到足够的资源；另一方面，全球化也使得城市不得不直接面对全球其他城市的竞争。这就要求城市的发展要有全球眼光，要着力提升其在全球的竞争力，在确定其发展定位、策略时必须考虑到与世界其他城市的竞争。

4. 大型项目成为城市发展的"引擎"

大型项目在不断变化的经济、政治和社会背景下始终是城市发展的主线，是城市政治和经济变革、城市营销的催化剂，尤其在全球化时代，大型项目更是成为促

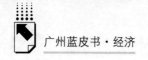
进城市与区域经济发展的制胜法宝。目前，越来越多的城市把发展大型项目作为提高城市竞争力的主要手段之一，并且逐渐成为一种发展趋势。

（二）广州自身发展环境的变化

1. 新的城市发展目标的确定

2008 年的《珠江三角洲改革发展规划纲要》提出，广州进一步优化功能分区和产业布局；优先发展高端服务业，加快建设先进制造业基地；增强文化软实力，提升城市综合竞争力，强化国家中心城市、综合性门户城市和区域文化教育中心的地位，提高辐射带动能力。要将广州建设成为广东宜居城乡的"首善之区"，建成面向世界、服务全国的国际大都市。该《纲要》对广州的定位，是当前和今后一个时期推动广州发展的行动纲领。

2. 新的城市发展战略的确定

2000 年，广州第一次总体发展战略规划提出了"东进、西联、南拓、北优"的发展战略。在这一战略的指引之下，广州跳出老城，大规模向城市外围地区拓展，拉开了城市框架。而为了促动中心城区的再发展，广州市第九次党代会则在八字方针基础上增加了"中调"，要求中心城区"调优、调高、调强、调活"。而新的广州城市总体发展战略规划也指出要将广州打造成为综合性门户城市、南方经济中心、世界文化名城，实现国家中心城市的定位。在新的战略指引下，近年来广州继续强力支持城市外围重点新城、产业基地的发展；积极推动老城区的更新改造；推动产业结构的调整优化；加强对生态环境的保护与生态问题的治理，提升可持续发展能力，构筑宜业宜居城乡。

3. 建设低碳城市、推进可持续发展是广州的发展要求

改革开放以来，广州经济发展迅速，城市化水平提高很快，但资源环境压力也日渐增大。一方面，经济增长的效益指标相对偏低，资源环境成本偏高。与经济实力同处全国第一等级的上海、北京等城市相比，广州的发展相对粗放。另一方面，近年来广州城市空间拓展很快，呈现出蔓延发展态势，建设用地星罗棋布，但土地资源利用效率较低，建设用地紧缺与浪费问题并存。因此，建设低碳城市、推进可持续发展是广州的发展目标。广州应通过更加高效的城市化，更加集约的土地利用与产业发展，提升竞争力。

三 广州"十二五"时期重点区域发展总体要求

（一）指导思想

坚持以人为本和全面、协调、可持续的科学发展观，深入落实《珠江三角洲地区改革发展规划纲要（2008～2020年)》，围绕建设广东宜居城乡的"首善之区"和国际大都市的发展定位，以"中调"战略为统领，以增强集聚辐射与综合服务功能为目标，根据区域经济优势和环境资源承载能力，合理安排市域生产力布局和重大基础设施建设，加快推动城乡一体化和区域经济协调发展，把广州建设成一个空间结构合理、社会经济发展与资源环境相协调、具有国际竞争力、环境优美、生活便利、适宜人类居住的国际大都市。

（二）总体思路

按照以人为本，有利于经济、社会、生态和谐发展，突出城市总体功能形象，重点区域与整体区域协调发展的原则和理念，根据广州市域经济发展的新格局和态势，坚持"重点带动、全面推进、整体提升"的基本策略，因地制宜、发挥优势、统筹协调、突出重点、分工合作、共同发展，从宏观、长远和空间的视角，确定"十二五"时期的重点区域及其各自的发展定位、开发模式和发展策略，实现重点区域突破、区域协调发展，为广州建设国家中心城市和国际大都市服务。

（三）目标

在"十一五"重点区域发展规划的基础上，按照"继承、发展、创新、提升"的原则，结合新的发展背景与形势，"十二五"时期广州重点区域发展的主要目标是：继续推进产业结构优化升级，优化产业空间布局，以重点区域的主导产业为核心，强化和培育城市产业增长极；继续推进"南拓、北优、东进、西联、中调"空间发展战略，以重点区域为核心，拓展、优化空间结构，培育城市空间增长极；统筹城乡，制定差异化发展模式，分类引导，实现区域协调均衡发展，将广州建设成为广东宜居城乡的"首善之区"和服务全国、面向世界的国际大都市。

（四）依据

1. 对"十一五"规划时期重点区域的深化延续

广州"十一五"发展规划确定了十个重点发展区。但经过五年的建设，有些重点区域建设缓慢，有些还未完全发挥区域带动作用，新老城区间存在协调发展不足的问题等，这些都需要在"十二五"规划期间进行深化调整。

2. 上位规划及政策的规定要求

表1 上位规划对广州重点发展区域的要求

相 关 规 划		重 点 地 区
《广州市贯彻落实珠江三角洲规划实施细则》(2010)		珠江新城(含员村地区)、琶洲地区、白云新城、白鹅潭地区、广州新城市中轴线南段地区
《广州城市总体发展战略规划》(2010~2020)		白云新城、珠江新城—员村地区、琶洲地区、白鹅潭地区、中轴线南段地区、南沙滨海新城、东部港城、空港新城、西部新区
《广州市建设现代产业体系规划纲要》(2009~2015)		一带六区：东部产业带、南部临港产业区、北部空港经济区、中部现代服务业核心聚集区、东南部产学研创新区、中南部服务业发展区、东北部生态休闲旅游区
《广州市现代服务业功能区发展规划纲要》(2009~2020)		中央商务区、西部商贸文化创意区、南部新型商贸旅游区、东北部科技创新核心区、东部生产服务区、东南部知识创新及文体服务区、北部空港经济区、南沙海港经济区
《广州市主体功能区规划》	核心提升区	大中央商务功能区块、中西部历史文化功能区块、东北部科技文教功能区块、北部都市综合发展功能区块
	调整优化区	番禺中北部功能区块、黄埔—萝岗功能区块、新华功能区块、荔城功能区块、街口功能区块、南沙新城功能区块
	重点拓展区	北部空港功能区块、萝岗新城功能区块、增城南部功能区块、广州大学城功能区块、广州新客站功能区块、广州新城功能区块、南沙海港功能区块

3. 广州"十二五"期间重点区域选择

（1）重点区域应具备的基本条件。

● 交通便利，基础设施完善，工农业生产已有一定基础，具备迅速发展经济的自然条件；

● 目前和未来的发展对区域经济发展的作用及影响较大；

● 具有发展区域重点产业的优越条件，属于地区重点产业的重点开发区域；

● 与城市发展方向以及空间战略增长策略一致；

● 符合区域协调与平衡发展要求；

● 符合城市功能分区。

（2）广州"十二五"期间重点区域的选择。

以国内外城市重点区域应具备的基本条件为前提，结合广州实际，在延续和完善"十一五"规划期间重点区域发展的基础上，遵循《珠三角规划纲要》、《广州城市总体发展战略规划》、《广州市主体功能区规划》等上位规划和政策文件的相关要求，确定和选择广州"十二五"时期的重点区域。

从以上规划中，可以将一些区域合并，如珠江新城（含员村地区）、琶洲地区、广州新城市中轴线南段地区合并为中央商务区，然后可以得出备选重点发展区域有中央商务区、白云新城、白鹅潭地区、南沙滨海新城、空港新城、西部新区、从化新温泉地区、增城荔城地区、东北部生态休闲旅游区、广州大学城地区、西部商贸文化创意区、中西部历史文化功能区块、广州新城功能区块、广州南站地区及东部新城等15个地区。

根据因地制宜、经济空间布局最优化、重点发展、区域协调、梯度推移、效率与公平兼顾等原则，选择了9个指标建立重点发展区域评价体系。每个指标项的功能及含义见表2。

表2　重点发展区域评价指标

序号	指标项	功　能	含　义
1	地区经济比较优势	评价一个地区经济比较优势	包括GDP、税收、就业人数经济指标的发展程度
2	经济空间布局最优化	表征符合城市发展布局现状的程度	土地开发强度等
3	与城市未来发展取向吻合度	评估与未来城市发展战略取向的吻合程度	与《珠三角规划纲要》、《广州城市总体发展战略规划》等规划的吻合程度
4	投入产出率	评估投入产出效率	投资收益与投资额度的比率
5	区域协调	反映对区域协调发展的作用	包括对缩小城乡差距、地区差距等的作用
6	区位条件	反映区域空间优势	包括交通条件、基础优势条件等
7	经济发展质量	反映地区经济发展质量	包括经济结构、现代服务业发展程度等指标
8	发展潜力	评估一个地区未来发展潜力	是综合性指标，包括区域生产力布局、区位优势、投资额等
9	与功能区布局吻合度	评估一个地区与主体功能区布局的吻合程度	与《广州市主体功能区规划》的吻合程度

根据重点发展区域评价指标体系，对广州15个备选重点发展区域进行评价，得出表3。

表3 广州重点发展区域综合评价

序号	指标项	中央商务区	白云新城	白鹅潭地区	南沙滨海新城	空港新城	西部新区	从化新温泉地区	增城荔城地区	东北部生态休闲旅游区	广州大学城地区	西部商贸文化创意区	中西部历史文化功能区块	广州新城功能区块	广州南站地区	东部新城
1	地区经济比较优势	+++++	++	++	+++	+++	++	++	+	+	+	+++	+	++	+++	+++
2	经济空间布局最优化	++++	+++	++	++++	++++	++	++	++	+	++	+	+	+++	+++	+++
3	与城市未来发展取向吻合度	+++	+++	+++	++++	++++	+	++	++	+	++	+		++	+++	+++
4	投入产出率	++++	++	+++	++	++	+	++	++	+	+++	+++	++	++	+++	+++
5	区域协调	++	+++	++	+++	++	+++	++++	++++	++	++++	++	++	++	+++	+++
6	区位条件	++++	+++	++	+++	++	++	++	++	+	++++	++	++	+	+++	+++
7	经济发展质量	++++	+++	+++	+++	+++	++	++	++	+	++++	++	+	++	+++	+++
8	发展潜力	++++	++	++	+++	+++	++	++	+++	++	++++	++	++	++	+++	++++
9	与功能区布局吻合度	+++++	++++	++++	++++	+++	+++	+++	+++	++	++++	+	++	++	++++	++++

从表3看出，重点发展区域优先选择的顺序为中央商务区、南沙滨海新城、空港新城、东部新城、广州南站地区、广州大学城地区、白云新城、白鹅潭地区、从化新温泉地区、增城荔城地区、西部新区、广州新城功能区块、西部商贸文化创意区、中西部历史文化功能区块及东北部生态休闲旅游区。

四 广州"十二五"时期重点区域发展规划研究

（一）中央商务区

1. 范围

广州中央商务区面积约40平方公里，以珠江新城—员村为核心，包括天河中心区、琶洲、电视观光塔旅游休闲区和中轴线南段行政办公区。

2. 定位

珠江新城—员村地区功能定位为广州21世纪国际金融商务核心区。其中珠江新城主要承担金融保险、信息服务、商务办公等功能，同时提供高等级的公共文化服务设施以及配套高端居住社区；员村定位为国际金融区，作为城市中央商务区的拓展区，主要承担商务金融、文化创意、时尚休闲等现代服务业功能。

琶洲地区功能定位为国际会展中心区，重点发展会展、商贸等核心功能。

天河中心区是以中信大厦为代表的广州成熟商务办公区。天河—珠江新城中心—员村地区将共同建设成为广州新型城市商务、商业、文化、体育服务的市级城市综合性公共中心，承担城市主中心区的职能，是集国际金融、贸易、商业、文娱等城市一级功能设施于一体的现代中心商务区，是参与区域高端商务竞争与辐射的核心地区。

电视观光塔和中轴线南段行政办公区发展定位为旅游休闲观光区与富有岭南特色的行政办公中心。

3. 开发模式

（1）政府引导、市场主导的开发模式。

当前广州中央商务区的珠江新城和天河中心区发展已相对比较成熟，宜采取政府引导、市场主导的开发模式。具体来说，政府要在环境营造、产业规划与选择、基础设施的完善以及和谐社会的构筑等方面起到积极引导的作用；而在具体

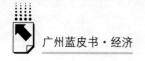
经济运行领域，要充分发挥市场主导的作用，即要发挥内外资企业的主体作用，以市场化运作实现资源的最佳配置。

（2）政府主导、市场化运作的开发模式。

员村地区、琶洲地区、电视观光塔和中轴线南段行政办公区的开发还处于起步阶段，所以要采取政府主导、市场化运作的模式。政府要着力完善基础设施的建设，对区域的发展要有统一的规划，同时发挥社会力量的作用，充分借助社会资本，加快环境的完善。

（3）一核多片开发模式。

以"珠江新城—员村—琶洲"为核心，天河北、环市东、东风路为片区，形成一核多片的开发格局。

4. 发展策略

（1）优化提升战略。

广州中央商务区要着力创造宜居宜业的城市环境，完善引领城市发展与能级提升的高端服务功能。大力推动经济发展方式转变，进一步发展总部经济、商务会展、金融、信息服务、专业服务、文化创意产业等现代服务业。

（2）总部经济战略。

作为广州的CBD，中央商务区要以总部经济为理念，围绕支柱产业的壮大、重点产业的培育以及产业链的延伸，集中建设一批行业集中、特色鲜明的总部集聚区，通过核心辐射和带动作用，吸引大公司总部的进驻，逐步发展成为具有国际金融、贸易、商业、文娱、外事、创意和旅游观光等多种功能的企业总部集聚中心和国际文化交流基地。

（二）白云新城周边地区

1. 范围

白云新城周边地区包括白云新城、白云新城北部和西部延伸区以及白云湖地区，范围约134平方公里。

2. 定位

白云新城功能定位为"云山西麓的宜居新城，主城区北部商业、文化服务中心"。

3. 开发模式

白云新城正处于规划建设当中，道路系统、绿化景观等基础设施还不完善，要采取政府主导的开发模式。广州及白云区政府要着力完善道路交通，打通断头路，加强城市景观规划与建设，加快"城中村"改造步伐。

4. 发展策略

（1）高端引领策略。

强化白云新城高端商务功能建设，重点发展金融、会展、商务、商贸、体育产业，高标准完善配套设施，要与广州其他商业中心错位发展。

（2）"三旧"改造策略。

白云新城西部区域"三旧"资源较为丰富，要充分利用广州大力推进"三旧"改造的大好时机，加快"城中村"改造的步伐，为今后的发展腾出优质的发展空间。

（3）临空策略。

白云国际机场虽然已经搬到花都，但是白云新城周边与机场对接的物流设施还相当丰富，要充分发挥机场的辐射带动效应，围绕临空产业加快产业优化升级，积极发展与机场配套的商业服务、商务办公、航空服务业，以及商贸、物流、房地产和高新技术等空港关联产业，促进生物医药健康产业基地、民营科技园等园区的产业升级和功能提升。

（三）白鹅潭地区

1. 范围

白鹅潭地区位于广州西南端，南靠珠江佛山水道，西与佛山的南海接壤。规划总面积35.14平方公里，核心区面积约为8.41平方公里。

2. 定位

白鹅潭地区功能定位为广佛共享的商务、购物、文化核心区；珠三角西部区域的生产性服务中心，创新、高附加值产业中心；岭南特色与水秀花香的生态宜居示范区。

3. 开发模式

白鹅潭地区现处于提升完善的阶段，宜采取政府引导、市场主导开发模式。政府要在公共交通等基础设施上加大资金投入，特别是广佛过境交通道路情况、

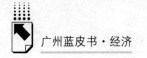

轨道交通等方面，还要在发展环境的营造上起主要作用。同时要发挥市场主导力量，大力引进国内外具有带动效应的大型项目。

4. 发展策略

（1）区域协作策略。

利用毗邻佛山这一中国重要的家电制造基地的区位优势，加快建设广佛同城化（荔湾—南海）综合试验区，加强区域协作，加强与佛山在规划、交通、环保、产业、市政设施等方面的对接，加快芳村地区城市基础设施建设。

（2）产业优化升级策略。

稳步推进白鹅潭经济圈建设，提升十三行商圈商贸功能，加大周边文化旅游资源的整合，以发展现代服务业为重点，积极打造以创意、商贸、旅游为主题的高能级复合型功能区；积极打造辐射西部及周边地区的广州"设计港"；加快建设龙溪大道物流园区，引导老城区批发市场升级与迁移。

（3）空间置换策略。

白鹅潭经济圈周边"三旧"改造空间资源较为丰富，要充分利用全市大力推动"三旧"改造的时机，加快城区综合改造，重点实施"退二进三"，改造城中村、危破房、破旧厂房，为文化创意、生产性服务业等现代产业腾出发展空间。

（4）环境打造策略。

加强环境综合整治，发挥芳村千里花香的优势，增加公共绿地和公共配套设施，改善城区环境和居民生活条件。积极推进水系综合整治，加快珠江沿岸景观建设，打造沿江休闲景观带。加快引导污染型工业从本区退出，减少污染物排放总量。

（四）广州大学城周边地区

1. 范围

广州大学城规划范围为 43.3 平方公里。大学城周边地区还包括新造镇大学城二期以及化龙镇等地区。

2. 定位

大学城及周边地区定位为国家一流的大学园区，华南地区高级人才培养、科学研究和交流的中心，产、学、研一体化发展的城市新区；面向 21 世纪，适应市场经济体制和广州国际化区域中心城市地位、生态化和信息化的大学园区。

3. 开发模式

（1）政府主导、市场运作开发模式。

目前道路交通、通信、供水等基础设施建设已经完成，但在发展环境的营造方面依然要采取政府主导的开发模式，政府要着力完善教育、科研等设施建设。在广州大学城周边产业园区的建设上，要采取市场主导的开发模式，大力吸引社会资本参与产业园区的建设。

（2）主导功能开发模式。

广州大学城主要体现教育与科研的公共服务功能，要紧紧围绕其功能定位，进行产业选择及产业园区的建设。

4. 发展策略

广州大学城及周边要确立产、学、研一体化策略。要大力发展教育、科研、信息、设计、咨询等专业化服务，为区域高新产业发展提供全面技术和服务支撑，积极地将大学城地区打造成为产、学、研一体化发展的信息化生态型城市新功能区。

（五）广州南站周边地区（广州新客站周边地区）

1. 范围

广州南站周边地区面积约 36.1 平方公里；核心区规划总面积约 4.51 平方公里。

2. 定位

广州南站周边地区的发展定位是"华南门户，枢纽新城"。

3. 开发模式

以点带面，促进区域统筹协调发展。以广州南站为重点，在开发初期，大力完善基础设施，特别是交通设施；在开发比较成熟后，推动周边地区的开发，依此点带面，促进区域整体开发。

4. 发展策略

（1）区域一体化战略。

推进广州与佛山区域联合，构筑一体化区域经济框架。要着重抓好三个方面的一体化：一是发展规划一体化；二是基础设施布局建设一体化；三是资源配置一体化。

（2）产业聚集策略。

充分发挥广州铁路新车站的带动作用和周边土地资源优势，大力发展现代商

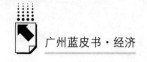

贸、物流，以番禺新城为重点，建设兼具批发、零售、休闲娱乐、信息发布等功能的现代服务业集聚区，建成广州乃至全省对外的展示窗口和商业交流大平台。

（3）圈层开发策略。

广州新火车站用地的布局结构分为三个圈层，相应的，其发展也分为三个圈层。第一圈层为新火车站核心区域，包括行政、办公、商业等配套设施，突出中心区的形象和地位；第二圈层为混合区，包括商业、文化、金融和商住功能；第三圈层为居住区，包含居住及配套设施。

（六）广州科学城周边地区

1. 范围

广州科学城位于广州的东北部，包括科学城南区和北区两部分。科学城南区总规划面积为 3747 公顷，科学城北区（含中新知识城）是九龙镇广河高速公路以北的地区，面积约 123 平方公里。

2. 定位

广州科学城南区功能定位为以高科技制造业为基础，培育创新环境，促进广州产业结构的调整，建成 21 世纪华南地区的技术中心。

科学城北区（含中新知识城）功能定位是全国创新区域内的重要创新极，是广州向世界一流城市看齐的窗口，是广州"建立现代产业体系与建设宜居城市"的示范区与先导区。

3. 开发模式

采取政府主导、市场化运作的开发模式。

4. 发展策略

（1）现代产业体系构筑策略。

依托科学城、萝岗中心区等重点地区，大力发展电子信息、生物、新能源、新材料、总部经济、商务金融、科研、信息服务、创意产业、文化体育产业等现代服务业。

（2）产业集群发展策略。

以科技研发和高新技术产业为重点，加快科学城总部经济区、金融创新服务区、创意产业园、服务外包示范区、会展物流园区等现代服务业聚集区建设，引进先进生物技术、信息技术新材料、先进制造、先进能源、知识密集型服务业等创新集群，努力建设成为集研发、孵化、制造、高端服务等功能于一体的生态型、知识型科技园区。

（七）空港新城

1. 范围

东至新广从快速路—钟落潭规划镇区，北至机场高速北延线—花都大道，西至镜湖大道—迎宾大道，南至北二环高速公路以北 2～3 公里规划路。面积约 179 平方公里。

2. 定位

以白云国际机场为依托，发展成为以综合性交通枢纽为核心、以临空型现代产业为基础的世界级空港经济区；进一步落实北优战略，促进地区集约化发展，形成广州现代产业体系示范区和新的经济增长极；以临空优势促进高端产业集聚，推动区域产业整体的高端化，成为珠三角区域产业升级的重要引擎；发挥空港枢纽作用，建成亚太地区综合性交通枢纽和重要的空港经济区。

3. 开发模式

空港新城作为大型功能区域，要采取政府主导的开发模式，抓好空港经济区及周边地区的总体规划和各种控制性详细规划工作，着力建设公共配套设施、道路交通设施等基础设施，整合管理资源、土地资源、产业资源、人力资源、交通资源等，保证空港新城及周边地区开发建设的规模效应。

4. 发展策略

（1）临空策略。

以白云国际机场为依托，大力发展现代物流业、商贸服务业、会展、总部经济、高新技术产业、高度加工型制造业及临空型农业等临空产业，使之成为具有较高现代化水平的国际一流空港经济区，成为广州西北部经济增长的主要推动力之一。

（2）产业聚集策略。

整合原有的传统产业，发挥其优势，转变经济发展方式和运行机制，对传统优势产业加强集聚，形成产业集群，着力发展汽车产业集群、皮革皮具产业集群、空港经济产业集群等，以产业集聚进一步带动人口集聚，推进该区城市化发展。

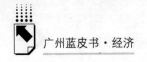
（八）南沙新区

1. 范围

以南沙中心城区为核心，依托黄阁工业区、南沙港区、临港工业区等，包括南沙街道、南沙经济开发区以及龙穴岛等，面积约 130 平方公里。

2. 定位

南沙新区是广州城市空间与产业南拓的核心，重点发展汽车、造船、钢铁等临港工业和高新技术产业、高端服务业，目的是建成产业布局合理、经济辐射能力强、基础设施配套、服务功能完善、自然环境优美、最适宜创业发展的产业与流通基地，成为最适宜人们居住的充满创意与活力的现代化海滨新城。

3. 开发模式

围绕海港这一主导功能推进形态开发和功能开发，面向全世界特别是香港、澳门资本，推进招商引资和产业发展。政府要加大对基础设施建设的投入力度，建设服务型政府，完善营商环境。

4. 发展策略

（1）与国际接轨策略。

要充分利用广州南沙保税港区作为拥有我国目前保税物流体系中层次最高、政策最优惠、功能最齐全、区位优势最明显的海关特殊监管区的有利条件，推动本区域经济从更广泛的领域、更高的层次融入全球经济，通过积极参与国际化的分工与协作和充分利用国内国际两个市场、两种资源，全面提高经济发展的质量和水平。

（2）滨海策略。

南沙区作为滨海新区，要确立滨海开发策略，充分发挥海洋资源丰富的优势，大力开发海洋资源，提高海洋产业素质，努力形成以海洋渔业、海洋矿业、涉海工业、海洋运输和海滨旅游为内容的高素质海洋产业体系，推动海洋资源优势向海洋经济优势转变，提高资源开发的综合效益。

（九）增城南部产业带

1. 范围

增城南部地区，包括新塘、石滩、中新三镇。北靠荔城，南临东莞，西接萝岗，东至惠州。总建设用地面积 85 平方公里。

2. 定位

打造成为广州东部先进制造业基地；广州乃至珠江三角洲、华南地区城乡统筹示范区。

3. 开发模式

增城南部产业带布局的产业以汽车、服装、电子信息等为主，其开发宜采取市场主导的开发模式，政府要极力为企业营造良好的营商环境，发挥企业的主体作用，推动各产业集聚发展，形成集聚效应。

4. 发展策略

增城南部产业带要采取产业集聚的发展策略，即要整合提升新塘、石滩地区的工业、物流园区，集聚先进制造业和生产性服务业，推动制造业园区化、集约化、信息化、高级化发展，建设广州东部先进制造业基地。依托广东增城工业园，重点打造国家级产业功能区。新塘镇主要发展汽车、摩托车及其零部件产业、纺织服装业，以及商贸、物流等第三产业。石滩镇主要发展汽车和摩托车零配件制造、轻工食品等产业。

（十）从化新温泉地区

1. 范围

广州从化流溪温泉旅游度假区，东北至鸭洞河北侧的共青路，西北以凤凰岭和李寨顶等组成的丘陵分水岭为界，南侧以新瑞加油站北侧和黄猄岭为界。规划区总用地面积约 29.28 平方公里。

2. 定位

成为广州北部休闲度假带的核心区和具有国际水平的复合型温泉度假地。

3. 开发模式

在《广州市主体功能区规划纲要》中，从化温泉地区开发主要落在调整优化区和适度发展区中，大型的设施建设比较少，为了避免重复建设、资源浪费以及环境恶化的问题，政府要发挥主要的作用，统一区域发展规划，保护好环境。

4. 发展策略

确立品牌塑造策略，即要发挥自然资源和历史人文景观优势，着力打造"中国温泉之都"的旅游品牌，以健康时尚的休闲度假活动为导向，以生态旅游

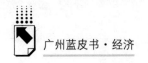
为特色，以流溪温泉为重点，以温泉之都、山水从化为主题，建设环境优美、特色鲜明、功能完善的旅游线路，开发适应市场需求的旅游产品。

五　政策建议

（一）加强规划衔接，完善重点发展区域基础设施建设

以广州市总体规划为依据，加强主题功能区规划、土地利用规划及各专项规划等在重点区域方面的衔接，严格落实各规划对重点发展区域建设的要求。一是加强市域总体规划与土地利用总体规划的衔接，为重点发展区域未来重大基础设施项目预留好土地和空间。二是加强重点发展区域与外界联系的基础设施特别是交通基础设施的衔接。三是强化市域总体规划等规划与重点区域产业规划的衔接，高度重视重点发展区域与全市及珠三角产业的有效对接，以重点发展区域产业大发展带动全市产业结构调整与升级。四是积极处理好市总体规划与重点发展区域环卫、电力、通信、水利等各专项规划的关系，为重点发展区域营造良好的发展环境。五是适时制定重点发展区域建设与发展规划，推进重点发展区域整体功能最优化和整体效能最大化。

（二）推进体制机制创新，构建务实高效的区域创新体系

一是要加快推进改革攻坚和体制创新，进一步完善社会主义市场经济体制，以建设"服务型政府"、"公共治理型政府"为核心，力争在重点区域的建设中取得体制创新的新突破。二是深化行政管理体制改革，加快实现政府职能由经济管理型向公共服务型转变。三是增强技术创新主体的活力。落实鼓励研究开发投入的相关政策，充分激发企业创新的内在动力，支持企业创建工程研发中心，开发技术含量高的名牌产品和创建著名商标品牌，提升企业核心竞争力。

（三）完善公共财政体系，加大重点区域发展资金投入力度

积极推进公共财政体系建设，建立重点发展区域科学合理的财政资金分配、使用和管理机制，根据各重点发展区域的情况，制定相应的财政政策，加大政府

在重点发展区域的重大基础设施、生态环境建设、科技进步、文化教育、社会保障、人口与计划生育、就业、公共医疗卫生、社会稳定等领域的财政投入力度，安排专项资金支持经市确定的"退二进三"产业基地的基础设施、公共创新平台、企业技术创新以及其他重大项目建设经费的投入。

（四）制定重点区域投资政策，拓宽融资渠道

一是推进重点发展区域的城市建设投融资体制改革，在交通、城建、水务、燃气、地铁、垃圾处理等领域方面先行先试，大胆创新，积极探索建立"政府主导、社会参与、市场化运作"的城市建设投融资体制和运作主体，进一步拓宽重点发展区域城市建设投融资渠道，动员更多的社会资金参与城市公共服务业建设。二是制定重点发展区域投资政策，调控各重点发展区域的投资规模、投资结构，提高投资宏观效率，实现资源和要素配置最优化。三是制定重点发展区域产业政策，按照各重点发展区域的定位和要求，制定完善产业结构调整指导目录、外商投资产业指导目录、重点产业支持目录，依托自身资源禀赋优势，遵循产业发展规律，充分发挥市场配置资源的基础性作用，形成与该区域发展定位相吻合的产业结构。

（五）加快"三旧"改造步伐，为重点发展区域拓展发展空间

一是制定重点发展区域土地政策，合理调整全市土地利用结构，重点保障重点发展区域用地要求，强化市场在土地资源配置中的基础作用，建立健全城乡统一的建设用地市场，促进土地承包经营权流转，提高土地利用效率，实现土地资源的集约、节约利用。二是贯彻落实相关法规，充分利用全市"三旧"改造的大好时机，加快城区的"腾笼换鸟"步伐，盘活"三旧"房地资源，为重点发展区域拓展发展空间。

（六）完善人口政策，加强人才队伍建设

一是根据重点发展区域的发展定位和要求，适时推进户籍制度改革，探索建立城乡统一的户口迁移制度，在住房、户籍、科研、奖励、医疗等方面制定配套政策，优化吸引人才环境。二是加大劳动力的综合技能和先进技能培训力度，提升行业人才技能水平。三是积极引进高技能人才，推进人才和智力集聚工程，加强高层次人才的引进培养。

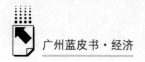
（七）构建重点发展区域领导组织机构，加强考核评比

一是成立由市发改委、规划局、科技局、国土局等部门组成的广州重点发展区域建设领导小组，统筹协调全市重点区域的建设与发展。下设办公室，挂靠市发改委，为领导小组日常办事机构。建立跨区域、跨部门的联席会议制度，加强部门间联动协同，协商解决重点区域建设与发展中的重大问题。二是建立符合科学发展观要求并有利于推进重点发展区域建设与发展的绩效评价体系。

Research on the Selection and the Development Strategy of the Key Development Regions in Guangzhou During the Twelfth Five-year Plan

Research Group of Guangzhou Academy of Social Sciences

Abstract： Based on analyzing achievements and problems of the development of the key regions in Guangzhou during eleventh five-year plan period, this research comprehensively analyzes the domestic and foreign development environment, proposes the notion and target for the twelfth five-year plan in Guangzhou, clarifies ten key development regions, clearly focuses on the development of regional orientation, development mode and development strategy. Finally, from infrastructure, institutional innovations, capital, space, population and organizations etc. seven areas, the paper proposes policy recommendations.

Key Words： Key Regions; Development Plan; Measures

B.4
坚持扩大内需方针下的
城市化发展道路研究

广州市社会科学院课题组 *

摘　要： 本文在综合分析了城市化这一扩大内需的综合战略取向、国外城市化与经济社会协调发展的经验与启示以及当前中国城市化发展趋势的基础上，根据广州城市化发展现状及存在的问题，提出了广州加快推进城市化发展的对策措施。

关键词： 扩大内需　城市化　广州

城市化集成扩大内需的诸多路径，对正处在转入扩大内需与稳定外需发展新阶段的中国来说，是扩大内需、保持经济增长动力可持续性的综合拉动战略。在我国经济发展亟须释放内需、增强发展动力的背景下，探讨城市化类型与经济协调发展的规律、如何推进城市化以及城市化如何推进内需扩大等问题，有利于更好地认识和贯彻落实中央各项扩大内需政策措施，促进经济社会实现科学发展。

一　推进城市化是扩大内需的综合性战略取向

我国已在全球产业分工和贸易格局中占有十分重要地位，出口对 GDP 的贡献接近 40%。2008 年国际金融危机给中国经济带来了前所未有的困难和挑战，促使我国经济转入扩大内需与稳定外需发展的新阶段。

---

* 课题组组长：孙云，广州市社会科学院院长、研究员；课题组成员：杨再高、张强、陈来卿、颜世辉。

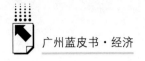

（一）中国已经转入扩大内需与稳定外需发展的新阶段

国际金融危机为我国扩大内需提供了巨大的倒逼机制压力，这是危机后面临外需萎缩趋势的必然选择，也是历史经验的启示和发展的要求。

第一，国际金融危机导致我国外需呈萎缩趋势。2008年的国际金融危机始发于作为世界经济龙头与"发动机"的美国，全球经济直到2010年才开始恢复增长，但目前主要经济体的消费模式、经济发展方式和分工格局已出现调整，金融危机深层次的影响依然存在。同时，美国继续实施量化宽松的货币政策，输出通货膨胀，给人民币带来持续升值压力，并影响世界贸易格局。国际贸易保护主义抬头，以"碳关税"为代表的"绿色"贸易壁垒增多，国际竞争和摩擦加剧。各种挑战压缩了我国外需空间，在我国经济增长外贸依存度过高的情况下，经济的持续稳定增长仍面临重重挑战。

第二，国内外历史经验表明，经济发展的主动力依赖国内消费，在经济危机背景下，推动经济复苏的主要着力点在于扩大内需。为走出20世纪二三十年代世界经济危机的困境，美国在经济部分复苏时实施罗斯福新政，采取一系列措施启动和扩大内需。亚洲金融危机后，中国开展以机场、港口、高速公路等为代表的大规模基础设施建设，迅速扭转了金融危机的不利影响。同时，我国属于典型的"大国经济"，经济增长动力不能长期依靠外需，为保持经济长期平稳较快发展，应主要依靠内需拉动经济增长。

第三，中国进入大众消费增长的新时期，国内消费潜力巨大。按国际惯例，人均收入超过3000美元时，居民消费升级将成为常态。我国人均GDP已于2009年超过3000美元，当前，发展型与享受型消费模式同时并存，住房、汽车等大宗资本消费品的消费不断升温。此外，随着社会保障体系的建立健全，我国居民储蓄率将逐步下降，高额储蓄将有条件地释放出巨大的内需能力。

总之，扩大内需将成为我国保持经济可持续发展的长期动力与战略，但在可预见的未来，特别是沿海发达城市，外贸推动经济增长的作用依然巨大，未来我国经济将是在稳定外需的前提下转向内需主导型增长。

（二）推进城市化是扩大内需的综合性战略取向

城市化促进农村人口向城镇集中，集成扩大内需的诸多方式，为经济增长提供持久动力，是我国扩大内需的综合性战略取向。

首先，城市化拉动投资，促进消费，有助于矫正投资与消费失衡问题。因为投资形成的产出供应能力，最终要靠消费需求来消化。加快推进城市化，有助于开拓农村市场，消除导致分配不合理的制度障碍，提高社会平均消费倾向，提升总体消费能力，有助于解决国内投资旺盛与内需相对不足的矛盾。据研究分析，城市人口比重每提高一个百分点，仅以交通、供水、供电、通信、文化娱乐等为主的基础设施投资，就可以直接拉动 GDP 增长 0.5 个百分点，全社会消费品零售额将上升 1.4 个百分点。

其次，城市化促进新型工业化。城市化促进城市基础设施、公共服务和现代文明向农村扩展延伸，改善农村消费环境，促进农民消费观念和消费习惯的转变，最终会拉动对工业品需求的增长。此外，城市化为全社会经济的集约增长创造了条件，特别是生产型服务业的长足发展，以及服务业与制造业的良性互动，将有效促进工业从粗放型扩张转向集约型发展。

再次，城市化促进产业结构与布局优化升级。走新型城市化道路将形成特大城市、大城市、中小城市和小城镇协调发展的格局，以信息流、技术流等实现空间网络交流，优化城市空间互动性，大大减少地理摩擦及信息搜寻与交易成本；各级各类城市加快发展符合各自要素禀赋和比较优势的产业，延伸与拓宽产业链，推进城市产业整合，促进产业结构向集约高效、多元化、规模化发展，有力地推动产业布局优化与结构的优化升级。

二 国外城市化与经济社会协调发展的经验与启示

城市化进程与经济发展密切相关，世界各国城市化的发展特点与城市化推动经济发展所面临的问题都不尽相同。

（一）国外城市化类型及特点

1. 以大都市区发展为特色的美国城市化

20 世纪 20～70 年代，美国人口从中心城市向郊区迁移，出现了郊区化现象，城市向大都市区转化。70 年代后，郊区化进程更加迅速，甚至出现逆城市化现象，到 1990 年，美国人口在百万以上的大都市达 40 个，大都市人口占总人口的51.5%，成为以大型都市区为主的国家。伴随人口郊区化，美国中心城市人口不断减少，中心城市功能衰落，受到周边郊区城市的挑战，并出现产业郊区化，造成很大的社会压力。从20世纪80年代起，一些老工业城市针对旧城衰落采取许多振兴对策，通过现代服务业的发展或旧城的再开发，吸引中产阶级从郊区回迁中心城区，使中心城区经济实现"再城市化"。

2. 由政府引导的日本城市化

在日本城市化发展的过程中，政府对工业发展和城市布局起着重要指导作用。为解决区域发展不平衡问题，日本先后制定和实施五次全国综合开发规划，形成了包括区域规划与城市规划在内的较为完善的规划体系。第二次世界大战后，特别是20世纪五六十年代，日本政府实施外向化的经济战略，为工业的重建提供资金、土地、基础设施、技术等多种支持和帮助，1956～1973年是日本工业发展的黄金时期，产业与城市向沿海高度集中，农业劳动力也向沿海城市高度集中，年均转移人口达到42.9万。1980年以来，日本开始形成"东京圈"控制其他区域的局面，最大的10个城市集中在太平洋东岸的工业带，其中有7个位居从东京到大阪的东海道都市带内。

3. "过度城市化"的拉丁美洲

大多数拉美国家的城市化进程自20世纪30年代开始加速，到20世纪50年代，一些拉美国家推行"进口替代"战略，开始形成以中心城市为核心的大都市区。由于政府不重视农业，且大庄园制度导致土地兼并现象严重，大量破产农民涌入城市寻找生存机会。自60年代后，该地区城市人口由5400万迅速增加到1990年的3.14亿，占总人口比例达71.4%，阿根廷、智利和乌拉圭等国的城市化水平甚至超过80%。拉美的城市化是建立在农村经济恶化、普通农民大量破产基础之上的，工业和经济增长缓慢，甚至不时爆发经济危机，城市就业机会严重不足，没有经济同步发展作为基础的迅速城市化导致城市"病态"发展，人口拥挤、住房短缺、贫富悬殊、毒品及暴力犯罪、环境污染等问题接踵而来，形成"过度城市化"现象。

（二）城市化与经济协调发展的规律

综观世界各国城市化进程与经济协调发展的轨迹，其中有差异，但也可找出共同的发展规律。

1. 城市化促进工业化

国际经验表明，工业化与城市化相互促进、互为因果。在城市化发展的不同阶段，两者的发展作用及地位有所不同。在城市化发展后期阶段（城市化率70%~90%），随着城市化水平提高，人口与企业集聚，生产要素空间集聚，市场空间拓展，导致人口及企业的消费需求结构向高质量、高品质化发展，对服务产品的需求大幅度增长。消费需求结构变化创造了新的供给，促进工业化发展。

2. 城市化是产业结构服务化升级的动力

美国城市地理学家诺瑟姆发现了城市化进程阶段曲线规律，即在城市化发展后期阶段，农业人口比重已经有限，经济发展的主要特征是从工业经济向服务经济转变。城市化带来人口集中与新的城市商业模式探索，为第三产业发展创造了条件，旨在改进居民在物质和精神生活质量方面的服务产品层出不穷，在客观上起到了"供给创造需求"的作用，最大程度上发掘了居民的潜在需求。同时，城市边界的扩张在实践和空间上使得城市第三产业网络逐渐延伸到农村地区。

3. 城市化影响"城乡差异"

美国经济学家库兹涅茨根据一些国家的统计数据发现，在城市化进程中城乡差距变动存在一个倒U形曲线分布现象，即随着城市化的发展，城乡之间的差距逐渐拉大，到一定阶段后又逐渐缩小，最终趋于均衡。在城市化推进过程中，城乡差异不断缩小，形成公平的市场运行机制，居民在住房、就业、医疗、教育等方面的待遇实现城乡均等化发展，这些对农村居民收入增长、消费环境、消费模式和理念都将产生影响，进而大大刺激消费。

4. 生产要素集聚推动经济发展

人口集中、土地集聚利用及资本集中，是城市化发展的必然结果。空间经济学理论认为，经济活动在向心力和离心力的共同作用下逐渐完成自组织化，形成一个稳定的"中心—外围"空间结构。但当运输条件、生产技术、人口分布等外部环境发生变化后，这种稳定就会被打破，经过新一轮的自组织化过程，新一轮的集聚的产生，达到一个新的稳定结构。这个集中—分散—集中的要素集聚发展过程，也是城市化不断推进的过程。

（三）国外城市化进程与经济协调发展的经验启示

在城市化快速推进过程中，产生各种经济社会问题是难以避免的，各国通过

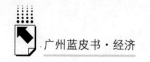

扩大投资，增强消费潜力，化解城市与经济社会发展的矛盾，促进城市化进程稳妥推进。

1. 以城市群建设引导城市化与区域经济协调发展

伴随着大都市区蓬勃发展，西方发达国家城市化走向联合互动、职能分工有序的城市群发展道路，出现了诸如美国东北部太平洋沿岸城市群、五大湖城市群、日本东海岸城市群等世界级城镇密集区，并成为引领区域经济发展的增长极。与国外城市群相对应，我国环渤海城市群、长三角城市群、珠三角城市群等已显雏形。城市群的发展要求地区性的基础设施与之相配合，形成发达的交通运输与信息技术等网络结构体系，为专业化协作创造优良环境，促进经济效益的增长与区域协调发展，并吸引更多的投资需求。我国应加大城市之间的基础设施网络体系建设力度，积极培育发展城市群。

2. 以产业结构优化升级带动城市化纵深发展

从纽约、伦敦等世界发达城市来看，在人均 GDP 达到 3000 美元以后，服务业比重不断上升，服务业产值占其地区生产总值的 70% 以上，有的甚至超过 80%，产业结构日益软化，产业结构调整升级成为推动经济发展的动力，第三产业成为城市化的主要动力，城市化进程将步入以提升质量为主的稳步发展阶段。在 1870～1970 年的 100 年间，第三产业的增长对美国城市化水平提高的贡献份额为 80%。与发达国家相比，第三产业发展滞后是我国城市化质量不高的一个突出表现。根据我国国情，今后很长一段时间里，在发展第三产业的同时，第二产业仍是吸收农村劳动力的重要渠道，我国城市化将是第二、第三产业协调发展，"双轮驱动"的城市化。

3. 加强生态环保建设，促进城市化可持续发展

无论美国、日本还是巴西，在人均 GDP 达到 3000 美元后都遭遇了严重的资源和环境问题，资源和环境问题已成为制约城市化发展质量提高的关键。当前，我国人均 GDP 刚刚达到 3000 美元，必须尽快遏制粗放型发展、资源消耗型发展势头，以"集中、集聚、集约"的发展方式，实现资源的可持续利用与经济、社会发展质量的全面提升。

4. 加强政府宏观调控力度，缓解城市转型的震荡

国外经验表明，在市场调节基础上充分发挥政府对城市与区域发展的宏观调控能力是应对转型期城市发展问题、推进城市化发展的重要举措。目前，我国发达地区存在的产业同构、无序竞争、土地"透支"等城市化发展问题，必须通过中央或地方政府的统一调控来解决，而未来多中心都市圈的构建，也亟须建立有效的区域协调机制，以沟通和平衡各利益主体的发展利益。要借鉴国外经验，通过建立区域联合机构、制定区域层面的发展规划，形成区域内部统一协调的竞争规则，协调解决对区域发展有重大影响的问题，缓解转型期城市化发展可能带来的震荡。

5. 重视加强农村现代化建设投入

从发达国家城市化进程来看，西方国家非常重视农村的发展。日本政府制定了大量法律促进农村发展，重视对农村、农业的投资，政府职能分工明确，中央政府主要对建设项目进行财政拨款及贷款，地方政府除财政拨款外还可发行地方债券进行农村公共设施建设和农村基础设施的改善。到 1980 年，日本农村从事第三产业的比率高达 42%，农业不再是农村的支配产业，这不仅加强了城市间、城乡间的联系，让小城市得到了较快发展，为实现城乡一体化提供了可能，而且农村发展也为城市产业和人口的扩散开辟了道路。

6. 多种方式推进城市更新

在城市化的高速发展阶段，由于财富分配不均，可能导致城市贫民区现象。西方国家解决这个问题的措施主要是兴建工人居住区，并制定更为完善的住房政策。美国自 20 世纪 30 年代开始，由联邦政府发起"新政"和"城市更新"两项运动，其中一个重要内容就是要解决城市下层居民住房问题进而治理中心城市。从"新政"来看，涉及城市的政策除进行以工代赈的大型社会工程建设外，还推出两项重大举措，对解决城市住房紧张以及增加就业等起到了积极作用。一是拟定"绿带建镇计划"，在郊区选择廉价土地，建造新社区供城市贫民区居民迁居，再将原贫民区改建为公园等公用设施和绿带。二是创建两个房主贷款公司和联邦住房管理署。前者主要为城市居民提供住房贷款，消除住户因付不起分期贷款而被取消住房抵押权的现象；后者是联邦政府干预乃至管理城市住房的常设机构。

三　当前中国推进城市化的思考

改革开放以来，我国城市化进程快速推进，但城市化水平一直明显落后于工业化水平，与发达国家 78% 和世界平均 49% 的城市化水平相比，我国城市化发展仍有很大潜力。推进城市化是我国未来扩大内需及推进经济持续发展的综合性战略取向，走具有中国特色城市化发展道路，加快城市化步伐，将更好地为扩大内需及增强可持续动力拓宽路径。

（一）以扩大内需为基础的中国特色城市化发展道路选择

1. 以大带小的大中小城市（镇）协调发展之路

大城市绝大多数分布在交通干线上，基础设施相对比较完善，产业基础比较雄厚，服务业有很大的发展潜力。国际经验表明，大城市会产生明显的聚集效应，进而带来较高的规模效益、较多的就业机会和较大的经济扩散效应，即存在"大城市超前发展的客观规律"。中等城市具有很大的发展潜力，是吸纳劳动力就业和人口居住的重要增长空间。小城市和小城镇是城乡经济社会发展及交流的桥梁和纽带，对大量吸纳农村富余劳动力和促进人口转移及实现城镇化有重要作用。当前，我国尤其是中西部地区应当走以大城市带动中小城市及小城镇协调发展的城市化道路，形成大城市、中小城市和小城镇协调发展的格局。

2. 以特大城市为依托的城市群发展道路

城市群是以特大城市为核心、各种不同类型城市空间形态相连且密切交互作用的城市群体。20 世纪 90 年代以来，我国城市体系由原来的功能分散逐步走向功能整合，以特大城市为依托的城市群在城市化水平较高的地区不断崛起，成为中国经济发展的主要引擎，如京津冀、长三角、珠三角三大城市群，用不足 3% 的土地面积，集聚了中国 14% 的人口，创造了 42% 的国内生产总值。城市群在本质上打破了行政区的束缚，实现资源整合，成为我国扩大内需及加快发展的重要引擎。在我国东部沿海及中西部平原地区，应以增强综合承载能力为重点，以特大城市为依托建设城市群，扩大内需。

（二）中国推进城市化和扩大内需的对策建议

1. 加强城市基础设施建设

推进各级城镇及其与大城市、特大城市相互衔接的基础设施现代化建设是加快城市化及扩大内需的重要引擎。要进一步加大城市基础设施的建设力度，尤其要加快区域性和城际高速铁路、城际轨道和高速公路建设，构筑综合性立体交通网络系统，以此促进基础设施投资增长，扩大内需。特大城市地区要以完善综合交通中心的枢纽功能为着力点，大中小城市以交通等基础设施现代化建设为重点，加快以中心镇为据点的城乡交通设施共建、联网、共享，构建连接广大城乡的现代化交通网络，并加快市政设施统筹建设，全面提升基础设施对城市化发展的支撑能力，拉动投资增长，扩大内需。

2. 推进工业化发展

工业化是现代化的核心和基础，是推动城市化发展的根本动力和有效途径。我国正处在工业化发展的中期阶段，加快工业化发展仍是提高我国经济社会发展水平、推进城市化的必然要求。在新形势下，要转变发展方式，加强自主创新能力建设，大力发展以战略性新兴产业为重点的高新技术产业，利用高新技术改造传统产业，推进传统产业信息化和智能化，大力发展生产服务业和生活服务业，构建现代产业体系，走信息化与工业化融合的新型工业化道路，促进我国工业由大变强，增强城市化持续发展的动力，拉动投资增长，扩大内需。

3. 推进城市群健康发展

城市群作为高效配置经济资源的空间组织形式，可以促进城市间形成合理的分工及形成强大增长极，促进城乡统筹发展。城市群内的基础设施建设、产业对接、环保行动、城市建设等可以拉动投资增长、扩大消费和内需。应打破行政区界限，建立协调对接的机制，加强城市群发展统筹规划，协调促进城市群内部城市一体化发展，尤其要促进产业协作分工和集聚发展、城市集约化和城乡一体化发展，增强城市群持续发展及区域协调发展能力。城市群中的特大城市往往是国际性或区域性的大都市及中心城市，代表着城市群的影响力和竞争力，要加强特大城市建设，增强其发展后劲，使其成为区域扩大内需的引擎。同时，要借鉴发达国家旧城区再造的经验，按照新型城市化发展的要求，在城市群及城市地区实施"再城市化"战略，增强城市中心区综合服务功能，提升城市化质量，带动区域城市化发展，扩大内需。

4. 加快推进农村城市化

加快新农村建设有利于扩大消费和投资，为城市化顺利推进及扩大内需创造更有利的条件。要认真落实"三农"财政投入政策，把加大对"三农"的投入作为落实扩大内需、实施积极财政政策的重点，积极探索和组建以民间资金为主体的担保机构，调动社会资金用于农村农业建设，形成新农村建设长效稳定的资金投入机制，因地制宜发展农村特色工业，带动农村投资增长并促进农村发展。

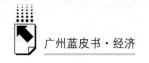

同时，应针对不同情况，将失地农民和在城镇务工的农民工逐步纳入城市保障和公共服务体系范围，以推进农村人口城市化来扩大消费及拉动内需。

5. 创新城市化发展的体制机制

现行的一些体制机制，如城乡分离的户籍制度、劳动就业制度和社会福利保障制度等，使农民工无法成为真正的城市居民，因此有必要通过体制机制创新突破这些政策和体制上的障碍，推进城市化健康发展，促进投资增长，拉动内需。在户籍制度方面，要以放宽中小城市和城镇户籍限制为突破口，进一步放开城市户口，建立城乡统一的户口制度，有条件地鼓励外来常住人口在城镇落户，鼓励中小城市进行家庭移民，鼓励在大城市及城市群地区稳定就业的农民工家庭自愿退出"两权"（宅基地和土地承包权）进入城镇落户换取社保和住房。探索和完善流动人口积分制管理办法，建立技能流动就业人员户口准入政策，逐步将城市外来人口纳入城市社会管理。在土地制度方面，鼓励农民以多种形式流转土地承包经营权，为农民转移和进城创造条件。在社会保障及公共服务方面，加快建立城乡统一的公共服务制度，统筹城乡公共资源的配置，统一城乡就业信息网、劳动力市场和就业服务体系，逐步建立外来务工人员的住房公积金和廉租房住制度，促进城乡劳动者平等就业和农村富余劳动力有序转移。

四 推进广州城市化发展的对策建议

改革开放 30 年来，广州城市化进程稳步推进，但城市化质量的提升落后于经济发展水平，仍存在城乡二元结构不合理、资源环境压力大、基础设施与公共服务设施建设水平不高、产业自主创新能力不强等问题，与现阶段经济社会发展要求不相适应。应加快有广州特色的城市化步伐，推动城市功能提升，以拉动投资增长和创造新的消费需求。

（一）广州城市化发展历程

广州城市化与经济发展及工业化程度密切相关，以时间为维度，广州城市化历程大致可以划分为四个阶段。

1. 缓慢积累阶段（新中国成立前）

1949 年，广州的城市化率为 47.7%，远低于同时期发达国家城市化水平。

新中国成立前，广州虽然商贸业相对较发达，但总体来说，农业粗放，工业化水平低下，是一个工业基础薄弱的消费性商业城市，城市化进程缓慢。1949年工业总产值仅为2.9亿元，三次产业结构为27.4：33.0：39.6。

2. 城市化曲折发展阶段（1950～1978年）

1978年，广州城市化水平由1950年的48.3%下降到48.1%。在这近30年时间里，广州经济总体上发展缓慢，虽在1950～1960年间，工业化发展较快，实现了消费城市向社会主义工业生产城市转变，但在1961～1978年间，受到"三年困难"、"文化大革命"政治运动及上山下乡逆城市化运动的影响，城市经济出现徘徊甚至倒退，城市化水平停滞不前。

3. 城市化以资源开发为主阶段（1979～2003年）

这一时期，广州被列为对外开放城市，广州开发区建立，港口资源全面开发，外资企业进入，推动了广州外向型经济发展，城市化发展进入资源开发为主的新阶段。1979～2003年，广州GDP年均增长16.8%，工业总产值年均增长24.4%。同时，乡镇企业的发展繁荣，推动了生产要素的集聚和农村人口、资源的跨区域流动，促进了小城镇的兴起。工业化对广州城市化发展起了很大的促进作用，城市化水平由1979年的49.6%提高到2003年的86.3%。

4. 城市化进入功能开发阶段（2004年至今）

自2004年以来，广州城市化水平基本稳定在89%左右，进入以功能提升为主的发展阶段。这一时期，广州经济以服务经济为主导，服务业成为拉动城市发展的主导力量。按照"南拓、北优、中调、东进、西联"发展方针及行政区划调整，广州城市化由注重规模扩张、形态建设向注重功能提升、内涵发展转变，逐步转入了科学发展的轨道，城市化水平提升到一个新的层次。

（二）广州城市化发展存在的问题

广州现阶段的城市化发展存在的问题主要表现在以下几方面。

1. 城乡二元结构不合理，城乡收入差异大

城乡现代化发展水平差距比较大，社会公共服务与公共基础设施水平发展不均衡，存在不合理的城乡二元结构。从1980年到2008年城乡收入比来看，城乡收入差距有扩大的趋势（见图1）。2008年广州城市居民家庭人均可支配收入

（25317 元）是农村居民家庭（9828 元）的 2.6 倍，农村居民收入水平相对较低，消费能力不足且消费市场有待挖掘。

图 1　1980～2008 年广州城乡居民收入比

2. 城市功能布局不合理，资源要素利用水平有待提高

与国际国内主要中心城市相比，广州中心城区产业功能区布局不够清晰，城市空间功能复杂而凌乱，城市基础设施承载功能、产业服务功能及高端要素集聚功能与国际大都市相比有较大差距，城市综合服务功能还有待加强。中心城区现代服务业、新兴都市型工业发展缺乏合适的空间，大部分服务业功能集聚区还处于规划建设期，功能区发展空间受到限制，如环市路和以珠江新城为核心的中央商务区等配套设施还不完善。副城、组团的产业功能区与居住区等混杂，如天河、黄埔、白云等新区在各自和相互之间的城市空间功能区分上，对居住区、工业区、商业区、办公区、体育区等缺乏整体合理的安排和引导，掺杂着一批"城中村"和一处危险化学物品仓库集散区以及污染行业。

3. 生态环保投资需求大，城市现代化管理亟待进一步加强

广州城市外延规模扩张迅速，内延发展不足，尤其是土地集约利用效益不高，单位土地面积投资强度低于巴黎、东京、纽约、香港等发达城市，环境污染点密度较大，污染面源范围较广，城市综合承载力面临瓶颈，经济与环境资源协调发展还有待进一步增强。仍然存在城乡隔离的二元经济体制与行政壁垒，市政基础设施建设还不规范，面临人口老龄化加快、流动人员多、城市化和社会转型加速等问题，亟须科学规划城市建设，统筹城乡发展，提升城市日常管理和应急管理的能力，提高社会保障和社区服务管理水平。同时，需要运用现代信息技术创新管理体制和手段，提高政府电子政务能力与服务水平，促进城市管理精细化、科学化、智能化、规范化。

（三）广州城市化发展的对策建议

未来广州城市化发展要围绕国家中心城市这个发展目标，按照城乡统筹、布局合理、集约高效、功能完善、环境友好的城市化发展要求，采取有效措施，以中心城区—城市副中心—中心镇——般建制镇构筑的大都市区为依托，促进城市化与经济协调发展，以推进新一轮城市化扩大内需。

1. 以功能提升为主体，完善城市综合服务功能

广州城市化已进入突出城市功能发展阶段和综合服务功能提升时期，生产要素、市场、现代服务业向城市聚集构成城市化的主要内容，城市化进城主体由农村人口进城转变为先进的生产要素特别是高科技与高科技人才进城。因而，广州要以建设国家中心城市目标，以功能提升为主体，创新优化要素集聚功能、科技创新功能、文化引领和综合服务功能，增强在全国经济中心地位，加强集聚力和辐射力，强化服务全国的功能。要强化交通运输枢纽地位，充分发挥中心城市的集聚力、辐射力和带动力，发挥广州的市场中心、物流中心、总部基地的优势，不断激发城市创新活力，吸引高端人才，加强科技创新功能建设，进一步加强与国际国内分工协作，构建具有国际竞争力的现代产业体系和连通世界的现代化基础设施体系，携领珠江三角洲地区打造世界级城镇群。

2. 以现代产业体系为保障，夯实城市发展的产业基础

产业是城市发展的支撑。广州要加快构建以服务业为主体的现代产业体系，提升城市服务功能，引导城市化纵深发展。一是加大现代服务业投资力度，重点发展金融保险、商贸会展、现代物流、文化创意、服务外包、研发设计及包括会计、广告、包装、市场营销在内的中介服务业，构建以服务业为主体的服务经济，培育新的经济增长点。二是抓住3G发展、宽带建设、三网融合、农村信息化的市场机遇，加快推动制造业升级发展，培育发展战略性新兴产业，重点推动精品钢材、造船、汽车等现代重化工业发展。三是通过加强主体功能区规划引领，按照"南拓、北优、东进、西联、中调"城市空间总体发展战略，优化产业布局。

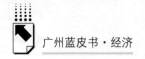

3. 以"三旧"改造为重点，提升城市化发展质量

土地利用结构直接关系到城市化的外延扩张和内涵发展，广州应以"三旧"改造为重点，推动土地城市化发展，挖掘土地集约利用效益，提升城市化质量。一是要加大农业用地保护和调整，控制耕地总量平衡。改革土地征用制度，明确集体土地流转权利和方式。完善形成土地价格市场形成机制，提高征地补偿标准，提高土地配置效率。二是要加强推进"三旧"改造，优化土地利用结构和布局，走"紧凑型"城市化之路，提高土地利用效率。三是不断完善中心城区功能，加快服务业发展步伐，"退二进三"。进一步加强中心城区的城市管理，并通过转制社区城市化、城市社区现代化发展，促进农民向市民的转变，推进中心城区再城市化。四是要大力发展循环经济，促进资源高效利用和循环利用，走集约型、节约型、生态型的发展新路子，推动经济社会可持续发展。五是全面整治区域环境面貌，加快生态环境与花园城市建设，着力构建市域统筹的环境治理和生态保护体系，提高城市宜居度。

4. 推进城乡一体化发展，缩小城乡收入差距

新时期的城市化发展要以城乡经济一体化统筹城乡发展，通过城市反哺农村，工业支援农业，促使更多的农业剩余劳动力向城镇转移，释放内需潜力。一是要加快中心镇建设。按照资源禀赋、发展基础和环境承载能力，建设一批高品质、功能型特色中心镇，提升对农村的带动、服务功能，引导农村人口向中心镇集聚。二是要系统支持农民工技能培训，拓宽农业人口就业渠道，真正提高农民进城收入。三是破除农业人口流动的制度障碍，引导农民有序向城市转移。四是解决城乡政策差异，促进城乡基础设施和公共服务对接，重点推动包括在低保、医疗、住房、教育、再就业等方面逐渐统一城乡待遇。

5. 以公共服务均等化为重点，构建促进以城市化扩大内需的体制机制

推动公共服务均等化发展，缩小城乡投资及消费差异，是推动广州经济和城市化健康发展的需要。一要加快就业服务体制机制创新。大力开发公益性岗位，完善就业信息发布渠道，加强城乡统筹的就业服务平台建设，积极开展就业援助，继续实施"政府埋单培训"制度，通过各种培训途径，提高新增劳动力就业能力，促进实现城乡劳动力充分就业。二要加强社会保障制度创新。进一步增加政府投入，适当发挥市场与社会作用，完善城镇职工基本养老、医疗、失业、工伤、生育保险制度。促进城乡就业与社会保障并轨，探索建立与城镇职工基本

养老保险既有区别又相衔接的农村养老保障制度、被征地农民基本养老保险制度，实现应保尽保。三要建立完善公共财政转移支付制度，支持农村发展。统筹安排政府财力，继续加大各级财政对农村新社区建设的转移支付力度和城市、工业对农村的反哺力度，加快推进政策性农业产业保险，完善农村新社区"以奖代保"制度。同时，加快政府资本退出竞争领域步伐，鼓励社会资本和外资参与农村基础设施、公共设施、公益设施的投资和经营。四要促进农民工市民化，享受公共服务均等化。逐步实行城乡统一的人口登记管理制度，重点深化与户籍制度相关的计划生育、社会保障、宅基地等配套改革，推动农民实现身份、心理、社会认知和生活环境转变。建立公平就业制度，保障农民工在劳动报酬、劳动时间、法定假日和安全保护等方面的合法权益。积极试点农民工养老、工伤、失业和医疗保险制度，推动城市教育、住房、医疗等资源向农民工开放。降低农民进城的成本，逐步将进城农民工纳入城市住房保障体系，促进农民由就业型向居住型转变。

Research about the Urbanization Development under the Way to Boost Domestic Demand

Research Group of Guangzhou Academy of Social Sciences

Abstract：Based on synthetic analysis of the urbanization being the comprehensive strategic orientation on expanding domestic demand, the experience and enlightenment about the harmonious development between the foreign urbanization and economic, as well as the development trend of China's urbanization, the paper analyzes the urbanization development situation and existing problems of Guangzhou, and puts forward to comesponding measures to accelerate the urbanization development of Guangzhou.

Key Words：Expanding Domestic Demand；Urbanization；Guangzhou

B.5
关于建设广州国际商贸中心的战略思考

欧开培 胥东明 李雪琪 魏 颖 罗谷松*

摘 要：《珠江三角洲改革发展规划纲要（2008～2020年)》（以下简称《纲要》）的颁布实施将广州确定为国家中心城市，使广州又一次站在新的历史发展起点。广州打造国际商贸中心，重塑千年商都新辉煌，对提升广州综合门户城市的地位，增强广州国家中心城市的聚集辐射和综合服务功能，提高广州在世界经济贸易中的竞争力和影响力，具有重要的战略意义，是加快国家中心城市建设的现实选择和广州城市历史发展的必然。

关键词：国家中心城市 国际商贸中心 竞争力

一 打造国际商贸中心是现阶段广州
建设国家中心城市的必然选择

（一）强化国家中心城市最基本经济职能的必然选择

世界城市发展经验表明，中心城市的经济职能会随着发展阶段的不同而发生变化，商贸中心功能是中心城市最早出现的经济职能，也是持续时间最长的经济职能，并且是最主要的经济职能之一。在前工业化时期，中心城市的主要经济职能是手工业中心和商业中心；在工业化初期，主要是工业中心和商贸中心；在工业化中后期，主要是金融中心、先进制造业中心、商贸中心、航运中心功能等。

---

* 欧开培，广州市社会科学院现代市场研究所所长、研究员，研究方向：现代服务业、商贸流通业；胥东明，广州市社会科学院现代市场研究所副所长、副研究员；李雪琪、魏颖、罗谷松，广州市社会科学院现代市场研究所助理研究员、助理研究员、实习研究员。

可见，各个时期，商贸中心功能一直是中心城市的基本经济职能，也是最主要的经济职能之一。① 如伦敦，在建城初期，由于港口和区位原因，伦敦迅速发展形成商业中心，并在此后的相当长时间内一直是不列颠岛通往欧洲大陆最重要的商埠。17 世纪中期，伦敦成为英国的首都，同时也成为英国最大的商贸中心，贸易量占全国的 80%。2005 年，伦敦商贸服务业就业人口占总就业人口比重达 45.4%。② 又如香港，时至今日，香港已成为国际上著名的金融中心和航运中心，然而商贸中心功能同样占据突出的地位。2007 年，香港零售批发进出口及酒店餐饮业产值占生产总值仍达 26.9%，就业占 34%;③ 同年金融保险地产及商用服务业两个指标分别为 29.1%、15.8%；运输仓储及通信业两个指标分别为 9.1%、10.4%。广州作为"千年商都"，商贸服务业一直是广州的优势产业，商贸中心功能一直是广州的重要经济职能。因此，在未来建设国家中心城市中，必须高度重视商贸中心这个国家中心城市的基本经济职能的作用，要通过打造国际商贸中心使广州的商贸中心功能在规模和能级上得到大幅度的提升，重塑千年商都的新辉煌。这既是中心城市发展一般规律的要求，也是广州充分发挥自身优势、加快建设国家中心城市的必然要求。

（二）建设综合性门户城市的必然选择

《纲要》要求广州"强化国家中心城市地位"的同时，也强调了广州要强化"综合性门户城市地位"的要求。这是对广州建设国家中心城市内涵的一个注解，即广州在建设国家中心城市时要突出"综合门户"的作用，同时也是对广州具有优越的综合门户城市条件的认可。综合门户城市最突出的优越条件就是区位和交通枢纽条件，因此，其最突出的功能就是流通功能，如人流、商流、物流、信息流、资金流、文化交流功能等。从经济流通功能如商流、物流、资金流和信息流方面看，商流是关键，是龙头。一般而言，没有商流就没有物流，也就没有资金流和信息流，商流的规模、结构特点和辐射范围，决定了物流的规模、结构特点和辐射范围，也在很大程度上影响了资金流和信息流的规模、结

---

① 何建文：《中国中心城市现代化建设问题研究》，华中师范大学社所，2001 年 11 月。
② London Development Agency，EBS.
③ 资料来自香港特别行政区政府统计处。

构特点和辐射范围。广州区位和交通枢纽条件十分突出,尤其是近年完成的一系列国际性交通基础设施,如国际空港、国际海港、新铁路客运站和武广高铁等,还有即将完成的多项高铁、轻轨建设等,将使广州的交通枢纽地位得到进一步的提升,综合门户的流通功能也将得到进一步增强。另外,广州构成商流的零售、批发、进出口、会展及酒店餐饮产业优势也十分明显。充分利用广州优越的区位和交通枢纽条件和发挥广州流通产业优势,通过打造国际商贸中心,全面做大做强广州商贸服务业,大幅度提升商流规模,从而带动广州的物流、资金流和信息流规模的大幅度提高,对建设综合门户城市具有重要的战略意义。

(三) 增强国家中心城市聚集辐射功能的必然选择

国家中心城市的地位、能级和作用如何,关键取决于该中心城市的聚集辐射功能,包括商品、资金、信息、技术、人才等要素的聚集辐射功能。聚集辐射是区域性的,该中心城市只能是区域级的中心城市;聚集辐射是全国性的,该中心城市将是国家级的中心城市;聚集辐射是国际性的,该中心城市必定是国际性的中心城市。从广州目前发展来看,客观地说,在未来相当一段时期内能够具有全国性、国际性聚集辐射能力的,还将主要是商品聚集辐射功能,资金、技术、人才等聚集辐射功能可能还将是区域性的。换句话说,主要承担实现广州国家中心城市聚集辐射功能的,还主要靠广州的商贸中心功能。因此,通过打造国际商贸中心,全面提升广州商贸服务业的聚集辐射能级和规模,增强广州国家中心城市的聚集辐射能力和水平;同时带动广州的资金、信息、人才等要素的聚集辐射能力和水平的提高,促进广州现代服务业和先进制造业的发展,从而全面增强广州国家中心城市的聚集辐射功能。这是现阶段广州增强国家中心城市聚集辐射功能的最佳、也是最现实的路径选择。

(四) 确定广州国家中心城市个性定位的必然选择

毋庸置疑,国家中心城市应是在经济、政治、文化、社会等领域具有强大影响力和辐射力的城市,其内涵集中体现在综合经济实力、创新能力、可持续发展能力、城市服务与管理能力、文化软实力和国际竞争力等诸多方面,体现国家中心城市"综合性"的一面。然而,由于独特的资源禀赋、历史文化、优势产业等因素所影响，国家中心城市也必定具有"特性"的一面。"特性"的一面展现中心城市个性、特质，是该中心城市独特魅力之所在，也是代表国家参与国际分工的核心竞争力所在。那么在国家中心城市上海、北京、广州、天津、重庆行列中，广州将展现什么样的"特性"？如果说上海将主要展现"国家金融中心、航运中心"特性；北京主要展现"国家首都、政治文化中心"特性；天津主要展现"国家航运中心和制造业"特性；重庆主要展现"中西部经济和金融中心、国家统筹城乡综合配套改革试验区"特性的话，广州将展现的特性主要体现在一个"商"字。广州作为千年商都，在漫长的两千多年历史发展轨迹中，我们无不看到"商"的闪亮，可以说广州这座城市因"商"而生，因"商"而发展壮大，因"商"而辉煌。历史上，广州曾有因对外通商的繁荣享有位居世界十大城市第四（1850年）的殊荣。就是到了今天，广州已经成为一座综合经济实力很强、产业体系十分完整的综合性中心城市，然而围绕"商"的产业，不论从内部产业结构看，还是和其他国家中心城市比较看，均占居十分突出的位置。因此我们认为，在国家中心城市行列中，"商"是最能体现广州国家中心城市个性定位的"特性"。换句话说，广州国家中心城市个性就是国家的商贸中心城市，广州应以现代国际大都市的角色代表国家参与国际分工和竞争。

二　广州打造国际商贸中心的有利条件和发展前景

（一）广州打造国际商贸中心的有利条件

1. 著名"千年商都"品牌和深厚商贸文化底蕴

广州素有"千年商都"的美誉。在两千多年的发展历程中，广州商都历史源远流长，实力雄厚，经久不衰。"商"是广州城市的灵魂，广州城市发展的历史，可以说是商贸发展的历史。秦汉以来，广州就是中国重要的对外通商的重要口岸。在3世纪30年代，广州就已成为海上丝绸之路的主港。唐宋时期，广州成为中国第一大港，是世界著名的贸易港口之一。明清时代，广州长时间是全国唯一的对外通商口岸。由广州经南海、印度洋，到达波斯湾各国的航线，是当时世界上最长的远洋航线。在海上丝绸之路两千多年的历史中，相对其他沿海港口，广州被认为是唯一长期不衰的港口。① 在"十三行"时期，1850 年左右，广州在世界城市经济十强中名列第四，② 一度攀升到当时城市发展的顶峰。两千多年的商都文化造就了广州人精明、务实的商业文化特征，也为广州积淀了浓厚的商业氛围和坚实的商贸基础。广州历史上形成的岭南文化、西关文化，也与商贸服务业发展息息相关。至今，广州的商业文化氛围依然浓厚，荔湾、越秀两个老城区更是广州商业文化发扬光大的缩影。

千年商都的历史文化底蕴有助于提升广州商贸服务业的品牌知名度和影响力，有助于打造广州国际商贸中心的品牌形象；浓厚的商贸文化氛围既是本地商贸服务业蓬勃发展的沃土，也有利于打造国际性商贸信息交流中心和国际性商贸服务人才集聚交流的高地。"千年商都"城市品牌优势以及浓厚的商业文化氛围是广州打造国际商贸中心的独特有利条件。

2. 优越的区位、门户和交通枢纽优势

广州的商贸区位条件非常优越。国际区位方面，广州地处珠江出海口，是我国重要的对外通商门户，并且是东南亚区域经济圈的几何中心，与东南亚区、日本等亚洲国家的交通距离均为 3～4 个小时的航程，是区域国际商贸、物流的理想基地。区域区位方面，广州位于珠江三角洲城市群的中心，也是华南地区的经济中心。优越的地理和区域中心优势，为广州商贸服务业发展提供了广阔的辐射腹地和拓展空间。

广州一直就是我国重要的门户城市和交通枢纽中心。近年来，随着广州空港、海港、路港和信息港、琶洲展览馆等一批重大国际性基础设施落成投入使用，广州的门户和交通枢纽地位得到不断提升。此外，武广、贵广、南广快速铁路和广州新客运站以及珠三角城际轻轨的全面建成投入使用，必将进一步增强广州汇集人流、商流和物流的能力，这为广州商贸服务业的大发展，及其打造国际商贸中心提供了更为坚实的门户、交通枢纽基础支撑。

3. 良好的商贸服务业发展优势

广州商贸服务业近年来发展迅速，产业规模逐步增大，产业基础发展良好，综合实力不断增强，在服务业中是优势明显的第一支柱产业。2008 年广州商贸

① 丘传英主编《广州近代经济史》，广东人民出版社，1998 年 6 月，第 5 页。
② 杨荷卿、庄伟光：《十三行——见证广州"千年商都"》，《亚太经济时报》总第 1767 期。

服务业实现增加值 1806.0 亿元，占 GDP 的 22.0%，占服务业的 37.2%，增加值是房地产业（553.18 亿元，排名第 2）的 3.3 倍，是金融业（384.41 亿元）的 4.7 倍。若加上和商贸服务业产业关联度较高的租赁和商务服务业，其增加值则达到 2350 亿元，占 GDP 的比重达到 29%，产业优势更加明显。从带动就业的情况来看，2007 年商贸服务业从业人员达 162 万人，占全社会从业人员的 24.4%，占服务业从业人员的 50.9%，若加上租赁和商务服务业，总从业人数则达到 186 万人，占服务业从业人员的比重超过 58%。

从横向对比来看，在五个国家中心城市中，广州商贸服务业的比较优势也非常明显。2008 年广州商贸服务业增加值虽然排在上海和北京之后居第 3 位（见表 1），但是商贸服务业增加值占 GDP 的比重居第一位；社会消费品零售总额连续多年居第 3 位，但人均水平要高于北京、上海；2008 年商贸服务业的区位熵为 3.8，高于北京（3.0）和上海（2.9），商贸产业比较优势非常明显；从福布斯发布的《中国大陆最佳商业城市排行榜》排名来看，2009 年广州排名第 2 位，仅次于上海，高于北京（第 6 位）、天津（第 11 位）和重庆（第 24 位）。

表1　2008 年五大国家中心城市商贸服务业主要指标对比

单位：亿元，%

城　　　市	广州	北京	上海	天津	重庆
商贸业增加值	1805.97	1844.1	2282.9	1031.33	870.54
商贸业增加值占 GDP 比重	22.0	17.6	16.7	16.2	17.1
商贸业就业人数占总从业人口比例	24.4*	—	25.6	—	16.9
商贸产业区位熵	3.8	3.0	2.9	2.8	2.9

* 为 2007 年数据。

4. 发达的城市综合服务优势

经过多年的发展，广州城市综合服务功能已经十分发达。目前已经形成服务业占主导地位的经济结构，2009 年服务业增加值占 GDP 比重达 61%，形成了以商贸、物流、金融、信息以及文化教育为主的完整的服务产业体系，城市服务业聚集辐射和综合服务功能强大。发达、完善的城市综合服务功能为商贸服务业的低成本、高效率运营提供了强有力的支持，大大增强了商贸服务业资源集聚发展的吸引力。这将为广州促进商贸服务的大发展，打造国际商贸中心提供了良好的

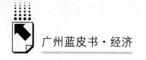

综合服务支持。

5. 强大的珠三角制造业和城市群依托优势

珠三角地区强大的制造业为广州商贸业发展提供了强有力的依托。作为我国三大经济区之一，珠三角地区拥有强大的制造业基础，经济发展速度迅猛，2009年地区经济总量突破 3 万亿元大关，约占全国经济总量（335353 亿元）的 1/10。此外，珠三角地区的制造业不仅在总量规模上相当巨大，行业门类也相当齐全。该地区集聚了数以十万计的生产企业，现已形成全球性的电子、通信设备、轻工产品制造基地。珠三角地区的庞大制造业集群为广州带来的强大原材料、能源以及产品的流通和贸易需求，有利于广州商贸流通体系的形成和商贸服务的完善，也有利于广州商贸经济的繁荣和发展，是广州打造国际商贸中心的依托优势和动力之源。

同时，珠三角地区强大的城市群也为广州商贸服务业发展提供强有力的腹地支撑。珠三角城市群作为我国三大都市圈之一，现已形成以香港、广州为龙头，以深圳、珠海、东莞、佛山、中山、江门等城市为支撑的综合城市群，城市经济发展势头十分迅猛，实力日益雄厚，居民消费水平也在不断提高。这些城市的运营，以及在珠三角居住的近 5000 万人口，每天的衣、食、住、行为珠三角带来大量的消费需求，从食品的消费到生活用品的消费、从物质的消费到精神的消费，都与商贸服务业无法分离，而消费行为必然会带来大量商品流、物流、人流、资金流以及信息流，这将有力地拉动商贸服务业的繁荣和发展。而作为珠三角地区最大的城市，依靠优越的区位优势和良好的服务水平，广州必然成为珠三角城市群购物消费的中心，从而促进广州商贸服务业的发展。

6. 发达的功能区载体支撑优势

广州为加快现代服务业的发展，促进外围城区与中心城区的协调发展，确定了"一区聚合，双轴驱动，三心拓展，四极辐射"的区域发展格局。同时，围绕建设"首善之区"和国际大都市的新发展定位，大力推进自主创新、总部经济、创意之都、生态城市发展，通盘考虑总体布局，规划建设八大现代服务业功能区。这一系列服务业功能区的建设，将有利于广州商贸服务业高端要素的聚集，商贸服务总部经济的发展；有利于促进商贸服务业向高端化、品牌化发展；有利于相关配套服务业的全面发展；从而有利于形成完整的商贸服务产业链，提高商贸服务聚集辐射和综合服务能力和水平。

（二）打造国际商贸中心有着广阔的发展前景

1. 工业化中后期需要现代商贸服务业的大发展作为支撑

总体上看，我国处于工业化中后期发展阶段，商品流通仍是流通领域的主体，高效率、畅顺的商品流通是保证工业化得以健康、深入发展的重要保障。随着工业化不断深入，商流、物流、资金流和信息流规模将进一步扩大，将为商贸服务业发展提供更为宽广的市场空间，并对现代商贸服务业的发展提出更高的要求，这为广州打造国际商贸中心，做大做强商贸服务业提供了最根本的支撑，因此也必将迎来更广阔的发展前景。

2. 现代流通技术和流通方式将极大地扩展现代商贸服务业的发展空间

随着现代流通技术手段和电子信息以及网络技术的日新月异，以连锁经营和电子商务为主的现代流通方式得到迅猛的发展，并促使流通渠道、交易方式、经营手段和服务内容、服务方式发生了革命式的变化，流通规模、流通效率、聚集辐射能力和综合服务水平将迎来空前的提高。随着流通技术和电子信息深入发展，现代商贸服务业的发展空间必将更加广阔。广州发挥千年商都优势，打造国际商贸中心，可以更好地抓住现代流通技术和电子信息及网络技术的发展潮流提供的机遇，获得更大的发展先机，迎来空前的发展前景。

3. 全球化步伐加快为广州商贸服务业的国际化发展带来广阔前景

随着经济全球化的快速发展，我国外贸发展势头日益强劲，国际贸易规模和市场空间不断扩大。到 2005 年，中国外贸总额突破 1 万亿美元大关，成为全球第三大贸易国。中国制造的商品也由于物美价廉而越来越受到国际市场所欢迎，中国产品的出口量也随之攀升。珠三角是我国最大的制造业基地之一，广东进出口贸易规模一直稳居全国之首，广州作为珠三角乃至华南地区的中心城市、商贸流通中心，在其中发挥着重要的作用。随着经济全球化的不断深入，"中国制造"必将更广泛地融入全球化的发展浪潮之中，国际贸易服务的内容、领域、范围将更宽广，规模必将大幅度提升，这将为广州商贸服务业的国际化发展带来广阔的市场空间和发展前景。

4. 后金融危机时期的国家发展战略为商贸服务业发展提供良好的政策、资源和市场支持

为了消除国际金融危机给我国经济带来的不利影响，我国采取了一系列积

极应对战略措施，包括扩大内需、调整产业结构和转变经济发展方式。商贸服务业作为引导消费、繁荣市场、扩大内需、提高流通效率最主要承担产业，是贯彻实施国家三大战略的主要支撑产业，在未来的发展中在政策支持、资源投入等方面必将获得各级政府的更大支持，同时，也必将迎来更大的市场空间。这将为广州打造国际商贸中心，促进商贸服务业的大发展提供广泛的政策、资源和市场支撑。

三 广州国际商贸中心建设蓝图

（一）战略目标：世界级商贸服务中心

广州国际商贸中心建设的战略目标是：世界级商贸服务中心。

——国内目标：广州国际商贸中心是我国最主要的现代商贸中心城市，在商贸服务总量规模（包括社会商品零售总额、商品销售总额、外贸进出口总额等）、聚集辐射能力和水平、现代化和国际化水平、商贸服务总部机构数量、商贸服务就业和高端人才比重等方面均居全国首位。

——国际目标：广州以国际商贸中心的角色代表国家参与国际分工和竞争，是世界上有较大影响的商品集散地、购物消费天堂、贸易服务中心、商业文化技术交流中心，也是国际性商贸服务总部、品牌和人才的聚集高地。

（二）功能架构："八中心"，"五高地"，"一天堂"

广州国际商贸中心具有完善的国际性商贸服务功能架构，主要由"八中心，五高地，一天堂"构成。

1."八中心"

"八中心"指国际性采购中心、国际性会展中心、国际性电子商务中心、国际性物流中心、国际性金融中心、国际性商品定价中心、国际性商品服务研发创意中心、国际性商贸信息文化交流中心。

——国际性采购中心：是世界级商品批发贸易平台，由一系列综合性或专业性商品展贸中心、交易中心、采购物流配送中心、批发市场等组成，主要承担商都的国际性商品批发贸易、集散功能，具有商品齐全、国际商品比重高、设施现代、功能完善、一站式采购服务等特点。

——国际性会展中心：是世界级商贸服务会议和新商品、新技术展览展示平台，由一系列大型、现代国际会议中心和会展中心组成，是国际性的综合或专业商贸服务会议经常举办地，也是各类国际性商品及技术交易会、展销会、订货会和展览会的经常举办地。具有发达的现代大型国际会议和会展设施、众多的国际知名品牌展和会展组织机构以及遍布全球的会展市场网络。

——国际性电子商务中心：是世界级的电子商务之都，由一系列国际性第三方电子商务平台、电子商务贸易网站、电子商务服务商打造的 B2B、B2C、C2C 贸易中心。通过完善电子商务环境，构建现代化商贸模式，在行业电子商务、专业市场电子商务和农产品电子商务平台建设上形成一批国内外有影响力的国际品牌，真正形成现代"网络商都"。

——国际性物流中心：是国际性的现代物流枢纽平台，是世界物流的重要枢纽节点。由一系列航空物流平台、国际远洋集装箱物流平台、区域性道路运输枢纽物流平台、铁路枢纽货物物流平台及物流信息公共平台组成，主要承担国际物流、区域物流和城市物流配送功能，具有物流功能齐全，信息网络完善，商品聚集能力强，流通效率和服务水平高等特点。

——国际性金融中心：是国际性金融服务平台，由一系列国际性金融商务功能、金融创新服务功能和金融后台服务功能等组成，具有发达的银行、金融、保险产业体系，主要承担商都的货币流通、资本周转、资金融通、交易清算和金融信息处理等功能，具有金融企业总部集中、金融服务完善、金融产品齐全、金融运营规范等特点。

——国际性商品定价中心：是世界级的商品定价中心，依托现代期货市场、商品交易中心、大型专业批发市场、现代化商品结算中心和商品交割中心、物流配送中心等，形成区域价格、行业龙头价格和指数价格多层次价格结合有序的"广州价格"体系，在多种大宗商品交易上使中国在国际市场上掌握一定的价格话语权，显示"中国因素"的影响力。

——国际性商品服务研发创意中心：是世界级的商品服务研发创意中心，由一系列较高知名度的创意产业园区和设计港、享有声望的创意公司总部组成，是国际性的综合或专业商品服务创意展览、研发会议和新产品发布会的经常举办地。通过构建与完善创意产业的产业链条，提高国内企业产品的品牌价值，努力

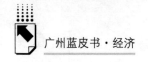

扩大国内产品的国际市场份额。

——国际性商贸信息文化交流中心：是世界级的商贸信息文化交流中心，由各种专业贸易信息平台、商贸交流洽谈会议、商业文化载体、商贸服务咨询公司、各类行业协会服务机构等组成，承担着中西商贸信息和文化交流的桥梁和纽带功能，形成广州商贸文化"信息之都"。

2."五高地"

"五高地"指国际性商贸服务总部聚集高地、国际品牌商品汇集高地、国际性商贸服务人才聚集交流高地、国际性商贸服务人才教育培训高地、国际性商贸服务观念知识和技术装备传播高地。

——国际性商贸服务总部聚集高地：是世界级的商贸服务总部聚集高地，是国内外商贸公司总部、相关商贸服务公司总部、各种商贸服务活动营运控制中心高度聚集所在地，商贸服务总部机构数量众多，国际性的商贸服务总部机构比重高，聚集辐射影响力强大，并成为集商流、物流、信息服务、管理咨询、商品展示、人才培训、品牌营销、加工接单、知识产权交易、商标交易、国内国际贸易于一体的珠三角产业智库基地。

——国际品牌商品汇集高地：是世界级的品牌商品汇集高地，由众多著名国际国内品牌专卖店、品牌营销中心、广告设计公司、品牌时尚发布会组成，会聚国内外众多顶尖一流名牌产品，具有品牌齐全、国际高端品牌比重高、品牌展示设施现代、品牌服务功能完善的特点，集中展示现代人的生活消费方式，引领东西方生活、时尚消费潮流。

——国际性商贸服务人才聚集交流高地：是世界级的商贸服务人才聚集交流高地，是各类商贸服务专业人才招聘会的经常举办地，通过有效的激励机制和商贸人才交流中心的成功运作，吸引大量国内外商贸服务业高端人才涌入，成为汇聚高端商贸专业人才的储备地和开发库，是国内外各类商贸服务人才交流、招聘、输送的理想之都。

——国际性商贸服务人才教育培训高地：是世界级的商贸服务人才教育培训高地，在引进国际著名培训公司的基础上，依托高水平的商贸专业培训机构和国际知名的教育院校、成熟的人才教育培训体系和现代化的商贸培训设施，承担为国内外培养、输出各类商贸服务业专业人才的功能，是国内外最集中最有影响力的商贸服务专业人才教育培训基地。

——国际性商贸服务观念知识和技术装备传播高地：是世界级的商贸服务观念知识和技术装备传播高地，承担现代商贸服务理念知识和技术传播扩散的重要功能；是现代商贸服务理念、思想、知识创新、交流的集中地，引领现代商贸服务观念、思想、流通方式和经营管理理念的新潮流；也是现代服务新技术、新装备创新、交流、推广理想场所，展示现代商贸服务最新技术成果及其应用水平，引领现代商贸服务技术、装备、服务方式和服务水平新潮流。

3. "一天堂"

"一天堂"指国际性购物消费天堂。

——国际性购物消费天堂：是世界级的购物消费天堂，由一系列具国际知名度的购物中心、奥特莱斯广场、精品百货、著名老字号、跨国零售集团、著名饮食公司、休闲娱乐中心和旅游景观组成，具有集购物、饮食、旅游、休闲、娱乐于一体的各种消费服务功能。对国内外众多消费者具有强大的吸引力。国际品牌商品齐全，国际商品专门购物场所众多，国外购物消费人流规模大，国际商品购物消费比重高，充分展现一座现代国际性购物消费大都市风貌。

（三）辐射区域："一个中心，两个扇面"

广州国际商贸中心的辐射区域定位概括为"一个中心，两个扇面"。

一个中心指南中国，是广州国际商贸中心的主辐射区域，也是广州国际商贸中心发展的主要依托。主辐射区以珠三角为核心，包括广东、广西、贵州、云南、四川、海南、湖南、江西、福建、香港、澳门等省区在内的南中国区域。

两个扇面指国内扇面和国际扇面。其中国内扇面指除上述的中心区域以外的中国其他地区；国际扇面由近及远覆盖世界各地，近期以东南亚、南亚、中东和非洲为重点辐射区域。

四 广州国际商贸中心发展思路与主要措施

（一）战略思路

以科学发展观为指导，以《纲要》为指引，充分发挥广州综合门户区位、枢纽地位和流通产业优势，借助"千年商都"和广交会品牌效应，紧紧抓着经济全球化、广州发展上升到国家战略层面和国家扩大内需、结构调整和发展方式转型等战略带来的重大机遇,以打造现代国际商都为目标,以推进商贸服务现代化和国际化为主线,以打造"八中心,五高地,一天堂"功能为重点,加快传统商贸向现代商贸转型、服务"区域"向服务全国和服务世界转型、重"商"为主向重"贸"为主转型、实体商贸向实体与电子商贸相结合转型、小商人向大商家和国际商家转型("五个转型");着力建设各种类型大商圈、商务功能区、商业中心、交易中心、采购中心、展贸中心、物流配送中心、商业街等载体平台;大力发展连锁经营、电子商务等现代流通方式、新兴业态业种和现代商贸服务中介组织;积极培育和引进商贸服务总部、品牌和人才;积极推进商贸管理体制创新,建立与现代商贸发展相适应和与国际贸易规则相接轨的管理体制,提高政府在商贸发展的导控力度和有效性。大胆探索内外贸一体化管理模式,促进内外贸协调发展;进一步完善商贸服务业发展基础设施建设,规范市场秩序,提高商业信用度,优化发展环境。从而促进广州商贸服务业总量规模、聚集辐射与综合服务能力和现代化、国际化水平跨上一个新的台阶,实现千年商都向国际商贸中心迈进,为加快广州国家中心城市建设作出贡献。

(二) 主要措施

1. 高度重视,把商贸服务业发展摆到最突出的战略位置

建设广州国际商贸中心,首先,需要全市各部门统一思想,提高认识,在思想深处真正引起高度重视。要从战略的高度深刻认识现代商贸服务业在现阶段国民经济发展中的重要地位,深刻认识建设国际商贸中心对建设国家中心城市的重要作用,要消除"商贸业是传统服务业"、"广州商贸业发展已经很不错"、"商贸业可以完全由市场自发调节发展"、"商贸业没有多大发展前景"等认识误区,要拿出发展工业的劲头和力度来发展广州商贸服务业。其次,要把商贸服务业发展摆到最突出的战略位置,并在政府管理、规划引导、资源配置、重点项目安排、政策措施等方面得到充分体现。

2. 敢于先行先试,积极推进发展模式创新和管理体制创新

《纲要》明确要求以广州为核心城市的珠三角要"再创体制机制新优势",成为"深化改革先行区"。在国际商贸中心的建设过程中,广州要敢于大胆先行先试,用足用活《纲要》给予的先行先试政策,积极推进发展模式创新和管理

体制创新，使广州成为我国"现代商贸服务业发展模式和管理体制创新试验区"，增强广州现代商贸服务发展的生机与活力，并为全国提供经验和示范。尤其是在建立与现代商贸服务业相适应的管理体制、内外贸统一管理体制，口岸通关管理模式的改革创新方面取得实质性进展。

3. 加快"五个转型"，提高商贸服务业的现代化和国际化水平

广州商贸服务业总量规模大，产业体系完整，企业数量众多，但传统形态商贸业比重高，现代形态商贸业比重低；商贸企业"星星多，月亮少"，具有全国知名商贸品牌的企业更少，具有国际性影响力的商贸企业几乎为零；零售商业现代化提升步伐快，批发贸易的改造提升步伐缓慢；区域性的集聚辐射影响力大，全国性和国际性集聚辐射影响力小。因此，打造国际商贸中心，要切实加快商贸服务业发展的"五个转型"，即加快传统商贸向现代商贸转型、服务"区域"向服务全国和服务世界转型、重"商"为主向重"贸"为主转型、实体商贸向实体与电子商贸相结合转型、小商人向大商家和国际商家转型，从而全面提升广州商贸服务业的现代化和国际化水平，提高商贸服务业的国内外集聚辐射影响力，增强商贸服务业的竞争能力和发展后劲，使广州商贸服务业有足够的能力在国际经济贸易中参与分工和竞争。

4. 积极打造多种功能区，为现代商贸服务业集聚发展提供载体支持

打造商贸服务业功能区，有利于商贸服务业集聚发展，有利于商业网点空间合理布局，有利于形成综合效应和增强商贸服务集聚辐射功能，是国际商贸中心建设的重要组成部分，也是促进商贸服务业快速发展重要支撑载体。因此，广州要积极规划建设各类商贸服务业功能区，如大商圈、商务功能区、商业中心、交易中心、采购中心、展贸中心、物流配送中心、大型购物中心、商业街等，为打造国际商贸中心提供优质载体支撑。

5. 实施品牌战略，加强国际商都品牌营销和商贸服务品牌培育

实施积极的品牌战略对打造国际商贸中心具有十分重要的意义。一方面要制订国际商贸中心总体品牌营销推广计划，借助"千年商都"和广交会品牌效应，加大对广州国际商贸中心的城市品牌营销推广和培育力度，提高广州国际商贸中心的国内外知名度和影响力，在世界上树立广州国际商贸中心的品牌形象。另一方面是积极引导商贸服务业走品牌化的发展道路。建立良好商贸服务品牌引进、培育、发展机制，营造良好的商贸服务品牌发展环境和氛围。采取有力措施积极引进国内外商贸品牌企业、品牌商品、品牌服务落户广州，提高大商都商贸服务品牌群体规模；加大对本土商贸服务品牌的培育力度，对各领域有潜力商贸服务企业、商品、服务品牌加大扶持力度，对新确定的中国驰名商标、中国名牌产品、中国世界名牌产品和中华老字号，给予奖励或财税优惠鼓励，提高本土商贸服务品牌的影响力。

6. 规范市场秩序，提高商业信用，完善发展环境

规范的市场秩序，良好的营商环境，是打造国际商贸中心，推进商贸服务业现代化和国际化，加快"五个转型"的重要保证。要从打造现代构建大商都的战略高度出发，高要求、严标准规范市场秩序，提高商业信用，完善商贸服务业发展环境。一是加强政府宏观导控力度和有效性，建立良好的市场竞争机制，改善过度竞争和无序竞争局面，培育良好的市场竞争环境；二是坚决打击商贸企业经营假冒伪劣商品、合同诈骗、商业欺诈行为，规范市场秩序，营造良好的营商环境；三是加快商业信用体系建设，倡导诚信经商、文明经商，提高广州商业信用美誉度，培养良好的诚信经营环境。

7. 积极培育和引进商贸服务人才，为打造国际商贸中心提供人才保障

多形式、多渠道引进商贸服务人才，是保证打造国际商贸中心需要的重要举措。要建立商贸服务业人才、智力和项目相结合的柔性引进机制，畅通服务业人才引进绿色通道，充分发挥广州各类人才市场作用，大力引进各类商贸服务业急需人才；借助每年举办的广州留交会开办商贸、电子商务、会展、中介及专业服务等人才交流专场，吸引国内外高素质商贸服务业人才来广州工作，尤其是具有较高国际视野、较强的业务拓展能力和综合协调能力的高层次综合管理人才、高素质的专业技术人才和复合型服务人才。

大力培养现代商贸服务业各层次实用人才，加强与高校、职校、科研院所的合作。充分利用广州地区以及国内外其他城市的教育资源，建立广州重点领域商贸服务业人才培训基地，培养广州商贸服务业急需人才；推进人才培训的国际交流合作，建立境外培训基地，定期选派一批公务员、研究人员和企业经营管理人员到发达国家和地区学习培训；积极发挥行业协会作用，加强行业人才需求指导，引导社会培训力量培养各种急需的专业技术人才和管理人才。

强化激励机制稳住人才。鼓励和支持商贸服务业改革现行人事管理制度、业务考核办法和薪资分配办法，坚持按劳分配与按要素分配相结合，积极探索知识入股、技术入股、期权激励等分配形式，强化对商贸服务业人才的利益激励，使人才"引得进、稳得住"。

8. 加强商贸服务业统计和发展研究基础工作，提高发展决策的科学性

完善商贸统计工作。商贸统计相对于现代物流业及一些新兴服务业的统计已经有一定基础，但由于现代流通方式、新兴业态业种发展迅猛，另外广州的个体、民营、批发市场发展快，地位作用突出，现有的统计工作还未能在这些领域和方面提供深入、明确、及时的统计信息。因此，有必要进一步完善广州商贸统计工作，使统计信息尽可能地展现广州商贸服务业发展的全貌。此外，要加强商贸统计信息的分析与发布，为迅猛发展的商贸服务业提供全面、准确、及时的统计信息支持。

加强商贸服务业发展研究。当今，随着我国经济的快速发展，以及经济全球化的不断深入和电子技术广泛应用，现代商贸服务业发展迅猛。现代流通观念、流通方式、新兴业态业种、技术手段日新月异，商贸服务业发展的新情况、新问题层出不穷。在这种背景下，如何充分发挥广州"千年商都"的各方面优势，更好地抓住机遇，迎接挑战，打造国际商贸中心，加快国家中心城市建设，需要加强商贸服务业的发展研究，为政府和业界提供科学决策支持。目前，广州商贸服务业发展研究，不论是专业研究机构、专业研究队伍，还是研究资金投入、研究成果方面，都与上海、北京等先进城市有较大的差距，与广州作为"千年商都"、商贸服务业的地位作用和打造国际商贸中心的要求极不匹配。因此，建议政府高度重视广州商贸服务业的发展研究工作，加强对广州商贸服务业发展专业研究机构和研究队伍的培育和扶持，加大广州商贸服务业发展研究资金的支持力度，为重塑千年商都新辉煌、打造国际商贸中心提供支持。

Strategical Thinking of Accelerating Guangzhou to be International Business Center

Ou Kaipei   Xu Dongming   Li Xueqi   Wei Ying   Luo Gusong

Abstract：The implement of "*Reform and Development Plan for the Pearl River Delta*

(2008 –2020)" (herein ofter referred ad "plan") confirms Guangzhou city as one of the most important cities in China, which will give a great opportunity for Guangzhou city for its development. Set modern international business trade center as Guangzhou city's objective, and rebuilding a new glory of the historic famous city of Guangzhou has great strategic significance to Guangzhou city, not only have positive impact in en hancing the status of Guangzhous as a comprehensice gateway city, improving the center city's radiation function, but also greatly improving the city's overall competitioeness and, influenle, and it's the only choice for Guangzhou city to become a more prosperity urban.

Key Words: National Center City; International Business Center; Competitive Forces

产业经济

Industrial Economy

B.6
广州制造业结构高级化评估研究

尹涛 蔡进兵 容美平*

摘 要: 本文首先阐述了产业结构高级化的普遍性规律。在此基础上, 通过实证方法对广州制造业高级化的程度进行了度量, 证实广州制造业自 21 世纪初开始产业结构发生了重大转变, 由之前的劳动密集型产业占主导逐渐转向高集约化、高加工度化、高技术化产业占主导, 先进制造业和高新技术产业所占比重稳步提高。最后把广州制造业发展分为不同的阶段, 详细分析了在不同阶段以及同一阶段内部广州制造业逐渐高级化的进程。

关键词: 制造业 高级化 演进

一 产业结构高级化演进的普遍规律

随着经济的不断发展, 产业结构逐渐向高级化演进, 一般来说, 经济增长过

---

* 尹涛, 广州市社会科学院产业经济与企业管理研究所所长、副研究员; 蔡进兵, 广州市社会科学院产业经济与企业管理研究所副研究员, 博士; 容美平, 广州市社会科学院产业经济与企业管理研究所实习研究员。

程实质上就是产业结构由低级向高级的转化过程。现有研究普遍认为，产业结构向高级化演进的过程是有规律可循的。第一，三次产业结构逐渐由"一二三"模式（前工业社会），经过"二一三"模式（工业化初期）和"二三一"模式（工业化中期），转变为"三二一"模式（工业化后期）。随着人均收入水平的提高，农业产值在国内生产总值中的比重以及农业劳动力的比重均处于不断下降的态势，而非农产业包括第二产业和第三产业的比重不断上升。在经济发展水平较低时，在各产业的产值和劳动力总数中，第一产业比重最大，第三产业比重最小；随着经济不断发展，人均收入水平提高，第二产业的比重逐步上升，并超过第一产业成为比重最大的产业；当经济发展水平较高时，第三产业的比重迅速上升，并超过第一、第二产业成为比重最大的产业。

第二，第三产业内部结构逐渐高级化。在第二产业内部，一般会先后经历四个阶段，一是早期工业化阶段，在这一阶段，产业结构以传统农业为中心发展到主要以劳动密集型的轻纺工业为中心，像英国等欧洲发达国家的工业化过程是从纺织、粮食加工等轻工业起步的；二是重化工业化阶段，在这一阶段产业结构从以轻纺工业为中心发展到以重化工业为中心，电力、钢铁、机械制造业等资金密集型产业开始起主导作用，工业基础设施日趋完善；三是高加工度化阶段，在这一阶段产业，工业发展对原材料的依赖程度明显下降，机电工业的增长速度明显加快，这时对原材料的加工链条越来越长，零部件等中间产品在工业总产值中所占比重迅速增加，工业生产出现"迂回化"特点，产业结构转移到以机械电子工业等加工工业为中心；四是技术知识集约化阶段，在这一阶段新兴高技术产业迅速发展。

目前，整个世界的产业结构正发生着深刻的变化，工业结构进一步向技术知识集约化阶段发展，一是以信息技术和生物技术产业为核心的新一代主导产业群正在形成，在未来相当长的一段时间内将决定着世界经济发展的基本方向；二是高新技术服务产业发展迅速；三是各国之间的经济技术竞争从产品竞争前移到研究开发能力乃至研究开发方向选择的竞争，特别是发达国家都加大了对研究开发的投入。

二 广州制造业结构的阶段性演进分析

为了更好地理解广州制造业结构的高级化进程，本节将对自1978年改革开放以来广州制造业的发展过程进行详细分析。

（一）传统制造业迅速发展阶段（1978～2000年）

我国实行改革开放政策后，广州利用毗邻港澳、海陆交通发达、商贸传统悠久等优势，大力推动经济发展，工业和制造业保持快速增长。

1. 大力发展"三来一补"业务，传统制造业发展迅速

在改革开放初期的探索起步阶段，广州作为以市场为导向的试点城市和改革开放前沿城市，率先实施"以外经贸为先导"战略，出台了许多措施，探索引进外资和深度改革外贸体制，大力发展"三来一补"业务，建立出口商品生产基地。1979～1987年，全市共签订外资协议（合同）900多项，实际投资额达5.67亿美元。1987年底已开业的外资企业有450家，在建和筹建的近200家，对外合作的对象由以港澳为主开始向其他国家和地区转移；同时，外贸出口总值达9亿美元，年均增长23.5%。1988～1992年是加快发展阶段。在党的十三大后，党中央、国务院作出加快发展沿海地区外向型经济的重大决策，广州奋勇争先，提出了走加快国际大循环的经济发展道路，并提出"发挥华侨和港澳同胞众多优势，为加快发展外向型经济服务"的战略措施，提高政府服务效率，加快各类开发区建设，引导外资投资，扩大对外贸易和出口产品多元化。到1992年底，广州已与世界上140多个国家和地区建立了经贸往来关系，进出口总额突破40亿美元，进出口产品结构也得到了一定的优化。1992年邓小平南方谈话后，人们的思想得到进一步解放，对外开放的热情也得到升华，广州进入了全面拓展阶段，掌握了发展的主动权。1993年广州市政府制定了"大经贸战略"，提出在更大范围、更多领域、更高层次进行对外开放，发展经济合作和贸易往来。针对新的目标和任务，广州继续深化对外经贸体制改革，出台相应政策，以国际市场为导向，培育"龙头企业"，进一步发展"三来一补"业务，提升港口功能，鼓励各类企业加大出口力度，提升出口贸易水平。

在这22年期间，广州工业迅速发展，工业基础不断壮大，特别是轻工业更成为我国重要基地。图1显示，改革开放以来广州工业发展以1992年为分界，1992年之前是一个平稳的起飞阶段，之后是一个快速腾飞的阶段。1979年工业总产值为117.53亿元（1990年不变价格，下同），到2000年为2733.71亿元，增加了逾22倍，尤其是1992～2000年，年均增速逾16%。

这一阶段，广州充分发挥了独特优势，带动了经济的快速发展，促进了工业

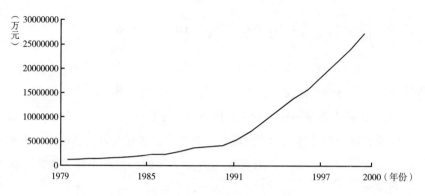

图1 1979～2000年广州工业总产值

的优化调整。但也有一些不足的地方，例如轻工业迅速发展的同时重工业的发展则相对滞后，工业发展水平层次还不是很高，可持续发展能力有限，对环境问题没有给予足够的重视，在注重外向型发展的同时忽略了国内的市场等。

2. 产业结构演进及升级

在这一阶段，广州工业结构不断向高级化演进，产业技术水平不断提高。在全国市场一体化不断加深的情况下，广州充分发挥自身的产业优势，大力发展轻工业，并得到了长足发展。从图2中可以明显看出，轻工业所占比重稳步增长。1979年，轻工业总产值为67.16亿元，占比为57%，到2000年增长到2677.65亿元，占比为61.4%。

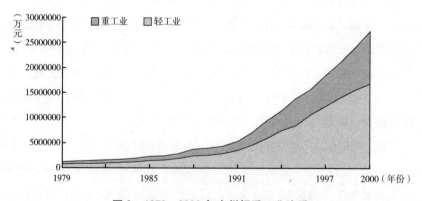

图2 1979～2000年广州轻重工业比重

广州制造业的技术含量也在不断提高。广州在大力引进外资的同时，还引进了先进的技术，涌现了一大批高新技术企业。2000年，市属工业试制成功的新产品达 603 种，其中有 25 种达到国际先进水平，占 4.1%；46 种达到国际水平，占 7.6%；374 种达到国内先进水平，占 62.0%；已鉴定产品投入生产的有 431 种。全市实现高新技术产品产值达 487.32 亿元，占全市工业总产值的比重达 15.8%，比上年提高 3.4 个百分点。其中电子计算机及信息处理设备比上年增长 51.9%；光电机一体化机械设备同比增长 21.5%；新能源产品增长 16.4%；新型材料产品增长 12.6%。

（二）重化工业迅速发展阶段（2001～2007 年）

1. 广州制造业发展战略的新选择

经过改革开放以来 20 多年的迅速发展，到 21 世纪初，广州工业取得了巨大成就，不仅在经济总量上有了很大的提高，在技术水平、产业结构和布局上也发生了深刻的变化。

在新的历史时期，针对自身所面临的制造业发展环境，广州必须作出新的制造业发展战略选择。一是从国内市场环境看，20 世纪 90 年代以来，我国工业品供求关系发生了重大变化，从严重短缺逐渐转向相对过剩，从卖方市场转向买方市场，工业的增长由供给约束转向需求约束，市场竞争进一步加剧，广州工业的竞争力和优势面临新的考验。从国内的重点产业发展趋势来看，"十五"期间我国城市化进程加快、消费结构升级需要一批特大型冶金、石化和原材料等重化工业产业和消费产业（如汽车）加速发展，为广州重化制造业的加速发展提供了市场条件。二是经过 20 多年的快速发展，广州为重化制造业的发展奠定了较好的产业基础。一方面，广州已在汽车、石化、钢铁等产业上具备相对的规模和优势；另一方面，珠三角作为广州的直接腹地和城市功能的强力辐射区域，是国内工业化、城市化水平较高，经济最具活力的地区之一，又是国际知名的轻工业基地，但石化、钢铁等基础工业相对薄弱，工业原材料、机械设备等严重依赖进口，或从我国北部或其他地区远距离购入，而广州作为华南地区工业门类最为齐全的城市，从产业链的配套衔接看，正好可为珠三角发达的加工制造业提供石化、钢铁等上游产品。

针对工业发展面临的新环境，广州立足于自身工业发展格局，开始调整优化工业结构，在努力改造提高传统产业的同时，加快发展带动力强、产业链长、高增长性的产业战略性项目，选择在汽车、钢铁、石化、造船、装备制造业、医药

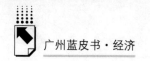

等行业中，集中力量抓好一批重点技术改造项目和重点技术开发项目，使之尽快投产达产，形成新的经济增长点，提升重化工业和装备工业发展水平。

2. 制造业结构的演进及升级

培植壮大一批支柱产业。在这一时期，集中力量培育、发展和壮大电子通信设备制造业、汽车工业、石油化学三大支柱产业，提高技术含量，扩大产业规模，提高骨干产品在国内外市场占有率，真正确立三大支柱产业在工业经济中的主导地位。

改造升级一批传统产业。广州是老工业城市，传统产业的比重较大，电器机械、造船、钢铁、造纸等都是传统优势行业。运用高新技术和先进适用技术改造传统产业，促进结构优化升级，这是广州工业发展的重大战略举措。广州应该着重依靠技术进步和存量盘活，加大对传统工业调整、改造的力度，通过产业梯度转移以及利用外资合资合作、资产重组等途径，提高传统工业的整体素质和竞争力，使之上档次、上规模、上水平。

重工业逐步成为支柱产业，工业结构不断调整。2000年广州在《广州市工业发展"十五"规划》中明确提出三大支柱产业，集中力量培育、发展和壮大电子通信设备制造业、汽车工业、石油化学工业三大支柱产业，重化工业逐步成为广州的主导产业。"八五"时期，广州重工业的增长速度就超过了轻工业增长速度。"十五"以来，在汽车等装备制造、石油化工等行业增产带动下，重工业生产不断加速。2004年2月，全市重工业产值首超轻工业，标志着全市轻重工业结构调整出现了里程碑式的变化，工业化进程步入重化产业为先导的新经济周期。2007年，全市规模以上重工业完成工业总产值5828.40亿元，比上年增长23.7%。规模以上轻、重工业总产值比重（按工业总产值现行价计算）由2005年的41.6∶58.4调整为2007年的34.6∶65.4，重工业比重上升7个百分点，较2000年则大幅上升了22.2个百分点。2007年，汽车等机械装备、石化及精细化工、电子信息、钢铁、制药、轻纺、新材料等全市七大重点发展产业的产值，约占全市工业总产值的70%。其中，交通运输设备制造业、石化制造业两大工业支柱产业年均增速超过了30%，高于同期工业总产值年均增速约10个百分点。

自主创新条件建设取得新进展，新增国家重点实验室3家，国家级和省级企业技术中心9家。一批骨干企业相继建立研发机构，以企业为主体的创新体制逐步形成,创新要素加速向企业集聚。同时高新技术产业获得了较大的发展,设立了"软件和动漫产业发展专项资金",扎实推进软件、电子信息、生物医药和网游动漫等国家级高新技术产业基地建设,数字通信、平板显示器和生物医药等一批高科技创新项目建设投产。广州地区规模以上工业的高新技术产业近年来发展十分迅速,高新技术产品产值占规模以上工业总产值的比重在不断扩大。2001年广州规模以上工业高新技术产品产值比重为21.59%,而2007年达到32.1%。

(三) 先进制造业、高技术产业迅速发展阶段 (2008 年至今)

1. 广州制造业发展战略的新选择

由于外部经济环境发生了大的转变,广州在大力发展重化工业的同时,必须适时调整自身的发展战略,以适应环境变化的需要,进一步提高自身的产业竞争力。2007 年的国际金融危机对外向型经济突出的广州工业造成严峻的挑战,在能源环境日益受到重视的今天,高消耗、高增长和低效益的传统工业发展模式也受到质疑,走新型工业化道路成了必然选择。同时广州工业产业结构的优化升级在近年来取得了初步的成绩,高技术产业继续发展,产业结构高级化成效明显。因此,在目前世界工业朝着"低碳化"发展的进程中,广州应大力发展先进制造业、高新技术产业以及战略性新兴产业,提升产业的创新能力,这也是广州实现产业结构优化升级的必由之路。

2. 制造业结构的演进及升级

做优做强先进制造业,打造具有国际竞争力的高端制造业基地。着眼构建现代产业体系,在继续壮大汽车、石化和电子产品制造三大支柱产业的同时,积极吸引符合环保要求、发展前景好、处于产业链高端的先进制造业项目落户广州,促进工业向高科技、高集聚、高附加值发展。广泛运用信息技术和高新技术,做大做强机械装备制造业,抓紧推进一批重大生产力项目建设,为广州工业的长远发展奠定基础。广泛运用先进适用技术改造提升传统优势产业,大力推进信息化与工业化相融合。

发展以装备制造业为主体的先进制造业。全力建设汽车、石化、造船、电子信息四大国家级产业基地,规划建设具有国际先进水平的广州大型装备产业园区,推进省市共建先进制造业基地建设。加快发展自主品牌乘用车,提高参与国际汽车市场竞争的能力。为促进传统产业转型升级,应加快黄埔石化厂改、扩建

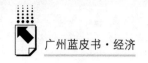

的选址工作，优化石化产业布局，减少污染物的排放。大力发展船舶工业和海洋工程设备、核电设备制造业及其他重大成套数控装备，加快推进龙穴造船和大岗低速船用柴油机项目建设，打造具有国际竞争力的高端制造业基地。

发展以电子信息为主导的高新技术产业。围绕建设华南科技创新中心和成果转化基地，进一步完善自主创新体制机制和政策环境，强化企业技术创新主体作用，鼓励和支持企业建设技术研发中心，实施引进、消化、吸收再创新示范工程，推动产学研联合。加快国家级数字家庭应用示范产业园区建设，集中力量抓好电子信息产业、现代信息服务业、生物产业、装备制造业、新材料、数字家庭和数字电视六大科技专项，力争在关键技术领域取得新突破。实施"自主创新一区一成果行动计划"，从 2009 年起，市科技经费每年安排 6000 万元，对 12 个区（县级市）各支持 1 个高水平科技成果转化，加快高新技术产业园区、广州科学城北区、国际生物岛和国家级电子信息、软件动漫、数控装备及生物四大产业基地建设，培育大型高新技术企业集团。

广州制造业发展重点向先进制造业、高新技术产业以及战略性新兴产业的转变，使得工业加快向高科技、高集聚、高附加值升级转型，体现了广州工业发展已经从以重化工业为主导的时期步入了重视自主创新、以先进制造业和高新技术产业为主导的时期。

三　广州制造业结构高级化程度的测度

为了更好地说明广州制造业结构不断向高级化演进，本节将对广州制造业高级化程度进行度量，从而说明广州制造业总体上是逐渐走向高级化的，并显现阶段性的特征，从而也为第四节对广州制造业的阶段性发展过程进行分析提供理论依据。

（一）产业结构高级化程度的测度方法

1. 与"标准结构"比较法

对产业结构高级化程度的测度，一种合乎逻辑的做法即是将其与所谓的"标准结构"进行比较，就好比用一把尺子来丈量一个人的身高。"标准结构"是对大多数国家产业结构高级化演进的综合描述，其构建是利用统计分析、归纳分析的方法,对影响和反应样本国家或地区产业结构的主要因素进行回归分析而得到。在利用"标准结构"对产业结构高级化进行实证研究中,库兹涅茨、钱纳里、赛尔奎因等人在他们的一些著作中统计归纳的一些"标准",经常被他人作为"尺子"来"丈量"一些特定的产业结构系统,这些所归纳总结出的"标准结构"称为产业结构的"发展型式"。

2. 相对比较判别法

与"标准结构"比较方法相对应的是相对比较判别方法,即在对一个产业结构系统的高级化进行判别时,以另一个产业结构系统作为参照系来评价和判别。这一类方法有两种思路:一种思路是相似判别法,即比较两个产业结构系统的相似程度,以两者"接近程度"对被判别产业结构的高级化进行衡量;另一种思路是距离判别法,即度量两个产业结构之间的差距,以两者的"离差程度"对被判别产业结构的高级化进行衡量。

3. 依据经济发展阶段进行判别

与上述判别方法不同,按照经济发展阶段对产业结构高级化进行判别,是首先根据理论的分析,将一般经济的发展过程划分为若干个阶段,然后,根据被判别国或地区的经济特征,判别该国或地区经济处于哪一个阶段,衡量其产业结构的高级化程度。这方面常用的理论有,霍夫曼的工业化阶段学说,罗斯托的经济成长阶段学说与钱纳里、赛尔奎因的经济发展阶段说。无论是与标准的"发展型式"相比较的判别方法,还是相对比较判别方法,或是按照经济发展阶段对产业结构高级化进行判别,其共同之处是将两个产业结构系统进行比较。这种比较难免有不足之处,如受天然禀赋资源条件、社会政治经济制度、人文环境等因素的限制,以及有些产业结构系统缺乏相互比较的基础等。

4. 系统考察法

上述的几种方法都有自身的一些不足,系统考察法在某种程度上正好可以弥补这些不足。系统考察法是对一个产业结构系统自身的发展过程进行考察,把同一系统不同时期的产业高级化情况进行比较,并描述其产业结构高级化过程。因为是对同一系统不同时期的比较,所以需要建立一套产业结构高级化的评价体系。为了衡量经济系统的产业结构高级化程度,首先需要对不同产业的技术特征、要素消耗特征、资本结构特征、产品价值构成和劳动生产率进行综合评价,确定其对系统高级化的影响力。定义各个产业部门的产业高度值 h，各个产业部门的产业高度值直接影响整个经济系统的产业高级化程度。定义这个经济系统的产业高级化程度为产业结构强度。我们假设一个产业结构系统由 n 个产业部门组成，h_j 表示第 j 产业部门的产业高度值，p_j 为第 j 产业部门产值在整个产业结构系统产值中所占的比例，则产业结构系统的产业结构强度 I 为：

$$I = \sum_{j=1}^{n} p_j h_j$$

从上式可知，要得到整个经济系统的产业结构强度，首先需要确定经济系统中产业的各种产业高度值，最后根据各产业的产出比例计算得到。

（二）广州制造业的高级化及其特征

1. 产业结构高级化度量

通过对上述四种方法的简单分析，本研究将利用系统考察法对广州制造业的高级化程度进行度量。利用广州 1996～2007 年制造业 29 个行业的数据进行分析，考虑到数据的可得性，我们定义以下三个产业高度值指标。

（1）劳动集约度：反映劳动力要素集约程度的指标，产业劳动集约度等于该产业工资总额除以该产业的总投入。在具体的计算中，产业的总投入用该产业的工业总产值代替。

（2）资金装备率：反映对资本的需求程度的指标，资金装备率等于固定资产总额比员工人数。计算中，员工人数指标为从业人员年平均人数，单位为万元/人。

（3）劳动生产率：反映产业的效率指标，等于某一产业工业增加值除以该产业从业人数。计算中，员工人数指标为从业人员年平均人数，单位为万元/人。

另外在计算产业结构强度时，产出比例等于该产业的工业增加值除以制造业工业增加值总量。计算结果如表1所示。

由表1、图3、图4可以看到，广州制造业的产业结构变动可以分为两个阶段，第一个阶段为2000年以前，第二个阶段为2000年以后。

在第一个阶段，从1996年到1999年，由于时间段较短，我们可以看到其劳动集约度基本上等于0.07，均大于2000年以后的值，说明在20世纪90年代广州的制造业大部分属于劳动密集型产业，劳动力要素在制造业的发展中起着重要作用。但在1998年有一个突变，降低为0.01，这与当时中国整体的宏观经济增速下

表1 广州历年制造业产业结构强度指标值

年份	劳动集约度 产业结构强度	资金装备率 产业结构强度	劳动生产率 产业结构强度
1996	0.07	17.74	11.59
1997	0.07	18.33	13.34
1998	0.01	17.30	9.35
1999	0.07	13.13	6.72
2000	0.07	14.23	10.42
2001	0.06	16.86	15.85
2002	0.06	16.94	17.66
2003	0.05	18.79	23.53
2004	0.05	19.73	22.04
2005	0.07	21.97	37.68
2006	0.06	24.47	40.30
2007	0.07	23.04	31.41
2008	0.10	38.77	33.60

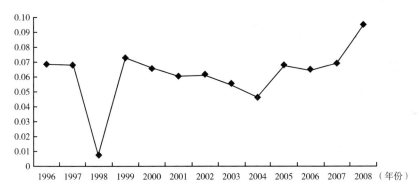

图3 1996～2008年广州制造业劳动集约度产业结构强度趋势

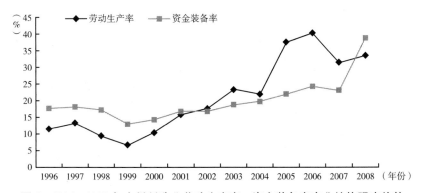

图4 1996～2008年广州制造业劳动生产率、资金装备率产业结构强度趋势

滑有关，与广州制造业的整体结构变动关系不大。劳动生产率和资金装备率在1997年达到最高值后也逐渐下降，在1999年达到最低点，与劳动集约度这一产业结构强度指标反应相比滞后一年。总的来看，整个阶段这两个产业结构强度指标值不高，同样说明了20世纪90年代广州制造业所面临的劳动生产率低下、资金装备率不够高等问题。

在第二个阶段，从2000年到2008年，前五年广州制造业劳动集约度不断下降，逐渐摆脱了20世纪90年代的发展局限，对劳动力的依赖逐渐放开，开始向资本密集型、劳动集约型方向发展。但到2005年劳动集约度开始提高，这主要是劳动者工资水平提高的结果，并不是因为产业对劳动力的需求增加的结果，这一点也可以由图4中劳动生产率指标的表现得到证实：到2004年由于工资水平低，严重挫伤了劳动者的生产积极性，劳动生产率在2004年略有下降。另外，总体上劳动生产率和资金装备率两个指标是稳步上升的，也表明了广州制造业逐渐向高级化的方向发展。

2. 产业结构转化分析

产业结构高级化，必然伴随着产业结构的转变的加快，通过计算广州制造业的产业结构转换值、结构熵指数，可以反映广州制造业在哪个时点产业结构变动加快，这个阶段就有可能是制造业转型升级的转折点；在哪个时点产业结构变动平稳，这个阶段就有可能是制造业稳步发展的时期。

根据表2和图5，我们可以看到，产业结构转换值最高的是1998年，其次是1997年和2000年；结构熵指数值最高的是1999年，其次是1998年，这表明1998年、1999年这两年是广州制造业产业结构变动加快的时期，这个阶段就是广州制造业转型的转折点；而自2000年以来，结构熵指数稳步下降，产业结构

表2　1996～2008年广州制造业结构转换指标值

年份	产业结构转换值	结构熵指数	年份	产业结构转换值	结构熵指数
1996	—	1.26	2003	0.18	1.24
1997	0.28	1.26	2004	0.16	1.19
1998	0.52	1.36	2005	0.16	1.20
1999	0.19	1.37	2006	0.12	1.19
2000	0.28	1.33	2007	0.17	1.14
2001	0.10	1.32	2008	0.15	1.17
2002	0.10	1.29			

指数也一直在低值区徘徊，均表明广州制造业在步入 21 世纪后开始进入稳步发展阶段。

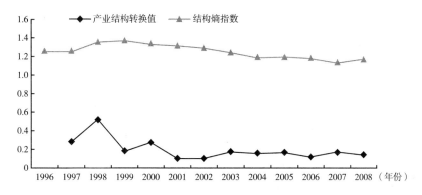

图5　1996～2008 年广州制造业结构转换趋势

3. 产业结构高技术化分析

由上面的分析，我们知道广州的制造业步入 21 世纪后产业结构发生重大转变，转变的方向是由劳动密集型向劳动集约化、资本密集型方向发展，但产业结构的高级化，不仅指产业高集约化、高加工度化，还包括产业的高附加值化和高技术化，即在产业中普通应用高新技术，增加产品的附加值。下面我们来分析广州制造业结构变化中的高技术化特征。

根据 OECD（世界经济合作与发展组织）《OECD 科学技术和工业记分牌(2003)》以制造业的 R&D 密集度来划分制造业的方法和口径，结合广州制造业发展和统计的实际情况进行分析研究，将广州制造业的 29 个行业作了一个粗略划分，将广州制造业分为两大类，一类是技术型制造业、另一类是低技术制造业，如表 3 所示。

根据上述分类，计算得到技术型制造业占制造业总体的产业结构强度指标值比例如表 4 所示。

在 2000 年以前，广州的制造业以低技术制造业为主，技术型制造业的劳动生产率所占比重不到 40%，资金装备率和劳动集约度也低于 2000 年以后的值。在 2000 年以后，技术型制造业在这三个产业结构强度指标中所占份额逐年增加。特别值得注意的是，在 2007 年，由于金融危机的影响，广州制造业总体的劳动集约度、劳动生产率和资金装备率均有所下降，但技术型制造业的劳动生产率和

表3　广州制造业分类

技术型制造业	低技术制造业
石油加工、炼焦及核燃料加工业	农副食品加工业
化学原料及化学制品制造业	食品制造业
医药制造业	饮料制造业
化学纤维制造业	纺织业
橡胶制品业	纺织服装、鞋、帽制造业
塑料制品业	皮革、毛皮、羽毛(绒)及其制品业
非金属矿物制品业	木材加工及木、竹、藤、棕、草制品业
黑色金属冶炼及压延加工业	家具制造业
有色金属冶炼及压延加工业	造纸及纸制品业
金属制品业	印刷业和记录媒介的复制
通用设备制造业	文教体育用品制造业
专用设备制造业	工艺品及其他制造业
交通运输设备制造业	废弃资源和废旧材料回收加工业
电气机械及器材制造业	
通信设备、计算机及其他电子设备制造业	
仪器仪表及文化、办公用机械制造业	

资金装备率所占的比例反而增加，这也表明了广州技术型制造业具有较高的抗风险性，受到金融危机影响的多数是低技术的制造业行业（见图6）。

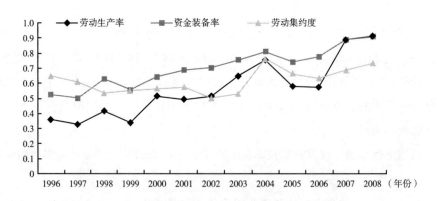

图6　1996~2008年广州技术型制造业产业结构强度指标值比例趋势

2008年广州制造业总体的劳动生产率产业结构强度值为33.60，较2007年提高2.19；资金装备率产业结构强度值为38.77，较2007年23.04的水平有大幅提高；经过2007年的金融危机中的产业结构转换，广州制造业中技术型制造业比例不断提高，其在资金装备率和劳动生产率两个产业结构强度指标中所占比已经超过90%，使得广州制造业的高级化优势更加明显。

另外我们还可以计算技术型制造业在占制造业总体的产业结构转换值和结构熵指数比例，结果如表4所示。

表4 广州历年技术型制造业产业结构转换比例

单位：%

年份	产业结构转换值比例	结构熵指数比例	年份	产业结构转换值比例	结构熵指数比例
1996	—	59	2003	71	65
1997	62	58	2004	73	66
1998	46	56	2005	64	64
1999	69	54	2006	90	65
2000	63	58	2007	48	68
2001	56	60	2008	78	71
2002	71	61			

由表4和图7可以看到，自2000年以来，广州技术型制造业产业结构转换值比例逐年增加，到2006年达到了90%，结构熵指数稳步提高。这表明广州制造业的产业结构转型升级大多发生在技术型制造业行业当中，技术型制造业发展活跃，技术更新快，产业结构不断升级转化，是具有潜力和竞争力的制造业，也表明广州制造业具有发展的活力。另外在1998年和2007年两次外部宏观经济比较萧条的时期，技术型制造业的产业结构转换值比例明显偏低，均在50%以下，也表明在高风险的外部环境下，技术型制造业明显具有比低技术制造业高的抗风险性。

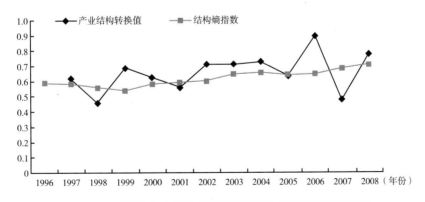

图7 1996～2008年广州技术型制造业产业结构转换比例趋势

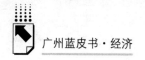

（三）小结

通过上面的分析，我们知道广州的制造业在步入 21 世纪前后，其产业结构发生重大转变，由之前的劳动密集型产业占主导逐渐转向高集约化、高加工度化、高技术化产业占主导，产业结构不断升级。在进入 21 世纪后，制造业结构整体发展方向稳定，先进制造业和高新技术产业所占比重稳步提高。

Assessment Study on the Industrial Structure Upgrading in Guangzhou

Yin Tao　Cai Jinbing　Rong Meiping

Abstract：This article first elaborates on the universal rule of Manufacturing structure upgrading. And then, uses empirical methods to measure the degree of Guangzhou Manufacturing industry upgrading, and proves there was a huge change in the industrial structure under manufacturing sector in Guangzhou since the early 21st century。The manufacturing Strulture Changes from previous labor-intensive industries to high-intensive, high processing, high-tech industry ; the proportion of advanced manufacturing and high-tech industries inaeases steadily. Development of the manufacturing industry can be segmented into several stages, the paper analyzes Guangzhou manufacturing industry gradually advanced process within the same stage and different stages.

Key Words：Manufacturing Industry；Advancement；Gradual Process

B.7
广州作为服务业中心城市的发展特征与路径选择

张 强 周晓津*

摘 要：作为国家中心城市之一，广州已进入"服务经济"阶段，正大步迈向服务业中心城市。本文从产业结构、市场动力、消费趋势等方面阐述了广州服务业中心城市的发展特征，并从国际经验和区域分析的角度讨论了广州服务业发展的路径选择。本文认为，作为服务业中心城市，广州未来服务业发展应以增强综合服务功能为核心，以生产者服务业为重点，依托流量经济的发展优势，实现与香港错位竞争，走服务业与珠三角国际制造业互动融合发展之路，在区域一体化基础上推动服务集聚和服务创新，扩大服务输出，逐步把广州建设成为对珠三角产业升级具有重大支撑带动作用及对全国服务业发展具有示范引领效应的服务业中心城市。

关键词：广州 服务业中心城市 发展特征 路径选择

一 引言

建设部 2007 年颁布的《2006～2020 年全国城镇体系规划》已明确上海、北京、重庆、广州、天津为我国的五大国家中心城市。国家中心城市一般是国家或大区域的经济、文化、教育、科技、信息、综合交通、对外交往和中介服务的中心，一般拥有较多的高端服务资源，具有很强的要素集聚、科技创新、文化引领和综合服务功能，对全国服务业发展具有较好的先导示范和引领作用。从这个意

---

* 张强，广州市社会科学院经济研究所所长、副研究员，主要研究方向为城市经济和产业经济；周晓津，广州市社会科学院经济研究所助理研究员、博士。

义上讲，国家中心城市在很大程度上也堪称"服务业中心城市"。

国家发展和改革委员会在 2008 年底颁布《珠江三角洲地区改革发展规划纲要（2008～2020 年）》（以下简称《纲要》），首次将广州的发展定位上升到国家战略层面。本文主要以广州为例，通过实证分析、区域分析和国际经验借鉴，探讨广州作为服务业中心城市的发展阶段、特征及未来的路径选择，力争为我国中心城市在新时期推动服务业发展提供有益范例和启示。

二 都市产业结构演进与广州经济发展阶段的界定

世界城市发展史表明，城市经济发展和产业演进在一定条件下具有相似性特征，将处于不同发展阶段的城市产业状况进行空间横向与时间纵向比较，有助于我们把握产业结构演进规律，从而正确界定并赋予中心城市适当的发展定位和功能使命。

产业经济学理论表明，随着人均收入水平的不断提高，一国或地区产业结构的演进是沿着以第一产业为主导到第二产业为主导，再到第三产业为主导的方向发展的。在这一产业结构演进一般规律的作用下，中心城市服务业比重的变化轨迹一般呈现类似"V"形的曲线变动特征：在前工业化时期，中心城市大多属消费性城市，服务业在城市经济活动中往往占有较高比重（50%～60%），但技术层次低，服务手段落后；随着工业化的迅猛推进，工业对国民经济的贡献逐渐加大，服务业比重和地位有所下降（30%～50%）；其后，伴随重化工业和高科技产业的兴起以及城市经济空间的不断外拓，生产性服务业以更快的速度崛起，导致服务业比重再度上升（50%～60%），并逐步超越第二产业；最后，随着资源环境约束加大及制造业边际收益的不断降低，制造业趋向高端化，而服务业比重则稳步上升直至 60% 以上，进入"服务经济"①为主导的发展时期。

广州产业结构及服务业的历史变动轨迹大体上体现了这一产业演进规律（见图 1）。在 1950 年前，广州基本是一个消费性城市，服务业比重超过 50% 以上；之后开始迈入工业化进程，服务业比重持续走低，工业长期处于主导地位。改革开放

---

① "服务经济"概念最早由美国经济学家富克斯在 1968 年提出。他认为，"服务经济"是一种以第三产业为主导的经济形态。近期，国际上一般认为（主要以 OECD 国家为代表），"服务经济"是指服务业产值或就业所占比重超过 60% 的一种经济状态。

以后，服务业快速恢复，逐步形成第二、第三产业并重发展的格局。跨入新世纪，伴随着现代制造业的兴起，服务业比重稳步上升并逐步超越工业居于主导。目前，尽管存在金融危机这一偶然因素的影响，但我们基本可以判断，当前广州已开始进入"服务经济"为主导的发展阶段，这主要体现在三方面：一是人均生产总值达1万美元，这通常是经济服务化的转折点；二是服务业在国民经济总量中占据主体地位，广州服务业增加值占GDP比重已达60%；三是服务业在经济增长上起主动力作用，目前广州服务业对经济增长的贡献率已超过60%。此外，从反映市场格局变化的一些指标看，从2007年开始，广州服务业利用外资所占比重已连续两年突破60%，在国内大城市中居领先地位，同时，在广州总部经济的发展格局中，属于服务业性质的总部占比已升至70%。以上数据和事实表明，广州经济的主体构成已趋向"服务经济"形态，服务业已成为广州现阶段推动经济增长的主要力量，广州也开始成为国内名副其实的"服务业中心城市"。

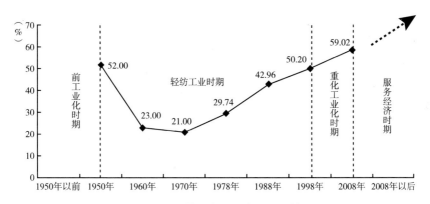

图1 广州第三产业历史比重趋势

国际经验是经济发展阶段判定的一个重要参照系。发达国家及城市的经验表明，人均生产总值达1万美元通常被认为是经济服务化的重要转折点。在这一时期，制造业比较优势趋于下降，此时，转向占地少、高增值、低物耗的现代服务业是各国经济发展的必经之路。我们选取部分发达国家和城市人均GDP达1万美元左右时的产业结构情况加以考察（见表1）。从比较结果看，除香港外，发达国家和城市在达到1万美元时服务业比重普遍在60%～65%之间，形成所谓"服务经济"。进一步分析表明，这一阶段也是消费结构和偏好发生转变的一个重要节点，即物质产品的边际效用逐步递减，而对享受型服务消费的偏好将显著增加，这一点从美、英、法、德等主要发达国家在 1981~1990 年间（分别对应人均 GDP 在 1 万~2 万美元阶段）服务消费支出比重变化得到了验证（周振华，2005）。目前，广州人均 GDP 刚刚超过 1 万美元，服务业比重达 60% 左右，居民消费结构也出现了向服务项目转移的趋势，这基本符合国际实证的经验标准，属于"服务经济"的起点时期。

表1 人均 GDP 达 1 万美元时各主要发达国家或城市服务业比重

单位：%

指　　标　　国　家	美国	英国	法国	东京	香港	新加坡	广州
达到 1 万美元年份	1978	1980	1980	1975	1987	1988	2009
服务业占 GDP 比重	64.6	62.3	60.2	64.0	74.5	64.9	60.9

资料来源：根据周振华《现代服务业发展研究》、李廉水《都市圈发展》和《2009 年广州国民经济与社会发展统计公报》等有关数据综合整理。

三 "服务经济"阶段广州服务业的发展特征

当前，广州已处于"服务经济"阶段的起点上，成为我国重要的服务业中心城市之一，这不仅体现在服务经济及其"两个 60%"的量的规定性上面，还充分体现在一系列质的规定性上面。

（一）生产者服务业发达，与周边地区经济融合度较高

一般而言，一国或地区经济发展和产业结构水平越高，服务经济越发达，生产者服务业所占比重也越高。生产者服务业是第二、第三产业融合发展的产物，是与制造业高端化过程紧密结合、具有效率提升作用的流通、商务、金融、信息、科技等服务业。与消费性服务业相比，生产者服务业具有更强的辐射性，它不仅服务于本地制造业，更需要积极开拓周边制造业更大的服务市场。从经济最发达的美国看，2005 年，其所定义的生产者服务业约占美国经济总量的 50%，超过美国服务业总量的 70%。[1] 作为服务业中心城市，广州生产者服务业也相对

---

[1] 上海市经济委员会、上海科学技术情报研究所：《2006~2007 年世界服务业重点行业发展动态》，上海科学技术文献出版社，2006。

发达，占服务业总量的比重达 63.7%，虽略低于拥有众多中央高端服务资源的北京、上海，但高于深圳、杭州、重庆等国内主要城市。广州生产者服务业相对发达，辐射面广，渗透力强，使得广州与珠三角地区经济一体化水平较高，区域产业高度融合，这可进一步从以下方面加以体现。

首先，珠三角区域产业分工较为明显。一般而言，产业结构差异引致地区之间的相互依赖和相互需求，产业分工与区域经济一体化之间存在正相关关系（王珺，2006）。从珠三角的实证看，随着经济一体化的不断推进，区域内大、中、小城市逐渐走向功能分化，产业地域分工水平相应提高，产业同构度逐步下降。目前，在珠三角经济区内，不仅中心城市广州、深圳与佛山、东莞等中小城市在产业结构上形成了较明显的"势能差"，而且珠江两岸还形成了迥然不同、各具特色的产业集群，各城市的主导产业特色也日益凸显。这种区域产业分工差异对广州发挥现代服务业优势提供了有利条件。

其次，珠三角区域产业链逐步形成。区域经济一体化不仅体现在简单的产业分工上，更重要的是体现在产业链的深度协作上。近期，珠三角地区正加速形成以广州为中心的一批区域产业链，特别是围绕一些具有区域影响力的支柱产业群，广州通过龙头企业的引导逐步将周边区域配套产业群的活动有效纳入支柱产业链条中。例如，目前广州汽车产业已初步与周边佛山、肇庆、东莞等中小城市形成了研发设计、整车组装、零配件生产、技术培训的产业链协作，作为广州一贯的优势领域，批发商业的展示交易、物流配送也逐步与周边地区的供应基地之间形成紧密的协作关系。这些区域产业链的形成，进一步强化了区内经济联系，为中心城市广州扩大生产者服务输出提供了巨大契机。

（二）从产业互动关系看，服务业对制造业开始形成更大的推动作用

国际经验表明，在经济发展的起飞阶段，制造业是主导产业，往往发挥着增长"引擎"的作用，决定着服务业的发展程度和水平。但当制造业发展到一定阶段后，其附加值和市场竞争力的提升更多依靠服务业支撑，特别是现代服务业渐成主导，在制造业中间投入的比重和对制造业的改造提升力度显著加大，从而开始对制造业形成更大的推动作用，决定着制造业高端化的进程和水平。

毫无疑问，过去几十年，广州制造业一直在很大程度上带动了服务业发展。然而，近年来，随着产业升级和逐步确立"以服务业为主导"的新产业战略，

广州现代服务业的渗透增值效应和配套支持功能逐渐凸显，反过来对制造业形成了更大的推动作用。这主要表现在：一是信息化对制造业产生了巨大的效率提升作用。到目前为止，广州所有的工业企业都插上了信息化"翅膀"，各类信息技术和专业软件的广泛应用，极大地改善了企业库存资金占用、产品生产成本和新产品研发周期，企业网上销售率和采购率也大大提高。二是服务外包有效降低了制造业的生产运营成本。目前，广州从事服务外包的企业迅速增加，外包业务年均增长率超过30%，服务外包的高速发展，反过来促进了企业活动外置化，使企业更加专注于主业开发，从而提升了制造企业的核心竞争力。三是总部经济对制造业形成强有力的控制引导作用。作为现代服务业的新兴经济形态，总部经济往往对制造业投资布点、资源调度、研发支持、供应链优化等发挥着有效的决策管理作用，近年来，一些商业巨头以大额订单驱动生产的趋势日益明显，而广州汽车、石化等优势产业的发展，也充分体现了总部经济对制造业的有力支撑。四是生产服务业崛起推动了制造业"服务化"。近年来，广州一大批工业企业积极寻求生产服务外包以降低其中间服务的成本，在其生产经营活动中，服务投入的增长速度明显快于实物投入的增长速度（见表2）。同时，一些大型工业集团通过业务转型及延伸发展生产服务业，使其业务构成开始出现由制造业为主向服务业衍生。五是现代服务业不断渗透加速了工业园区向服务园区转型。通过现代服务业的渗透、配套和支撑，许多工业开发区和科技园区彻底改变了工业发展的内涵，实现了园区"服务化"和功能多元化，其中最典型的莫过于过去以高科技制造业为主的广州科学城，近年来已迅速演变为集产品研发、软件设计、动漫网游、金融创新、服务外包等功能于一体的综合服务型园区。

表2　广州主要上市工业公司服务性投入占企业总投入比例变化

单位：%

企业 \ 年份	2006 年	2007 年	2008 年	2009 年上半年
广州国光	15.08	18.45	17.01	21.16
广州控股	3.17	5.55	4.62	7.66
金发科技	6.42	7.18	7.41	13.72
智光电气	22.24	23.09	21.35	29.51

资料来源：据国信证券网中广州主要工业上市公司有关财务数据计算。这里服务性投入包括销售费用、管理费用、财务费用等三大项费用合计。

（三）从市场格局变动看，服务业发展动力更多地转向拓展外地市场

一般而言，本地市场往往构成城市服务业发展的基本驱动力。然而，随着城市地位的上升、产业结构的升级和企业实力的不断提高，城市对外辐射力显著增强，其服务业尤其是现代服务业日益摆脱对本地制造业和居民消费的依赖，转而寻求从对外服务中获得产业发展的持续动力。由此，外地市场渐渐成为服务业发展的重要驱动力。

近年来，广州服务业市场格局正发生根本性变化，本地市场及制造业服务需求相对下降，外地市场及珠三角等其他地区制造业服务需求比重稳步上升。我们对过去10年广州个人服务需求和生产服务需求（工业中间服务投入）之于市场格局变化的研究估算表明，"十五"之前，广州服务业主要是依赖本地市场而发展的，本地市场需求占服务市场总需求的比重大致在70%，而到2008年，这种以本地市场为主导的格局已大为改观，本地市场所占份额已下降至50%左右，而外部市场所占比重大幅上升，已逐渐接近本地市场，表明服务输出正成为广州服务业发展的重要驱动力（见表3）。其中，从工业所引致的生产者服务的市场构成看，2006年，广州生产者服务业的客户仅有35%左右，而65%分布在市外，其中25%左右分布在珠三角，而分布在广东省外的客户占20%左右。[①] 由此可见，相对于生活性服务业，广州生产者服务业呈现出更为明显的外部市场依赖特征。

表3　1998年和2008年广州各类服务需求比重变化情况

单位：%

项　　目	1998年各类服务需求所占比重	2008年各类服务需求所占比重
居民服务消费需求	100	100
本地居民服务消费	82	70
外地居民服务消费	18	30
工业中间服务投入需求	100	100
本地工业服务需求	57	47
外地工业服务需求	43	53

资料来源：居民服务消费的相对比重主要根据本地居民和外地过夜游客数量及其日消费水平、服务消费比重情况所估算，制造业服务需求主要根据本市工业和外地工业（主要为广东省其他地区工业）的相对规模及其服务投入强度情况所估算。

[①] 广州市城市规划局：《广州2020：城市总体发展战略》，第49页。

事实上,自 20 世纪 90 年代以来,广东省工业中心出现了由广州向珠三角地区转移的趋势,特别是近期,随着城市功能的转型和"退二进三"、"双转移"战略的实施,广州中低端制造业加速外移。在这种情况下,广州生产性服务业必然向外拓展以寻求更大的市场空间。我们利用相关性检验验证了广州生产性服务业与珠三角工业之间的相关关系,测度结果表明,除金融业之外,广州主要生产性服务业与珠三角工业发展间存在明显的强相关关系,而且,随着时间的推移,二者之间的相关度普遍提高了(见表 4)。这从另一个侧面说明广州生产者服务业对外部市场不断增长的依赖性。

表4　广州生产性服务业与珠三角工业间的相关性检验

单位:%

时期 ＼ 服务行业	交通运输、仓储和邮政业	信息传输、计算机服务和软件业	金融业	房地产业	租赁和商务服务业	科学研究、技术服务和地质勘查业
1990~1998 年	0.846	0.934	0.828	0.967	0.934	0.970
2000~2008 年	0.956	0.987	0.873	0.989	0.996	0.989

说明:以上数据在 0.01 的显著水平上通过检验。

资料来源:利用《广东统计年鉴》、《广州统计年鉴》有关数据计算整理而得。

至于造成上述市场变局的根本原因,我们认为主要有以下三方面:一是近十年广州产业升级加速及工业在全市经济中的比重逐年降低,导致来自本地制造业的服务需求比重相对下降;二是具有强辐射特征的现代服务业(如现代物流、商务会展、信息软件、研发设计、高端医疗等)所占比重上升,导致市外客户和业务量显著增长;三是广州城市开放度和旅游吸引力进一步提升,导致国际商务旅游及国内居民到广州休闲度假消费稳步增长,国内外来穗经商、旅游人数及其过夜天数显著增加。

(四) 社会消费呈现更为明显的服务指向,外源性服务消费占据较大比重

服务业中心城市,广州社会消费也呈现更为明显的服务导向,服务产品消费不仅成为社会消费的主要增长点,而且所占比重普遍较高。"十一五"以来,广州城市居民人均服务性消费支出增速均明显高于人均消费性支出增速,由此导致

广州服务消费在居民消费结构中的比重不断提升。2004 年广州城市居民服务性消费支出占人均消费支出的比重不到 30%，而到 2008 年，这一比重已上升到 36.6%，五年间提高了近 7 个百分点。从横向比较看，2008 年广州的这一指标不仅明显高于武汉、沈阳等次发达中心城市，而且也高于上海、天津、杭州等发达中心城市（见表 5）。从现实看，与其他同等发展水平的城市相比，由于经济、文化等方面的原因，广州居民在休闲娱乐和外出旅游上的支出比重较大，在外饮食比重与频率也较高，夜生活也更为丰富，由此导致源于本地的服务消费更多。除此之外，由于商业气氛浓、人气旺、门槛低以及"广式服务"美誉度高等一系列原因，广州每年还吸引了庞大的外地来穗旅客，从而带来了更大比重的源于区外的服务消费，广州也借此成为全国重要的消费潮流引领中心之一。

表 5　2008 年国内主要城市服务项目消费在居民消费总支出中的比重

单位：%

指标＼城市	广州	北京	上海	杭州	天津	武汉	沈阳
服务消费所占比重	36.6	39.2	32.4	27.1	27.2	26.9	24.5

资料来源：相关城市 2009 年统计年鉴。

（五）服务业国际化走在全国前列，成为与国际服务接轨的示范引领区

服务业中心城市，一般具有更高的产业外向度，依赖更多境外资源和国际市场，拥有更多国际化的服务产业和服务园区，服务贸易和服务外包较发达，是推动国内服务业扩大开放的示范引领区，是承接国际服务的重要枢纽。近年来，广州服务业对外开放实现了重大跨越，服务业利用外资比重自 2007 年之后开始超过工业而居主导，主要行业外向度有所上升，外资质量稳步提高，一批世界顶级的国际服务业巨头先后落户广州。广州服务贸易优势突出，2008 年广州 BOP 项下服务贸易收支总额超过 100 亿美元大关，规模居全国大城市前列，且保持稳定的顺差状态。广州服务外包取得突破性发展，已申报成为国家服务外包产业基地之一，全市从事服务外包企业超过 3000 家，而离岸外包更呈现超高速增长态势。此外，广州国际化服务园区加快发展，规模巨大的空（海）港经济区已成为广

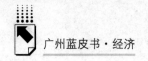

州扩大对外开放的新门户，穗港澳特别合作实验区在 CEPA 机制下逐步推进，而开创中国与新加坡合作新局的中新知识城也开始启动建设。

四 国际服务业中心城市分类与广州的发展借鉴

随着经济全球化进程不断加快，国际服务业推动世界经济不断向服务经济转型。近年来，服务业跨国并购和离岸外包增长迅速，成为推动经济全球化的主要动力。在这种向服务经济加速转型的背景下，一些国家的重要城市逐步成长为国际服务业中心城市。

（一）国际服务业中心城市分类

纽约、伦敦、东京、新加坡、香港等都是当今赫赫有名的国际服务业大都市，它们在现代服务业发展路径上各有千秋。纽约以金融服务业为核心，伦敦以金融和创意服务业为"双引擎"，东京以产品研发和技术创新服务业为特色，新加坡以航运和贸易业为主导，香港以金融、贸易和航运中心为动力，这些大都市现代服务业发展成功的经验，来源于它们都拥有比较完善的市场制度、雄厚的产业基础、独特的历史文化沉淀、专业化的人才储备以及全球化的市场网络等。

纵观世界各大都市的发展路径，我们认为，步入"后工业社会"阶段的国际服务业中心城市大致可以分为三类：第一类是依靠服务业自我循环累积发展的模式，如纽约、伦敦、巴黎以及我国的香港、北京等，表现为以国际金融中心领衔的综合多元服务中心城市，大多也是世界文化艺术之都，其主导服务产业大多面向全球市场；第二类是与区域制造业紧密融合发展的模式，包括东京、新加坡、芝加哥以及我国的上海等，表现为制造业和服务业均十分发达，服务业的发展主要基于制造业，大多走与区域制造业融合发展之路，谋求在为一个较大区域提供生产者服务中拓展其服务业的发展空间；第三类则是依靠单一服务功能支撑型的微型国际城市发展模式，如日内瓦、布鲁塞尔、蒙地卡罗、澳门等，主要表现为某一类服务具有全球市场，十分发达，但其产业结构较单一，经济稳定性较弱。

（二）广州服务业发展的模式借鉴

结合国家对广州的发展定位和广州自身面临的环境条件，广州未来服务业在发展路径上应重点借鉴上述第二类模式，其依据在于：第一，广州在发展阶段上还处于由工业化后期向后工业化的过渡期，处在服务经济的起点上，制造业尚占有较大比重，基于稳定就业和发挥比较优势的考虑，制造业仍有较大的发展空间，因此，紧密结合制造业的改造提升发展生产服务业，在战略上是可行的也是必然选择；第二，广州在全球城市体系中还处于较低层级，城市综合实力比较有限，而且与上海、北京等城市的国际定位有所不同，广州城市国际化所追求的目标是力争进入全球城市体系中的第二层次——洲际城市，而非以顶级的"全球城市"为目标定位，其服务业主导产业的拓展在可预见的未来很难实现全球化市场，由此走服务业的自我循环发展之路不现实，而应立足于周边庞大的制造业市场，为珠三角国际制造业基地提供专业化的"贴身服务"；第三，由于信息技术的渗透和产业链的不断延伸，制造业和服务业的界线日益模糊，产业融合已成为现代经济发展的新趋势，是现代服务业发展的有效途径，广州服务业发展必须依托于与区域制造业融合。

总之，立足于制造业高端化和区域一体化，走与区域制造业紧密融合发展之路，是广州现阶段服务业发展的必由之路，也是国际服务业中心城市不同发展模式对广州未来服务业发展路径的一个重要启示。

五　区域格局分析与广州服务业发展的路径选择

作为服务业中心城市，广州服务业的发展趋向除了考虑其服务业所处发展阶段及其比较优势之外，还必须放到珠三角竞合格局乃至全国范围内予以考察。

在大珠三角地区，香港长期以来坐拥龙头地位，在高端服务领域占据了绝对优势，澳门依托博彩业成为亚洲娱乐服务中心，深圳依托体制优势在高科技产业方面成为全国的领军城市，并在金融等个别高端服务品种上占据了优势，而珠三角其他二线城市在一般加工制造业和高科技组装业上竞领风骚，同时也开始在一些大型商业项目和专业会展上与中心城市展开激烈竞争。从国内城市发展格局看，同为三大都市圈的核心城市，北京定位于大国首都和全国文化、创新中心，上海是国际金融中心和航运中心，都具有明确的功能特色和产业优势。在这种情况下，广州服务业发展如何定位和突破？这绝不是一个简单的"服务业中心城市"可以解决的，而是一个在具体路径上值得深入探讨的战略性课题。

《珠三角改革发展规划纲要》明确提出："广州新一轮发展目标是建成面向世界、服务全国的国际大都市，广州要着力增强高端要素集聚、科技创新、文化引领和综合服务功能，突出国家中心城市、综合性门户城市和区域文化教育中心的定位，同时，强化广州佛山同城效应，携领珠江三角洲地区打造布局合理、功能完善、联系紧密的城市群，提高广州的辐射带动能力"。这些关于广州未来功能目标和定位的论述，在很大程度上昭示了广州服务业未来发展的功能导向、辐射能级及实现途径。

从全国范围看，北京、上海、广州虽同为区域经济龙头，并都被寄望具备服务全国的能力，但由于行政权限、政策资源及产业基础等不同，广州不可能像北京一样成为全国的金融中心和科技、文化中心，也不可能像上海一样树立国际金融中心的宏伟目标；但广州流通经济相对发达，素有"千年商都"之美誉，拥有"广州服务"、"广交会"等国际知名品牌，是全国最著名的商贸中心，广州服务业发展趋向应立足于这一现实优势。从大珠三角区域看，香港凭借先行一步的优势占据了服务业发展的制高点，特别在国际金融方面，广州还远不能与之争锋，不过，香港缺乏实现制造业高端化所必需的技术积累，加之体制上的阻碍因素，很难对大陆尤其是珠三角制造业给予全方位、时效性、专业化的生产服务。相反，作为新兴的服务龙头城市，广州的最大优势是直接面临一个处于升级转型中的巨型市场——珠三角国际制造业基地，能够从研发、设计、物流、会展、信息、检测等方面对珠三角制造业提供有力支援，而广州庞大的科技资源和处于转型中的工业企业也为其生产服务业的壮大提供了良好条件，这是我们考虑广州服务业发展策略的一个重要基点。

近年来，随着广佛肇、深莞惠、深港一体化等各种级别的区域合作不断推进，珠三角地区正由各自为战的"战国时代"走向"联盟时代"，珠三角大都市圈加速形成。在这一进程中，中心城市服务功能日益突出，逐渐占据现代服务业的制高点，中小城市则趋向专业化，成为先进制造业的主要承担者和部分特色服务的提供者。其中，作为国家中心城市，广州日益发挥着区域经济的龙头作用，一方面，不断进行产业结构升级，使自身成为高端服务及新兴产业的主要引领者；另一方面，顺应圈内生产服务需求不断增长的趋势，通过产业链延伸及融合不断拓展其服务业发展空间，增强对区域产业升级的支撑带动力。由此，广州综合服务功能将进一步凸显。展望未来，广州目前虽然还没有在南中国和珠三角建立"君临天下"的城市地位，但通过参与珠三角大都市圈的各种合作机制和构建跨区域的主导产业链，广州有可能率先在珠三角产业互动融合中积蓄起服务能量，提升其高端产业辐射力，最后逐步上升为珠三角大都市圈未来超越香港的核心城市。

基于以上分析，我们认为，广州未来服务业发展的基本路径是：以增强综合服务功能为核心，以生产服务业为重点，以流量经济为依托，实现与香港的错位竞争，走服务业与珠三角国际制造业互动融合发展之路，在区域一体化基础上推动服务集聚、服务创新和服务接轨，进而扩大服务输出，逐步把广州建设成为对珠三角产业升级具有重大支撑带动作用，对全国服务业发展具有示范引领效应的服务业中心城市。这条发展路径的特点主要有三：一是明确广州未来服务业发展是以培育和强化对外服务能力——综合服务功能为重点，着力发展具有"高增值、广辐射、大控制、强带动"型的高端服务业，这符合国家中心城市的发展定位及要求；二是提出广州服务业发展模式是走与珠三角制造业紧密融合发展之路，这与香港实施的以产业"空心化"为代价的服务业全球化发展之路是完全不同的；三是广州服务业发展以服务于珠三角为基本立足点，渐次向全国乃至国际拓展，在珠三角层面上重在"服务集聚"，以产业集群化提升生产服务业竞争力，在全国层面上重在"服务创新"，以新的服务方式、业态和体制提高"服务全国"的能力，在国际层面重在"服务接轨"，以制度要素创新提高承接国际服务的枢纽城市地位。为有效实施以上发展路径，广州应注意把握以下几个着力点。

（一）扭转政策导向，积极推动各类资源向服务业转移

建设服务业中心城市，首先要建立推动各类资源、要素向服务业领域持续转移的政策机制。为体现城市发展新定位和"以服务业为主导"的产业战略，今后一个时期，广州在宏观政策导向上应进一步突出现代服务业的发展地位，加快落实广州近期出台的关于加快现代服务业发展的决定等一系列政策措施，大力推动土地、基础设施、技术、资金、人才、政策等各类资源向现代服务业集聚。同时，创新服务业资金使用方式，鼓励服务企业投融资模式创新，加快制定进一步鼓励和支持中小企业进入垄断性服务行业的操作办法；实施土地政策创新，推动存量土地发展生产服务业；扩大扶持自主创新的重点领域，明确将知识密集、技术含量较高的服务产品纳入高新技术产业指南和政府采购范围中。

（二）共享制度要素，逐步消除不利于服务输出的区域壁垒

区域经济一体化是中心城市扩大服务输出的有效途径。在珠三角地区，目前主要存在着两大问题：一是珠三角制造业主要以外资经济为主，其生产者服务需求大多主要依赖境外提供和满足；二是珠三角各城市在服务市场准入方面仍存在一定的区域壁垒，包括各地区进入门槛不一、制度要素差异等造成的障碍。珠三角的情况在全国尤其是沿海地区具有一定的典型性。目前，上述第二个问题已在广佛"同城化"合作协议框架下得到了部分的解决，今后，广州要扩大服务输出，还需以广佛"同城化"为突破口，加快制度创新，进一步促进珠三角制度要素的异地共享和区域对接，率先推进服务领域行业资质、技术标准的互相承认，同时，逐步取缔地方垄断经营和指定服务。

（三）引导关联效应，着力强化广州与珠三角产业关联的接口

促进广州与珠三角之间的产业关联，是带动和扩大中心城市服务输出的有效途径。而促进产业关联，就必须找到并努力形成适宜的接口。从实践看，这个接口主要包括以下三方面：一是构建跨区域产业链，大力拓展珠三角生产服务需求；二是共建跨区域的生产服务园区，通过产业集群化形成服务输出的有效载体和成本"洼地效应"；三是共同举办区域性的重大展会活动，利用较高的综合经济拉动效应，带动中心城市旅游、交通、信息、物流、广告、咨询等现代服务业发展。

（四）强化载体建设，依托重点集聚区打造战略性跨区域特色功能中心

以促进功能集聚与产业融合为目标，加快建设现代服务业集聚区。根据现代服务业功能区布局及不同区域的特点，建立有利于产业链网络形成、产业生态系统集成和产业集聚发展的空间布局宏观调控机制，构筑具有独特优势和强大竞争力的服务产业群，增强对外服务能力。加快推进空港经济区、中新知识城、国际商品展贸城等特色功能集聚区建设，积极策划和引进具有战略前瞻性的新兴服务业集聚区，依托重点集聚区，打造南中国的国际航运中心、知识服务中心、生态科技中心等，进一步丰富广州服务业中心城市的内涵。

（五）推动服务创新，提高广州"服务全国"的能力

广州要进一步拓展区外市场，扩大服务半径，切实提高"服务全国"的能力，从长期看必须依靠服务创新，抢占服务业发展的制高点。一是精心打造"广州服务"品牌，深入挖掘"广州服务"的价值内涵，提高广式服务品种和方式的美誉度。二是创新服务业发展模式，特别是创新产业集约发展模式，开展现代服务业集聚示范区建设试点。三是探索管理体制与政策创新，包括门户开放，消除准入壁垒；创新政府对市场的管制方式与服务模式，切实降低中小企业的运作成本等。四是着力推动金融创新，鼓励广州在金融机构、市场、产品等领域进行大胆创新，支持广州构建珠三角金融改革开放实验区。五是创新市场交易平台，把握现代市场体系建设的制高点，积极创办或拓展一批具有全国辐射力的新兴市场交易平台，提高广州对国内服务要素流动的控制力和影响力。

（六）扩大服务开放，提高广州服务业境外拓展能力

服务业中心城市，一般拥有较多的国际资源和服务网络，因此，在以跨国公司为主导的服务业逐渐成为国际产业转移重点的背景下，广州理应成为服务业国际化的排头兵，成为承接国际服务的主要枢纽。为此，广州在充分发挥对外开放优势和符合 WTO 规则的前提下，要进一步创新开放的管理规则，强化开放的政策支持，扩大开放的区域领域，完善开放的法律保障。在区域战略上，以空港经济区和海港经济区为代表，构建服务业扩大开放的示范性载体，探索形成开放型政策体系框架及利用开放机制推动服务业发展的有效模式和手段。同时，发挥毗邻港澳的优势，深化穗港澳经济合作，利用 CEPA 机制，加快建设穗港澳特别合作试验区，通过优势互补形成穗港澳多层次、相互补充的服务市场结构，并借助港澳网络优势拓展广州服务业的境外市场。

参考文献

Fuchs V., *The Service Economy*, National Bureau of Economic Research, 1968.

Michael Eugene Porter, *The Competitive Advantage of Nations*, New York：The Free Press,

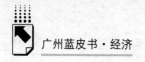

1990. Republished with a new introduction, 1998.

Riddle D. , *Service-led Growth*: *The Role of the Service Sector in the World Development*, Praeger Publishers, 1986.

Sabolo Y. , *The Service Industries*, International Labor Office, 1975.

蔡来兴：《国际经济中心城市的崛起》，上海人民出版社，1995。

陈宪：《国际服务贸易：原理、政策、产业》，上海立信会计出版社，2000年12月。

程大中：《服务业发展与城市转型：理论及来自上海的经验分析》，《中国软科学》2009年第1期。

方远平、阎小培：《1990年代以来我国沿海中心城市服务业特征与趋势比较研究——以北京、上海与广州为例》，《经济地理》2004年第9期。

丰志勇、刘瑞翔、陈燕：《长江三角洲城市服务业竞争力评价研究》，《工业技术经济》2008年第3期。

李江帆：《中国第三产业发展研究》，人民出版社，2005。

李江帆、黄少军：《广州第三产业：与"四小龙"和多国模型的比较》，《开放时代》1998年第1期。

阎小培：《广州第三产业发展变化及空间分布特征分析》，《经济地理》1997年第2期。

郑琴琴：《国际大都市服务业发展研究》，《中国第三产业》2003年第5期。

周振华：《城市综合竞争力的本质特征：增强综合服务功能》，2001年4月8日《开放导报》。

周振华：《上海现代服务业发展的关键节点》，《经济动态》2005年第3期。

周振华：《现代服务业发展研究》，上海社会科学院出版，2005。

Development Characteristics and Path Selection of Guangzhou as the Service Center City

Zhang Qiang   Zhou Xiaojing

Abstract: As one of the national central cities, with its big step towards a service center city, Guangzhou has entered the "service economy" period. We focused on and discussed the development path of service industries of Guangzhou from the aspects of industrial structure, market dynamics and consumer trends to identify the development characteristics of this service city, furthermore we studied the international experience as well as regional analysis. This paper argues that, as a service center city, the core mission of Guangzhou is to enhance the comprehensive service functions in the development of its future services, to focus on its producer services, relying on its advantages of flow economies of scale to achieve the dislocation competition with Hong Kong, take the service and the Pearl River Delta Interactive integration of international manufacturing development, and based on service aggregation and service innovation to improve regional integration and outreach its services, gradually into the Pearl River Delta and give great support in industrial upgrading, promoting national development and progress of service sector.

Key Words：Guangzhou；Service Center City；Development Characteristics；Path selection

B.8
广州金融业发展趋势及问题研究

广州市统计局课题组*

摘　要：金融是现代经济的核心。本文利用2008年和2004年广州市两次全国经济普查翔实的数据资料，对广州金融业发展状况进行对比研究，把握发展趋势，并通过与国内主要城市的对比，分析存在的问题，提出针对性发展对策。

关键词：广州　金融业　对比研究

近年来，广州市委、市政府以科学发展观为引领，不断开放与创新，加大金融业支持力度，促进了金融业的平稳快速发展，区域性金融中心的地位进一步强化。本文利用2008年和2004年广州市两次全国经济普查翔实的数据资料，对广州金融业发展状况进行对比研究，把握发展趋势，并通过与国内主要城市的对比，分析存在的问题，提出针对性发展对策。

一　广州金融业发展趋势和特点

广州金融业保持了又好又快的发展态势。作为着力打造区域金融中心的重要地区，面对复杂多变的国际经济形势，广州金融业逆势而上，2008年金融业在总量规模、竞争实力、金融市场、对外开放等方面与2004年相比，都有了大幅地提升。

（一）金融业发展加快，支柱地位日益提高

作为广州市的新兴服务业，金融业已经成为广州市第三产业中快速发展的新

---

* 课题组组长：王旭东，广州市统计局局长；课题组副组长：李华，广州市统计局副局长；课题组成员：冯俊、林伟红；执笔：林伟红。

亮点。2005～2008年，金融业增加值的年均增速达18.9%（可比价增速），比第三产业增加值的年均增速高出了4.4个百分点，在第三产业各行业中，金融业年均增速是最快的。金融业增加值占第三产业增加值的比重逐年上升，对广州经济的贡献也在逐年加大。2008年经济普查数据核算结果，广州市第三产业实现增加值4890.33亿元，其中金融业实现增加值446.27亿元，占第三产业的比重为9.1%，比重较2004年经济普查提高了2.2个百分点；2008年经济普查与2004年经济普查数据对比显示，金融业增加值占GDP的比重由2004年的3.9%上升为2008年的5.4%，比重提高了1.5个百分点（见表1）。从2007年开始，金融业已成为广州市国民经济的支柱行业。

表1　2004～2008年金融业增加值情况

单位：亿元，%

年份	金融业增加值	增速	占GDP的比重	占第三产业增加值比重
2004	174.95	5.4	3.9	6.9
2005	199.26	12.3	3.9	6.7
2006	253.33	24.9	4.2	7.2
2007	382.22	45.6	5.4	9.2
2008	446.27	10.3	5.4	9.1

（二）金融市场体系不断完善，金融组织体系不断壮大

近年来，广州市委、市政府先后制定出台了《广州市支持金融业发展意见的若干实施细则》和《广州市金融业发展专项资金使用管理办法》等一系列推动金融业发展的政策，提出引进金融机构、金融人才和建设珠江新城金融商务区等一系列政策措施，有效促进了广州地区金融业的稳定发展，形成了一个以银行业为主导，证券、期货、保险、信托等行业逐步发展，其他相关金融配套行业为补充，门类齐全、功能完善的多元化金融市场体系。同时，广东银监局、广东证监局、广东保监局和人民银行广州分行共同构成"一行三局"的金融调控监管体系日益完善，为广州地区金融业的稳健发展和金融风险的有效防范发挥了重要作用。金融市场主体也不断壮大，各类金融机构数量不断增加，形成了银行和非银行、中资和外资金融机构共同发展的格局。2008年经济普查数据显示，广州金融业单位共有3290个，比2004年经济普查数据增加了339个。其中，全市共

有各类金融机构法人单位279家，其中，银行机构54家，证券、期货及基金管理公司15家，保险公司50家，保险中介法人136家，其他金融机构（信托、财务、典当、投资、咨询等）24家。金融机构网点密度高，全市各类金融机构营业网点3011个，按常住人口计算，平均3300人就有一个服务网点。

（三）金融业资产总量大幅增长，整体实力明显增强

从资产规模上看，2004年经济普查，广州市金融业资产总量为17961.52亿元；2008年经济普查，已达22324.77亿元，增长24.3%。金融业资产在全市第三产业资产中所占比重最高，达44.9%。同时资产质量也不断提高，广州市银行业不良贷款率已从2004年的11.6%左右下降到目前的2.6%左右，其中已股改国有商业银行平均不良贷款率仅为1.8%左右，已经达到或接近国际先进银行的平均水平。

（四）金融业业务不断扩大，总量位居前列

2008年，广州市金融机构面对全球金融危机，在国家适度宽松货币政策的引导下，金融机构积极拓宽业务，增加信贷投放，信贷市场规模持续扩大。2008年末，广州市金融机构本外币各项存款余额16929.47亿元，比2004年末增长64.0%，年均增长12.6%；本外币各项贷款余额达11079.55亿元，比2004年末增长53.8%，年均增长10.7%（见图1）。各项存贷款余额列北京、上海之后，居全国第3位；同时，保险市场的规模实现了稳步增长。2008年保费收入突破

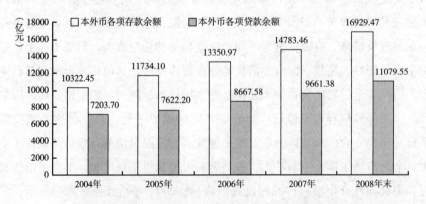

图1　2004～2008年末广州地区金融机构存贷款余额

300 亿元（见图2），继续稳居广东省第一，总量优势进一步扩大，保费收入连续五年保持两位数增长，2008 年增速分别比北京、上海、深圳高 15.36 个、6.68 个、1.92 个百分点。保险深度为 3.7%，保险密度为 3059 元，仅次于北京、上海。

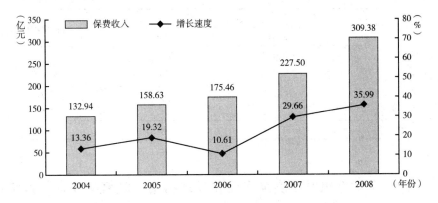

图2 2004~2008 年广州地区保费收入及增长速度

说明：a. 保险深度是指保费收入占本地当年 GDP 的比例；
b. 保险密度是指人均保费收入。

（五）银行业主导格局不变，证券保险业比重提升

按照国民经济行业大类分析，在 2008 年广州金融业总资产 22324.77 亿元中，银行业以 20626.89 亿元的总资产在全市金融业总资产中占 92.4%（见表2），占据绝对的主导地位，银行业营业收入 1704.22 亿元，利润总额 235.92 亿元，也都远远高于其他金融行业。银行业金融机构所创造的增加值在金融业增加

表2 2004 年与 2008 年全市金融业资产规模对比

单位：亿元，%

行业分类	资产总计		增长
	2004 年	2008 年	
银行业	16825.47	20626.89	22.6
证券业	183.39	658.64	2.6 倍
保险业	238.77	576.37	1.4 倍
其他金融活动	713.88	462.87	-35.2
合　计	17961.52	22324.77	24.3

值中同样占据绝对优势，2008 年银行业实现增加值 365.39 亿元，占全市金融业增加值的 81.9%（见表 3）。

表 3　2004 年与 2008 年全市金融业增加值对比

单位：亿元，%

行业分类	金融业增加值		可比价增速
	2004 年	2008 年	
银行业	167.4	365.39	92.7
证券业	−2.6	57.79	21.2 倍
保险业	9.9	22.52	57.7
其他金融活动	0.25	0.57	−44.8
合　计	174.95	446.27	1.3 倍

（六）金融组织类型突显多元化发展格局，私营、外资法人单位增长较快

2008 年末，全市金融业法人单位 279 家，较 2004 年末增加 73 家。按经济类型分，国有企业单位数比 2004 年末仅增加了 1 家；但私营企业、外资企业、有限责任公司、股份有限公司、港澳台资企业单位数则分别增加了 35 家、31 家、12 家、12 家和 3 家等；而集体企业单位数则比 2004 年减少了 16 家（见表 4）。目前，广州市农行、建行、工行、中行、交行已全部完成改制并上市，金融体制的

表 4　金融业法人单位按登记注册类型分类

单位：家

金融业按登记注册类型分类	2004 年末法人单位数	2008 年末法人单位数
总　　计	206	279
其　中：国有企业	24	25
集体企业	23	7
股份合作企业	1	0
联营企业	4	0
有限责任公司	32	44
股份有限公司	30	42
私营企业	65	100
港澳台资企业	4	7
外资企业	23	54

改革，使金融机构呈现国有银行、股份制银行、保险公司、信托投资公司等多种金融机构并存，多元化发展格局；投资方式由单一的银行贷款转为金融机构贷款、债券融资、保险投资等多元化方式，对金融业发展起到了重要促进作用。从2008年经济普查情况看，在全市279家金融业法人单位中，私营保险中介及外资企业单位不断涌现，近两年新成立企业就有81家，其中新增保险公估及代理公司增加最多，有57家；外资企业中则以商业银行增加较多。

（七）金融业开放水平逐步提高，国际化特征日趋明显

广州作为全国金融业对外开放最早的地区之一，经过近30年的发展，金融业初步形成多层次、宽领域的对外开放格局，开放水平不断提高，区域化、国际化特征日益明显。区域金融中心的地位不断加强，服务范围辐射华南，与港澳乃至亚洲各国的金融合作不断深化，同欧美金融机构的交流与合作不断加强。目前，欧、美、亚等各大洲多家外资金融机构进驻广州，外资在广州市金融领域已经开始崭露头角。从2008年经济普查数据来看，2008年末在广州市已开展金融业务的外资及港澳台资金融机构（不包括保险辅助服务）和代表处68家，其中外资银行24家、外资保险公司22家、外资银行代表处16家、外资保险公司代表处4家，外资证券公司代表处2家。外资金融企业资产总计达到717.35亿元、实现净利润5.19亿元、从业人员达2.02万人。

（八）金融业从业人员规模扩大，整体素质不断提升

2008年经济普查资料显示，金融业从业人员数为10.79万人，比2004年经济普查数据增加了3.04万人，增长39.2%。其中，银行业从业人员数为5.21万人，保险业从业人员数为5.22万人，证券业从业人员数为0.29万人。从业人员的结构由银行业人数最多转变为银行业与保险业平分秋色，保险业从业人员占全市金融业单位从业人员的48.4%；银行业占48.3%；证券业和其他金融单位只占3.3%（见表5）。2008年经济普查资料显示，金融业从业人员的文化程度相对较高，本科及以上文化程度从业人员的比重达35.9%，远高于第三产业从业人员中本科及以上文化程度从业人员的比重24.1%。其中，具有研究生及以上学历从业人员占金融业从业人员总数的4.2%，大学本科占31.7%。与2004年经济普查数据相比，本科及以上学历人员比重提高幅度明显，从29.6%上升到35.9%，上升了6.3个百分

点。大专及以下学历从业人员比重下降（见图3）。本科及以上文化程度的金融业从业人员主要分布在银行业，大专及以下的金融业从业人员主要分布在保险业。

表5　2008年末金融业从业人员构成

单位：人，%

类　别	从业人员		研究生及以上		大学本科		大专及以下	
	数量	比重	数量	比重	数量	比重	数量	比重
银　行	52114	48.3	2704	59.4	21477	62.8	27933	40.4
保　险	52214	48.4	897	19.7	11169	32.6	40148	58.1
证　券	2911	2.7	857	18.8	1260	3.7	794	1.1
其他金融	707	0.6	94	2.1	292	0.9	274	0.4
合　计	107899	100	4552	100	34198	100	69149	100

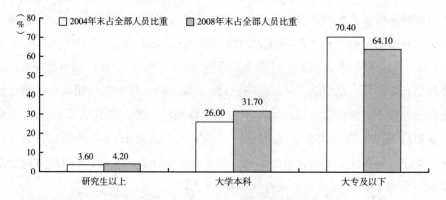

图3　2004年与2008年金融业从业人员学历构成对比

二　广州金融业发展存在的问题

从整体状况来看，广州金融业对广州市经济的支持力度日益增强，但与广州市现阶段经济发展水平仍不相适应。与国内主要城市相比，仍然存在一定的差距。

（一）金融业增加值占GDP比重偏低，金融总部建设相对滞后

2008年，广州市金融业增加值446.27亿元，占GDP比重虽然从2004年的3.9%上升至2008年的5.4%，但上升的过程比较缓慢，金融业增加值中所占GDP比重远低于北京、上海和深圳，他们已分别达到14.2%、10.5%和13.0%。

广州作为华南地区重要的中心城市，金融发展与我市现阶段经济发展水平极不相称。近年来，虽然广州市陆续出台了《关于大力发展广州金融业的意见》等有关支持金融业发展的一些政策，但从 2008 年经济普查资料来看，总部设在广州的金融企业偏少，尤其是保险公司只有（信诚人寿保险公司）1 家法人在广州注册，相关的金融服务实体，如汽车金融公司、企业集团财务公司和金融租赁公司的法人机构在广州设立区域总部也不多，总部经济建设滞后，导致做大做强金融业的规模，存在一定的难度。

（二）金融业发展不平衡

首先是地区分布不平衡，2008 年经济普查资料显示，全市 279 家金融法人单位主要集中分布在天河区、越秀区，上述两区占全市金融业法人单位的 87.1%，而南沙、从化尚无法人机构，这种情况一定程度上影响了广州金融的整体服务水平。其次是行业发展不平衡，目前广州金融业中银行业较为发达，非银行金融机构有待发展。2008 年银行业增加值 365.39 亿元，占金融业增加值的 81.9%，占据了绝对比重，而保险业的保费收入虽然位居全省首位，但其增加值只占金融业增加值的 5.1%，证券业只占金融业增加值的 12.9%，这种状况不利于广州区域性金融中心地位的增强。

（三）金融业国际化程度不够

作为中国改革开放最早的城市之一，广州的经济发展、城市建设完全不逊色于其他中心城市，但金融业国际化程度仍然不够。目前，广州虽然有 68 家外资金融机构，但离国际化的区域性金融中心的要求尚有很大差距。外资金融机构业务单调，没有真正形成良性竞争。外资机构从事境内业务受到诸多限制，且主要精力放在境外和离岸业务方面。国内金融机构对境外业务和离岸业务不甚熟悉，以境内及人民币业务为主，而且外汇存贷款业务量较小，只有招商银行这一家国内银行开展离岸业务，业务量亦可谓是微不足道。

（四）高层次、国际化的金融人才相对缺乏

金融业的竞争实质上是金融人才的竞争，高层次金融人才的不足一直困扰着广州。目前广州市金融企业从业人员 10.79 万人，本科及本科以上学历从业人员 3.88

万人，占35.9%，低于北京和上海。广州金融业日趋开放，金融机构、业务总量在不断壮大，对高端金融人才的需求自然就非常迫切。当更多元化的金融产品开发出来，对人才的素质要求自然就更严格。广州市委、市政府在引进金融人才上也做出了很多努力，比如落户政策的倾斜等，但高层次、国际化的金融人才仍相对缺乏。

三 对广州金融业发展的建议

发展金融业是建设首善之区的重要保障。金融作为经济社会发展中渗透最广泛的推动力量，必然要求广州市金融业提升金融服务质量，扩大金融规模，提高金融业在经济增长的份额，进一步发挥金融的支撑带动作用。

（一）积极引进金融机构总部落户广州

广州要做大金融业规模，引进金融机构总部是关键。目前，国内主要城市金融业竞相发展，纷纷出台支持金融业总部发展的政策措施。广州市要从引进外资、吸引回迁、自设总部等方面着手打造金融总部经济，进一步加大金融招商力度，完善激励政策，改进行政服务，营造良好环境，吸引更多金融机构及其附属机构进驻广州，促进金融机构的集聚发展。众多金融机构聚集发展是金融中心形成的基础，一个经济中心城市聚集金融机构的数量、类型、实力决定着这个城市金融业的规模、效率和影响力。积极推动金融机构在金融商务区等重点区域聚集发展，塑造金融中心的品牌形象，不断增强金融中心的集聚力、辐射力和竞争力。

（二）不断加强金融产业与其他产业的融合，扩大和提升广州金融业的规模和质量

以落实《珠三角规划纲要》为契机，全面加快广州区域金融中心建设的步伐。金融业的发展可以为新兴产业的发展、传统产业升级改造、优势产业做大做强提供有力支持。积极推动金融服务产业与其他产业的融合，在支持其他产业发展的同时实现广州金融服务产业的自身发展。在国家政策允许范围内，银行、证券、保险等机构可以开展相互之间的业务合作，积极研发、引进国外通用的金融业务、金融创新工具，满足外资企业不断增加的金融服务需求，适时为广州外向型经济的进一步发展提供有力金融支持。

（三）完善多层次金融资本市场体系，稳步推进证券、保险等非银行业金融机构发展

目前，广州市金融业增加值主要集中在传统的银行信贷业务上，证券、保险、票据、租赁和期货等业务规模相对较小，对金融业增加值的贡献还十分有限。因此，在继续发展银行业的同时，更加注重发展证券期货、保险、信托、融资租赁等业务，对提升金融业整体发展水平十分必要。要壮大发展和利用资本市场，大力推动大型国企和优质中小企业上市，加大扶持力度，提供优质资源和重点项目，推动其通过资源整合做大做强；支持上市公司充分利用资本市场的筹资功能并扩大直接融资规模，打造证券市场的"广州板块"。

（四）优化金融生态环境，促进经济社会协调发展

建立在良好金融生态环境基础上的金融业，能够更有效地配置金融资源，有力地促进经济的发展。加快建立社会征信制度，增强全社会的信用观念，完善信用体系建设，有效防范信用上的不良行为。加强保护金融权益的法制建设，解决好金融维权案件审判难、执行难的问题，切实保护金融企业的正当权益。银行、税务、工商、审计、司法等部门要互相支持，疏通信息渠道，尽快建立起企事业单位、个人信用记录数据库，实现信用信息全社会的共享和运用，营造良好的金融生态环境，促进广州市经济社会协调发展。

（五）优化信贷结构，贷款投向多元化分布

在贷款投向上，既重点支持大企业，也要注意规避和化解风险。针对当前信贷投放行业集中度过高的现状，商业银行需采取相应措施保证信贷合理投向，以便防范和化解信贷资源在某些行业过度集中带来的行业系统性风险。同时为中小企业的发展营造出良好的融资环境，给中小企业提供全方位的融资支持服务，有效地支持中小企业的发展。

（六）加强穗港澳金融合作，全面推动广州金融业发展

广州与香港、澳门相邻，与港澳建立区域间金融交流合作机制、吸引香港金融机构在广州设立分支机构或区域总部、引进先进经营管理经验等方面具有得天

独厚的优势，提升穗港金融业发展水平和国际竞争力。要大力引进和支持有实力的香港金融机构参股广州地方金融机构，深化与香港联合证券交易所的合作，推动广州地区企业赴港上市，通过香港从国际市场融通资金，为香港金融机构进入内地市场提供发展平台。通过穗港金融合作，实现金融政策相互协调、金融人才相互流动、金融信息相互共享，提高金融资源配置的效率和水平优势互补，共同促进两地的发展。广州市缺乏高层次、国际化的金融专业知识人才，要充分利用发挥港、澳资金、人才、管理、技术等优势，推动广州地方金融机构加快发展。

（七）加快珠江新城金融商务区和广州金融创新服务区建设

落实金融机构进驻珠江新城金融商务区奖励、办公用房补贴等优惠政策，做好招商引资工作，吸引更多国内外金融机构总部、地区总部进驻，引导金融机构集聚发展，增强金融集聚辐射力。充分发挥和利用广州开发区的产业优势和创新活力，规划建设生态优美、充满活力的金融创新区，设立金融创新研发平台，积极开展创新研究和金融业务创新试点；引导国内外金融机构在广州金融创新服务区集中开展金融后台业务，承接国内外金融机构外包业务。将广州金融创新服务区打造成金融产品创新和金融服务创新的基地，与珠江新城金融商务区形成相互支持、联动配合的发展格局。

Trends and Problems
in Guangzhou Financial Industry

Research Group of the Bureau of Statistics of Guangzhou

Abstract：Finance is the core of modern economy. In this paper, we make a comparative study of financial industry in Guangzhou with 2008's and 2004's census data. Through this, we can grasp its trends better. At the same time, by comparison with the major cities and analysis the problems before us, We propose some targeted strategy in order to make our financial industry have a better prospects.

Key Words：Guangzhou；Financial industry；Comparative Study

B.9
广州生产性服务业的发展战略与对策

——基于客观数据的定量分析*

符淼　冯琴**

摘　要：本文用定量方法估计了广州生产性服务业的比例、服务业各行业的经济贡献率、行业增加值的增长率、从业人数增长率、就业弹性、空间分布的区位熵和区位基尼系数、各行业的劳动生产率、劳动生产率的增长率以及各行业服务需求的收入弹性和价格弹性。根据这些定量指标，分析生产性服务业各行业的优、劣势之所在，并进行横向比较，进而提出广州生产性服务业的发展战略与对策。

关键词：生产性服务业　发展策略　定量分析　广州

自 20 世纪以来，服务业因其对国民经济的突出贡献，尤其是其在大都市经济结构调整和空间重组中起到的重要作用，成为世界各大城市关注的新亮点。一方面，它在国民经济中的比重呈现出不断上升的趋势，在大部分现代化城市中已远远地超过制造业的比重；另一方面，它在提高国民经济增长效率和增长质量方面发挥了重要的作用。代表现代服务业的生产性服务业的扩展成为各发达国家大城市经济增长的显著特征，成为各国经济最具活力和增长最快的部门。因此，在未来的国际和国内市场中，城市竞争的焦点将由货物贸易为核心转向以金融、电信、咨询、法律等为代表的服务业尤其是生产性服务业为核心，各城市服务业特别

---

* 基金项目：广州市社会科学界联合会第十次（2008 年度）资助社会科学研究项目（08SKLY39）。
** 符淼，广东外语外贸大学经贸学院和国际经贸中心副教授，硕士生导师，数量经济学博士，主要从事计量经济学、区域经济学和环境经济学的研究；冯琴，广东科贸职业学院商贸系助教，主要研究方向为国际贸易。

是生产性服务业发展的水平和状况将决定该城市在国际和国内市场的竞争力。

改革开放以来，广州的产业结构发生了巨大的变化，2009 年广州三次产业结构为 1. 89∶37. 26∶60. 85。农业对 GDP 的贡献率已经很低，制造业的贡献基本稳定，今后推动广州经济增长的主动力主要来自服务业。第三产业不但发展迅速，其内部结构也在不断优化。生产性服务业的发展，充实了广州作为珠江三角洲中心城市的服务功能。然而，服务业占 GDP 的比重还有待提高，在 20 世纪 90 年代中期，伦敦、东京、纽约、香港等国际性大都市的服务业比重就已超过 70%。不仅如此，在广州服务业内部，一些传统行业以及较低技术水平的服务业占据相当大的比重，而金融保险、物流会展、会计咨询、研发等面向企业为主的高附加值生产性服务业比重还比较低。面对当前依然存在的全球性金融危机，作为一个出口依存度极高的城市，广州面临严峻的考验。从技术含量高的生产性服务业寻找出路，是获取长期稳定发展的重要渠道。本文将对广州统计数据进行定量分析，发现广州生产性服务业的优、劣势并探讨相应的发展战略和对策。

一　生产性服务业的内涵及其对广州经济发展的贡献

Greenfield（1966）提出，生产性服务指企业、非营利组织和政府主要为生产者而非最终消费者提供的服务产品。Grubel and Walker（1989）进一步指出，生产性服务业以知识密集型人力资本作为主要的投入形式，他们的发展可以促进生产专业化，扩大资本密集型与知识密集型生产，提高产业的生产率。Martinelli（1991）指出，生产服务业包括与资源分配和流通相关的活动（如银行业、金融业、猎头、培训等），与产品和流程设计以及创新相关的活动（如研发、广告、设计、工程等），与生产组织和管理相关的活动（如信息咨询和处理、财务、法律服务等），与生产本身相关的活动（如质量控制、维持和售后等），以及与产品推广和销售相关的活动（如运输、市场营销、广告等）。国内学者闫小培（1999）结合我国数据的统计情况和与国际惯例，建议我国生产性服务业应包括金融保险业、房地产业、信息咨询服务业、计算机应用服务业、科学研究与综合技术服务业，这些行业的主要特点是：服务产品作为"中间投入"，信息知识和技术相对密集，不直接参与生产或物质转化，但它的中间功能却提高生产过程中不同阶段产出的价值和运行的效率。

基于以上定义和思路，我们依据广州经济普查数据中的法人数据，估计出服务业各行业中生产性服务业和生活性服务业的比例（见表1）。从整体上看，58.36%的服务业为生产性服务业。从细分行业看，如果将生产性服务比例大于50%的服务行业视为生产性服务业，则交通运输、仓储和邮政业（简称交通邮政）、信息传输、计算机服务和软件业（简称信息技术）、批发零售、金融、租赁和商务服务业（简称商务服务）、科学研究、技术服务和地质勘察业（简称科技服务）可视为生产性服务业。如果将居民住宅的购置当成投资的话，则房地产业中生产性服务的比例将显著提高，也可算作生产性服务业。除了卫生、社会保障和社会福利业（简称卫生福利）外，其他主体为生活性服务的行业，如住宿和餐饮业、居民服务和其他服务业（简称居民服务）、教育、文化、体育和娱乐业（简称文体娱乐）中均包含生产性的服务内容，如住宿餐饮包括商务和公务的住宿和餐饮，居民服务中包含了办公设备的维修保养以及建筑物的清洁，文体娱乐中的出版和电视广播等可包含企业的宣传和广告。教育是比较难以界定的行业，其职业技能培训可视为严格的生产性服务，而其他国民教育，既可视为替生产性企业培养人才，也可作为居民的教育消费，因此我们给了50∶50的比例。

表1　服务业各行业中生产性服务业和生活性服务业的比例

单位：%

类　　别	生产性服务	生活性服务
交通运输、仓储和邮政业	76.03	23.97
信息传输、计算机服务和软件业	57.05	42.95
批发和零售业	65.59	34.41
住宿和餐饮业	30.21	69.79
金融业	54.04	45.96
房地产业	36.72	63.28
租赁和商务服务业	99.74	0.26
科学研究、技术服务和地质勘查业	100	0
居民服务和其他服务业	24.81	75.19
教育	50	50
卫生、社会保障和社会福利业	0	100
文化、体育和娱乐业	14.12	85.88
合　　计	58.36	41.64

说明：根据《广州市第一次全国经济普查年鉴2004》估计得到。

综合上面的分析，在后面的论述中，我们并没有因为某些服务行业主体为生活性服务而忽略它们。考虑到这些行业含有生产性服务，在给出分析结果后，我们将有侧重地从生产性服务的角度讨论这些结果。

（一）生产性服务业对经济增长的直接贡献

作为华南地区的政治、经济和文化中心的广州，正处在经济结构转型的重要时期，处于确立城市地位的关键时刻，需要全面提高城市的综合竞争力和现代化水平，加强对泛珠江三角洲集聚辐射功能。其服务业发展的水平，将直接影响到其核心城市的地位。在 OECD 国家中，生产性服务不仅是服务业中最大的组成部分，而且也是增长最快的组成部分（Grubel and Walker，1989）。Coffey（2000）的研究表明，生产性服务业是二战之后发达国家增速最快的部门，在促进经济转型方面，生产性服务业起着战略性的作用。服务业对广州经济发展的贡献同样不容忽视。从三次产业对广州经济增长的贡献来看（见图 1），在 2000 年前，广州的经济增长主要靠第二产业拉动，2000～2004 年为过渡时期，随着第二产业的外移和第三产业的发展，2004 年后第三产业开始超过第二产业，并开始戏剧性的大踏步前进，至 2009 年，第三产业对经济增长的贡献率已由 2004 年的 50.6% 飞跃到 2009 年的 68.1%。2009 年的数据也告诉我们，第三产业对经济增长的贡献率高于它在产值中的比例（60.85%），是相对高效的部门。

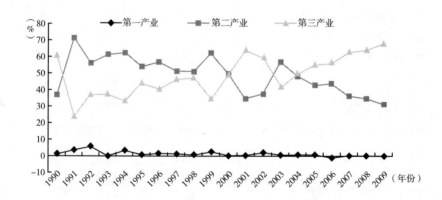

图1 三次产业对广州历年生产总值增长的贡献率

数据来源：《广州市统计年鉴 2010》。

为了观察 2004 年后究竟是服务业中哪个细分行业在贡献率飞速增长中发挥作用，图 2 给出了服务业内部各行业增加值占第三产业增加值的比例。经仔细观察可以发现，个别传统服务业如交通运输业的份额在不断减少，但依然占着较大的份额。信息产业虽然是新兴产业，但是所占份额并没有明显增加。对产值增长贡献最大的，一是批发和零售业（商贸）；二是商务服务；三是金融和房地产，两者基本保持同等的增长率。科学服务虽然有所增长，但份额依然不足。公共管理、教育和卫生等领域的份额基本保持稳定。

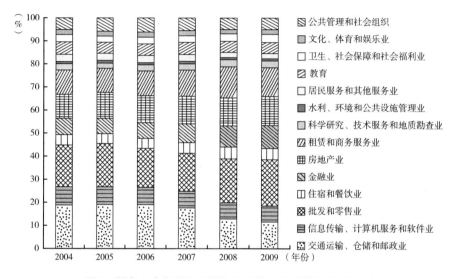

图 2 服务业内部各行业增加值占第三产业增加值的比例

贡献率第二的商务服务是一个值得注意的行业。商务服务包括企业管理服务、法律服务、咨询与调查服务、广告业、知识产权服务、职业中介等专业性很强的部门。该行业中生产性服务的比例接近 100%，除了它所包含的文化音像制品租赁偏向生活性服务，其他都属于生产性服务。从 2004 年到 2009 年，商务服务的增加值从 267 亿元增加到 688 亿元。商务服务业的快速发展说明产业分工进一步强化，越来越多的企业将外围业务或专业性较强的业务外包，以集中资源来提升企业核心竞争力。商务服务业的发展起到了黏合其他行业的作用，它的发展将有助于产业的集聚和成本的降低。金融业和房地产基本同步发展说明金融业对房地产业的依赖性较强，这是一个值得注意的地方。

从服务业各行业增加值的横向比较来看（见表 2），广州第三产业增加值占

GDP 的比例略高于上海，但低于北京；在交通邮政和商务服务领域广州优于其他两个城市，但在金融业、科技服务业方面则处于明显劣势；在信息技术方面不如北京。

表 2　服务业各行业增加值占第三产业增加值比例的横向比较

单位：%

城　市	第二产业	第三产业	交通邮政	信息技术	批发零售	住宿餐饮	金融业	房地产业
广州市	37.26	60.85	11.61	7.00	20.21	4.74	9.92	12.69
北京市	23.50	75.53	6.06	11.62	16.61	2.86	17.47	11.58
上海市	39.89	59.36	7.11	6.74	24.45	2.67	20.20	13.86
城　市	商务服务	科技服务	水利环境	居民服务	教育	卫生福利	文体娱乐	公共管理
广州市	12.38	2.98	0.95	2.18	4.70	3.57	2.18	4.89
北京市	8.82	8.90	0.73	0.81	4.84	2.32	2.82	4.56
上海市	7.19	4.09	0.50	1.76	4.23	2.55	0.98	3.67

说明：表中第二产业和第三产业指占 GDP 比例。

资料来源：据 2010 年《北京市统计年鉴》、2010 年《上海市统计年鉴》和 2010 年《广州市统计年鉴》估计得到。

（二）就业贡献

随着产业结构的调整，在第一、第二产业向外转移富余劳动力之时，第三产业已经成为广州吸引劳动力就业的重要渠道。改革开放 30 多年来，由于广州经济持续高速增长，吸引了大量的外来劳动力，从业人数从 1978 年的 267 万人增加到 2009 年的 739 万人，31 年间净增 470 万就业人口，其中第三产业的从业人口从 1978 年的 65 万增长到 2009 年的 362 万，占总从业人员比例由 1978 年的 24.3% 增长到 2009 年的 49%。可见第三产业在吸纳就业人口方面起了重要作用。但是，我们也可以看出，49% 的从业人员比例低于第三产业增加值占 GDP 60.85% 的比重，因此，第三产业从业人口的比例并不像有的学者预想的那样乐观，即第三产业对就业人口的吸纳能力并不比第二产业强。为探讨其原因和分析结构特点，我们计算了服务业内部各行业的从业人数增长率以及就业弹性（见表 3）。

表 3 中的行业就业弹性系数是该行业从业人数增长率（L 增长率）与该行业增加值增长率（Y 增长率）的比值。即增加值每增长 1 个百分点带动就业增长的百分点，系数越大，吸收劳动力的能力就越强，反之则越弱。由表 3 可知，第

表3 服务业各行业增加值增长率、从业人数增长率和
就业弹性（2005～2009年平均值）

单位：%

类　别	第二产业	第三产业	交通邮政	信息技术	批发零售	住宿餐饮	金融业	房地产业
Y增长率	11.73	15.95	5.89	13.54	18.81	16.94	25.26	20.37
L增长率	7.78	8.04	6.31	8.66	8.49	4.88	5.01	8.83
就业弹性	0.664	0.504	1.071	0.640	0.452	0.288	0.198	0.434
类　别	商务服务	科技服务	水利环境	居民服务	教育	卫生福利	文体娱乐	公共管理
Y增长率	20.23	18.96	15.40	7.65	13.42	19.59	17.55	15.43
L增长率	11.19	43.10	6.95	12.95	4.67	6.31	5.46	5.36
就业弹性	0.553	2.273	0.451	1.692	0.348	0.322	0.311	0.348

资料来源：根据《广州统计年鉴》（2005～2010年）估计得到；增加值增长率的计算已排除物价变化因素影响。

三产业的增加值增长率高于第二产业，但是从业人数的增长率却接近第二产业，导致就业弹性低于第二产业。如果将就业弹性大于第二产业的0.664的服务行业称为富有弹性的服务行业，则交通邮政、科技服务、居民服务是就业富有弹性的，它们的就业弹性不但大于第二产业，而且都大于1，说明增加值增长率每增加一个百分点，可以吸纳超过一个百分点的从业人员。其中交通邮政和科技服务是生产性服务业。另外，信息技术、批发零售、商务服务等生产性服务业的就业弹性也较大，这说明，作为新兴有活力的产业，生产性服务业在推动经济的发展的同时，对缓解就业压力、提高就业水平也起到积极的作用。这与Daniels et al.（1993）的研究结果是一致的，他认为在大部分经济体系中，生产性服务业是就业增长最快的部门。

批发零售业依旧是值得关注的行业，它不但规模大，而且增加值增长率高、就业弹性适中。2009年，批发零售业的从业人数占整个第三产业的34%，是服务业中从业人数最多的行业。金融、卫生福利、文体娱乐和公共管理业的增加值增长率较高，但就业弹性偏低，主要是因为这些行业的从业门槛较高。住宿餐饮的从业人员波动较大，个别年份甚至在下降，就业弹性也偏低，属于饱和的传统服务业。一般饱和的传统行业的就业弹性都不高，有的传统行业甚至开始萎缩，这时就业弹性为负，如2005～2009年间，第一产业的增加值增长率为6.2%，从业人数增长率为−2.4%，就业弹性为−0.387。

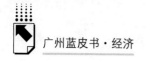

（三）扩大市场和提升城市功能与环境

生产性服务业内部各部门在扩大国内外市场方面发挥着重要作用。研究开发部门开发出占领新市场的创新产品，金融部门为产品的研发、生产和推广提供资金，租赁部门为各种运作提供必要的设备，教育部门为企业提供人才，商务服务行业中的市场调查和营销推广部门则直接作用于产品的推广，批发和零售部门负责产品的分销，交通部门实现实际的商品运输。可以说，离开生产性服务业，大部分企业寸步难行。因此，生产性服务的发展有助于扩大当地企业的市场辐射范围。根据阎小培和钟韵（2005）的研究结果，广州生产性服务业的主要辐射范围为广东省，大部分生产性服务业80%的客户分布在广东省内，其中30%在广州，25%分布在广州以外的珠三角地区。

从城市功能和环境的角度看，高端的生产性服务业的集聚可以改变相关城市的城市体系，使得核心城市地位更加的突出。生产性服务业的污染物排放量远低于工业，有的行业甚至为零排放的绿色产业；生产性服务业由于其知识和技术密集特点，需要较少的办公空间，无须厂房和大型设备，可以从容利用城市空间，减少对城市土地的需求；生产性服务由于其行业特点，更注意外观形象的包装；生产性服务业具有更高的经济运行效率。因此，生产性服务业不但可以提升城市功能，还可以改善城市环境，提高居民生活质量。

二 广州生产性服务业的区位集聚程度

生产性服务业的区位选择模式主要体现为集聚，这样有利于信息的获取和共享、成本的节约和专业人才的搜索。尽管服务业就业人口呈不断上升的趋势且遍地开花，但是生产性服务业，尤其是提供跨区域甚至跨境服务、规模大、有潜力且可带来高收入的生产性服务业则多数集中在大都市的主要集聚区内（Beyers，1989）。这些高端生产性服务业的集聚可进一步促进其他高价值产业的集聚，形成良性循环。如伦敦、纽约、巴黎、东京等国际化大都会日渐成为企业家们追求的理想投资场所，而这些国际性的大都市繁荣兴旺的基础就是存在大量从事金融、保险、商务以及中介等生产性服务的企业。

为分析广州服务业的产业集聚度并进行定量的横向比较，我们计算了广州服务业各行业的区位熵和区位基尼系数，结果见表4。如果某区的区位熵等于1，表明该区服务业某行业的集聚程度相当于全市平均水平；如果区位熵大于1，则表明该区该服务行业的集聚程度高于全市平均水平；如果区位熵小于1，则表明集聚度低于全市平均水平。而区位基尼系数则衡量广州某服务业行业整体的空间集聚程度（不分区），区位基尼系数小于或等于0.2表示高度分散、大于0.2且小于或等于0.35表示比较分散、大于0.35且小于或等于0.5表示比较集中、大于0.5表示高度集中。之所以同时计算区位熵和区位基尼系数，是因为两者各有优缺点，如区位熵只能用于广州内部各区或各行业间的相互比较，与外部城市没有可比性，基尼系数则具有广泛的横向可比性；但行业区位基尼系数不分区，如果想知道该行业在哪个区分布比较集中，只能参考区位熵。作为参考值，我们同时计算了制造业的区位熵和区位基尼系数，置于表的最底行。

从表4可看出，交通邮政业主要集聚于越秀、白云、黄埔、南沙和萝岗，从区位基尼系数看，整体上交通邮政业是比较分散的；信息技术产业高度集聚于天河区，有且只有天河区的区位熵大于1，达到3.09，整体上信息技术行业高度集中，其区位基尼系数等于0.53；批发零售业则高度分散，其区位基尼系数仅为0.09，相对集中的区域为荔湾、海珠、天河、白云和从化，但是相对优势并不明显，除了南沙区，基本上所有区的批发零售业的区位熵都接近于1，即接近于全市平均水平；住宿餐饮业也是比较分散的，相对集中于荔湾、越秀、番禺、花都、南沙、增城和从化；金融业则相对集中，主要集聚于越秀和天河两区；房地产业相对分散，主要集聚地为海珠、白云、番禺、花都和增城；商务服务业高度分散，黄埔、南沙和萝岗等新区相对集中一些；科技服务业高度分散，相对集中区为萝岗、天河和海珠，主要是由于科学城、天河科技园和软件园的建设，但从0.13的基尼系数看，这种集聚度还不够；水利、环境和公共设施管理业（简称水利环境）集聚程度适中，主要集聚于番禺、南沙、萝岗和从化；居民服务业高度分散，海珠、荔湾和花都相对集中些，但区位熵都接近于1；教育产业相对集中，集中区域为天河、白云和番禺，后者是由于大学城的建设。卫生福利业比较集中，主要产业集中地为天河、白云和南沙；文体娱乐业相对分散，相对集中地为越秀、海珠、花都、南沙和增城；作为参照物，制造业的基尼系数为0.33，接近于0.35的适中水平（不明显分散也不明显集聚），相对集中地为白云、番禺、花都、南沙、萝岗、增城和从化，均为非中心区。

表4 广州服务业产业集聚程度的度量——区位熵和区位基尼系数

类　　别	荔湾	越秀	海珠	天河	白云	黄埔	番禺	花都	南沙	萝岗	增城	从化	基尼系数
交通邮政	0.84	1.12	0.93	0.66	1.57	2.56	0.53	0.55	1.22	1.15	0.40	0.13	0.21
信息技术	0.22	0.51	0.25	3.09	0.38	0.11	0.18	0.21	0.12	0.77	0.04	0.21	0.53
批发零售	1.48	0.89	1.26	1.05	1.01	0.75	0.89	0.81	0.34	0.82	0.85	1.16	0.09
住宿餐饮	1.36	1.13	0.87	0.55	0.84	0.39	1.31	2.02	1.84	0.52	1.69	2.98	0.21
金融业	0.09	1.74	0.17	1.20	0.20	0.12	0.54	0.26	0.00	0.01	0.43	0.54	0.37
房地产业	1.07	0.66	1.15	0.92	1.38	0.37	2.38	0.70	0.71	0.71	1.93	0.89	0.23
商务服务	0.72	1.14	1.05	0.86	0.66	1.86	0.78	0.45	1.81	2.25	1.23	0.57	0.15
科技服务	0.81	1.04	1.18	1.21	0.52	0.39	0.79	1.05	0.78	2.16	0.72	0.98	0.13
水利环境	0.60	0.64	1.04	0.51	0.89	0.55	4.29	0.94	7.11	4.52	0.90	3.77	0.37
居民服务	1.20	0.70	1.90	1.18	1.11	0.56	0.90	1.25	0.90	0.64	1.12	0.42	0.19
教　育	0.20	0.44	0.83	1.53	2.63	0.52	1.60	1.12	0.38	0.14	1.19	1.23	0.38
卫生福利	0.67	0.57	0.46	1.12	4.09	0.40	0.48	0.12	6.12	0.29	0.00	0.00	0.44
文体娱乐	0.90	1.37	1.20	0.44	0.76	0.55	0.46	1.56	3.71	0.47	2.15	1.10	0.26
制造业	0.71	0.05	0.77	0.32	1.30	0.98	1.63	1.42	1.57	1.66	1.56	1.37	0.33

资料来源：根据《广州市第一次全国经济普查年鉴2004》的企业法人从业人员数据计算得到。

　　总而言之，并非所有的服务业都表现出集聚的趋势，如果以制造业的0.35适中水平为基准，低于0.35的一般为生活性服务业，如高度分散和比较分散的住宿餐饮、居民服务和文体娱乐。高于0.35的一般为现代服务业，主要服务于生产如信息技术、金融业、水利环境和教育。但是我们也可看出，有两个行业的集聚度并不理想，一是作为现代服务业的科技服务业本应集聚，但其基尼系数却表现出高度分散；另一个是卫生保障比较集聚，由于它基本服务于日常生活，它的集聚就给人们的看病就医造成不便。此外，作为第三产业未来发展趋势的金融业、房地产和商务服务也未表现出应有的集聚度，金融业只有接近0.35的适中集聚水平，后两个行业的区位基尼系数则接近或低于0.2，即接近高度分散。

　　我们进一步将广州服务业各行业区位基尼系数同北京和上海比较（见图3），广州的科技服务、金融业、商务服务和交通邮政等产业的集聚程度不够，而这些都是现代生产性服务的重要组成部分，由此可见，广州生产性服务业与以上两个城市的差距。比如我们缺少像中关村那样的有研发能力的高科技产业园区，缺少可依托的高端研究部门和名牌高校；缺少金融企业总部、证券交易所或期货交易所等有全国影响力的金融平台，因此很难在金融行业达到以上两个城市的金融集聚度；商务服务集聚度低说明这些领域缺少成规模的企业和有影响力的集聚区。

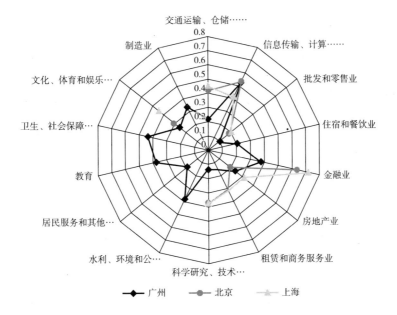

图3 广州服务业区位基尼系数与北京市和上海市的比较

说明：离中心越远表示区位基尼系数越大，行业越集中；离中心越近表示越分散。

三 服务业的劳动生产率、需求弹性和成本问题

行业劳动生产率的高低、劳动生产率的增长率以及需求的收入和价格弹性是描述行业发展现状、发展前景和受经济波动影响程度的主要指标。有的学者利用鲍莫尔模型分析服务业，认为在劳动生产率的增长率方面，服务业是滞后部门（Baumol，1967；程大中，2009），与制造业相比，服务业的劳动生产率增长滞后；同时，较低的需求价格弹性使得服务成为一种相对刚性的消费需求。相对刚性的需求和较低的劳动生产率使得服务成本越来越高，导致成本病的问题出现。另外，当服务业需求的收入弹性大于1时，随着实际人均可支配收入增加时，服务业实际人均消费的增长速度将大于收入的增长速度，因此相关服务行业吸纳的消费份额越来越大，具有更大的发展潜力（Fuchs，1968）。基于以上观点，我们估计和分析广州服务业各行业的劳动生产率、劳动生产率增长率以及服务业需求的收入和价格弹性，看看是否存在这些现象并寻找对策。指标估计的结果见表5。

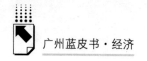
表5 广州服务业的劳动生产率、劳动生产率增长率和服务需求的收入和价格弹性

单位：%

类 别	第一产业	第二产业	第三产业	交通邮电	商贸餐饮	金融业	房地产业	社会服务	卫生福利	教育文化	科技服务	机关团体
劳动生产率												
1987~1998年	0.17	0.80	0.96	1.37	0.62	10.12	5.68	0.98	0.44	0.37	0.52	0.43
1999~2009年	0.27	1.57	1.74	3.02	0.87	6.24	5.82	1.59	1.48	1.27	1.74	1.87
平均	0.22	1.19	1.36	2.21	0.74	8.15	5.87	1.30	0.97	0.82	1.14	1.16
劳动生产率的增长率												
1987~1998年	2.7	6.6	4.3	6.5	0.1	−0.5	9.2	11.5	8.4	7.1	6.8	10.8
1999~2009年	6.1	5.4	7.5	5.5	9.4	3.5	6.3	6.9	13.7	13.5	11.9	15.3
平均	4.4	6.0	5.9	6.0	4.8	1.5	7.8	9.2	11.1	10.3	9.4	13.1
需求的价格弹性				−0.78	−1.05	−0.95	−0.77	−0.69	−0.92	−1.09	−0.04	−0.84
需求的收入弹性				1.09	1.23	1.40	1.49	1.14	1.15	1.38	0.18	1.15

说明：a. 产值以1987年不变价格计算；b. 服务业分类按2003年前的分类标准以得到更长的时间序列来估计收入和价格弹性。

资料来源：历年《广州市统计年鉴》和《广州五十年》。

首先，我们发现，广州第三产业的劳动生产率高于第二产业，且其劳动生产率的增长率也接近第二产业，因此从整体上看，广州服务业不存在成本病问题。这主要是得益于广州服务业良好的竞争环境。但是，从细分行业看，个别部门还存在待改善之处。如金融业的劳动生产率是所有行业中最高的，但是它的劳动生产率的增长率是所有行业中最低的，1987~2009年平均增长率仅为1.5%，1999~2009年的平均值有所提高，但还是远低于制造业的劳动生产率增长率。导致金融业增长率较低的原因可能有两个：①金融业是相对成熟规范的行业，国家有严格的管理政策，因此创新发展的难度较大；②可能存在一定的Baumol成本问题，金融业需求的价格弹性的值小于1，说明相对缺乏弹性，需求缺乏弹性以及劳动生产率增长率较低是成本病的两个主要现象。金融业的收入弹性大于1，表明在收入增长时人们将更加重视金融投资；价格弹性小于1说明即使银行调整费用，消费者将不得不接受；较低的劳动生产率增长率使得银行要扩充业务时，就不得不提高成本并将其转嫁到用户身上。

与金融业类似，需求的收入弹性较大的服务行业还有房地产业和教育文化业。在人们的收入增长时，安居乐业和重视教育的传统思想激励着人们将更多的资金投入房产和教育。房产业需求的价格弹性小于1说明房屋在一定程度上是"必需品"，这一弹性在一定的程度上解释了房产投资热，房产投资热为房地产业创造了较高的劳动生产率（5.87）。另外，贸易餐饮的收入弹性也大于1，与"食在广州"的说法相吻合。

四 广州生产性服务业发展的战略和对策

虽然广州的生产性服务业发展已取得令人瞩目的成就，但与国内外先进城市相比，广州的生产性服务业在总量、结构和质量方面仍存在许多值得提高的地方：①小企业居多，多数企业提供的只是知识和技术服务链上的低端服务产品，研究开发投入不足，高端服务业发展相对滞后。②在总量方面，第三产业增加值占GDP的比重低于新加坡、香港地区、首尔等先进城市，如香港在2002年第三产业增加值已占GDP的比重为87%，远高于广州现在的60.85%。③广州总部经济发展相对落后，仍未形成一个像香港中环、上海陆家嘴那样具有较高国际声望的总部集聚区。④金融和证券行业发展相对落后，金融业的劳动生产率增速慢，成本高，对房地产业的依赖程度高，产业集聚程度低；证券业只有证券交易和分析咨询两类企业，在产业资本融资和交易方面缺少全国性的主导能力；金融业占服务业增加值9.92%的比重远低于北京市的17.47%和上海市的20.2%，金融领域的从业人员比例也低于上海、香港等城市。⑤信息技术行业对第三产业增加值增量的贡献不大，其7%的增加值比重也低于北京市的11.62%。⑥科技服务业虽然增长较快且就业弹性较高，但增加值比重仍然太低，仅占服务业增加值的2.98%，远低于北京市的8.9%和上海的4.09%，且科技服务业的产业集聚不明显，区位基尼系数仅为0.13。⑦传统的商贸领域受到近邻城市的挑战，如深圳"高交会"、东莞的"电博会"和珠海的"航博会"已成长为知名展会，在一定程度上对广州的会展业形成挑战。⑧金融、通信、卫生福利、文体娱乐和公共管理行业的进入门槛较高，就业弹性偏低。针对这些问题，我们提出以下战略和对策。

（一）维持商贸行业的主导地位，继续发展交通邮政和商务服务等优势行业

无论新兴行业如何有吸引力，传统商贸行业的主导地位都不可放弃。该行业

规模大，增长快，在所有服务行业中对第三产业增加值的贡献最大，就业弹性适中，吸纳的从业人员在所有服务行业中最多，具有空间分布高度分散、适合其便利交易的行业特点，需求富有弹性，说明它虽然是传统行业，但是富有活力。商贸行业的未来发展应着重两个方面，一是该行业现在的劳动生产率在所有服务行业中是最低的，未来的发展方向是提高行业的劳动生产率，采用电子商务等新贸易技术，提高贸易商品的档次，从而降低成本和提高利润；二是促进与近邻城市间的协调，强调特色和差异，在贸易的商品类别和会展类型上，避免简单的模仿和恶性的竞争。

与北京和上海比较，广州在交通邮政和商务服务方面具有明显的优势。实际上，这两个行业与商贸行业的发展是配套的，因此它们有同等的优势。在空间分布上交通邮政和商务服务也都是高度分散，区位基尼系数低。由于交通邮政和商务服务偏于生产性服务业，就业弹性较高，对从业人员的吸纳能力强，因此将这三个行业联合发展，是解决就业问题的关键途径。

（二）促进科技服务和信息技术等高技术行业的发展

在科技服务方面，广州落后于北京和上海，行业的分布高度分散，缺少有区域影响力的集聚区。但是，科技服务的行业增加值增长率、劳动生产率都比较高，说明后劲很足，且该行业的就业弹性和从业人数增长率都较高，是吸纳高技术人才的重要领域，在当前大学生就业存在一定困难的时期，发展科技服务业不但能提升当地产业的技术水平和创新能力，而且能够缓解大学生就业问题。信息技术方面，广州落后于北京，但略优于上海，这是广州城市信息化建设的成果。信息技术业同样具有行业增加值增长较快、就业弹性较高的特点，也是吸纳技术人才的重要领域，但是该领域目前对第三产业增加值增量的贡献不够大，劳动生产率和盈利能力需要进一步提高。

从科技服务业和信息技术业当前较低的劳动生产率可以看出，高技术和高盈利之间的关系不够明显。因此，在发展科技服务业时，需注意增强高技术产业的盈利能力，以盈利促发展，这才是可持续之道。一些技术性服务业，如信息技术服务业，由于竞争激烈和缺少独立知识产权，依靠微薄的利润艰难生存。因此，我们应加强知识产权的保护和支持企业研发，让企业通过知识产权和专有技术获取更多的利润。另外，可以强化产业园区的建设，通过产业集聚效应降低它们的运营成本。

（三）引进外资金融机构地区总部，在政策许可范围内推广新金融产品

广州的金融业存在全国影响力低、增加值比重低、产业集聚度低、劳动生产率增速慢、成本高、对房地产业依赖程度高等问题，而金融业是其他产业发展的资金源泉，发展其他产业，尤其是中小企业居多的生产性服务业，必须有配套发展的金融服务业。在此方面，可以利用与香港这一国际金融中心邻近的优势，引进在香港有总部的金融机构，设立地区性总部。鼓励金融机构推出针对中小企业和生产性服务业的优惠贷款政策，推出创新的金融产品，扩大居民的金融投资渠道。将金融机构在房地产上的投资兴趣转移到对中小型实体企业的扶持和产品创新上。完善信贷评估机制和风险控制机制，使得银行敢于向中小企业和小型投资项目贷款。提高银行贷款处理效率，保证新兴产业得到及时的资金供给。

（四）降低垄断性服务行业的进入门槛，促进竞争和提高效率

金融、通信、卫生福利、文体娱乐和公共管理行业的进入门槛高，使得它们没能达到更高的服务效率、个别行业成本偏高、就业弹性低，对从业人员的吸纳能力不足。这些行业的需求价格弹性基本上比较低，提供的服务大多是生活或生产的"必需品"，因此它们有相对稳定的利润来源。正由于进入门槛的存在（这些门槛既可能是管理规则，也可能是经营规模方面的要求），它们具有一定的垄断性。实际上，部分领域还是可以合理引导民间资本和外资参与，通过建立公开透明、高效规范的市场监管体制来规范开放后的市场，提高竞争程度，推动产业升级。

（五）促进产业关联和服务外包

生产性服务业的发展离不开产业关联。在引进大型知名企业时，有针对性地引进可带来关联服务需求的企业，变单纯的同业企业集聚为产业链集聚，提高知名企业对本地金融机构的信贷需求，在产品设计、财务、物流、法律、营销、市场调研、人才招聘和培训等方面多使用当地的生产性服务业。鼓励和引导本地企业改变"大而全"或"小而全"的观念，将非核心竞争业务外包，为生产性服务业的发展提供市场和土壤。

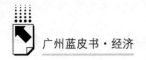
（六） 加快生产性服务业的国际化进程和加强粤港澳合作，提高市场辐射能力

开放生产性服务业市场、促进国际合作，是吸取国外先进管理经验、先进技术的关键，也是让本土生产性服务业国际化、扩大市场辐射范围的重要渠道。一个城市能成长为国际化大都市，繁荣的国际化生产性服务业是不可缺少的基础。广州可以利用毗邻香港澳门的人缘地缘优势，引进港澳产品设计、国际物流、国际营销、国际金融和国际商法等方面的专业服务公司和专业人才，提升自身的生产性服务业发展水平和国际化程度。

（七） 鼓励创新和品牌经营

创新和品牌是高端生产性服务企业的利润源泉，也是提高企业档次的关键。政府应鼓励企业加强技术创新方面的投入，扶持研发机构，推出更多的针对技术创新型企业的鼓励措施；同时，加强知识产权保护，知识产权是否得到真正的保护和奖励，是一个城市能否成为创新中心的关键，英国在近代史上取得的众多技术创新成果的原因就是它保护和奖励知识产权；鼓励企业进行独立品牌的经营，以品牌引来顾客，以品牌创造利润，避免被动的接单经营。

参考文献

Beyers, W. *The Producer Services and Economic Development in the United States: The Last Decade.* Washington, D. C., U. S. Department of Commerce, Economic Development Administration, 1989.

Baumol, W. J., *Macroeconomics of Unbalanced Growth: The Anatomy of Urban Crisis.* American Economic Review, 1967, 57 (3).

Daniels, P. W., Illeris S., Bonamy J. and Phillipe J. (Eds), *The Geography of Services.* London: Frank Cass, 1993.

Fuchs, V., *The Service Economy.* National Bureau of Economic Research, 1968.

Greenfield, H., *Manpower and the Growth of Producer Services.* New York: Columbia University Press, 1966.

Grubel, H. G. and M. A. Walker., *Service industry growth: Causes and effects.* Vancouver: The

Fraser Institute, 1989.

Coffey, W. J. , The Geographies of Producer Services, *Urban Geography*, 2000, 21 （2）.

程大中：《服务业发展与城市转型：理论及来自上海的经验分析》,《中国软科学》2009 年第 1 期。

郭克莎：《第三产业的结构优化与高效发展》,《财贸经济》2000 年第 10 期。

阎小培：《信息产业与城市发展》, 科学出版社, 1999。

阎小培、钟韵：《区域中心城市生产性服务业的外向功能特征研究——以广州市为例》,《地理科学》2005 年第 10 期。

The Development Strategies of the Producer Service Industry of Guangzhou

Fu Miao   Feng Qin

Abstract：Based on quantitative methods and data of Guangzhou, this paper estimates proportions of the producer service industry, contribution rates of the sub-sectors of the service industry, growth rates of sub-sector values-added, growth rates of the numbers of sub-sector employees, elasticities of sub-sector employment, location entropy and Gini coefficient of the spatial distribution of industries, sub-sector productivities of labors and their increase rates, income and price elasticities of the demand of services. According to these indices, we analyze the strong and weak points of producer service sub-sectors of Guangzhou, compare them with other metropolises in China, and give suggestions on further development strategies of the producer service industry of Guangzhou.

Key Words：Producer service；Development Strategy；Quantitative Analysis；Guangzhou

B.10
2010 年广州住宅市场
分析与 2011 年展望

欧江波　范宝珠　周兆钿*

　　摘　要： 本文深入分析了 2010 年广州住宅市场运行特点，回顾并总结了 2010 年以来国家出台的一系列房地产调控政策，分析了这些政策对广州住宅市场的影响，预测了未来住宅市场的发展情况，并提出了简要的对策建议。

　　关键词： 广州　住宅市场　分析　预测

一　2010 年广州住宅市场运行情况

　　2010 年，受国家严厉的房地产调控政策影响，广州一手住宅成交量明显缩减，成交价格高位运行，二手住宅市场略有减少，交易登记价格有所上扬。分区域看，中心城区住宅市场已初步形成以二手交易为主的格局，外围四区二手市场正逐步走向成熟，基础设施的不断完善大幅提升了城市的物业价值。开发商依然后市看好，土地市场活跃。2010 年 10 月 15 出台的"限购"政策效果初显，一手住宅市场成交环比大幅度下降。

（一）一手住宅成交明显萎缩

　　一手住宅成交量显著减少。2010 年广州十区一手住宅网上签约面积为 657.2 万

---

* 欧江波，广州市社会科学院数量经济研究所（经济决策仿真实验室）所长、副研究员，主要从事宏观经济、城市经济、房地产经济研究；范宝珠，广州市社会科学院数量经济研究所（经济决策仿真实验室）助理研究员；周兆钿，广州市社会科学院数量经济研究所（经济决策仿真实验室）副研究员、博士。

平方米，成交量与 2009 年的 978.39 万平方米（该数据为交易登记面积，与网上签约面积不同）相比出现较大程度的下降。房地产宏观调控政策对广州的月度成交影响较大，受 2010 年 4 月 17 日出台的"新国十条"影响，5～7 月成交大幅萎缩，网签面积均在 35 万平方米以下，同比大幅下降 61.4%；而进入 8 月份，开发商受宏观调控政策及亚运停工因素影响加大推盘力度，部分购房者担心更严厉调控政策的出台而纷纷"抢购"房屋，成交出现新一轮的活跃，8 月、9 月、10 月网上签约面积不断攀升，分别达到 47.68 万平方米、80.85 万平方米、156.68 万平方米，累计成交 285.21 万平方米，为 5～7 月成交量的 2.81 倍；随着广州"限购"政策的实施，成交大幅萎缩，11 月、12 月网签面积分别仅为 43.67 万平方米和 48.08 万平方米（见图 1）。

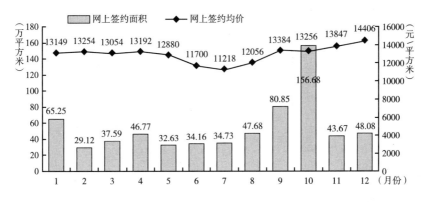

图 1　2010 年广州一手住宅市场月度网签情况

一手住宅成交价格高位运行。2010 年广州十区一手住宅网上签约均价为 13074 元/平方米，与 2009 年交易登记均价 9346 元/平方米相比有较大幅度的上涨。分月度看，受宏观调控政策影响，网签均价自 2 月份开始出现一定幅度的回落，7 月份成交价格 11218 元/平方米是全年的低点，与 1 月份成交价格 13149 元/平方米相比下降 14.7%。但随着 8 月份市场成交的活跃，成交价格开始新一轮的上涨，8 月、9 月、10 月、11 月、12 月成交均价不断上涨，分别达到 12056 元/平方米、13384 元/平方米、13256 元/平方米、13847 元/平方米和 14406 元/平方米，12 月份均价与 2009 年同期相比上涨了 12.5%，与 2010 年 7 月份全年的低点相比大幅上涨了 28.4%（见图 1）。

（二）二手住宅市场量跌价升

2010 年广州二手住宅交易登记面积为 825.40 万平方米，与 2009 年相比下降了 13.9%。分月度看，除 1 月份成交较高外，2 月份以来各月成交面积基本保持在 60 万～70 万平方米的水平，交易量没有因国家宏观调控政策而出现较大幅度的波动（见图 2）。分区域看，二手住宅交易缩减主要是由于中心六区成交减少所致，2010 年中心六区二手住宅成交面积为 492.66 万平方米，同比下降 20.1%。二手住宅成交登记价格有所上升，2010 年登记均价为 5302 元/平方米，与 2009 年成交均价 4800 元/平方米相比上升了 10.5%。

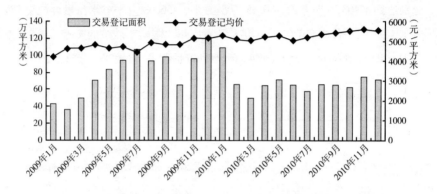

图 2　2009 年、2010 年广州二手住宅市场交易情况

（三）中心城区形成以二手交易为主的市场格局

中心城区初步形成以二手交易为主的市场格局。在房地产调控政策的影响下，2010 年中心城区一、二手住宅市场交易量均出现下跌。其中，一手住宅市场网上签约面积达到 291.88 万平方米，与 2009 年交易登记面积达到 469.66 万平方米相比有较大幅度的下降；二手住宅交易登记面积为 492.66 万平方米，同比下降 20.0%（见表 1）。由于中心城区可供开发的建设用地逐渐减少，一手市场的供应不断萎缩，二手交易的比重不断上升，由 2009 年的 55.4% 上升到 2010 年的 62.8%，正初步形成以二手交易为主的市场格局。其中，越秀区二手交易占市场交易总量的 82.5%，海珠、天河和黄埔区二手市场的比重也在 60% 以上。

中心城区一手住宅价格大幅上涨。从成交价格看，2010 年中心城区一手住宅网签均价达到 17831 元/平方米，与 2009 年交易登记均价 11883 元/平方米相比有较大幅度的上涨；二手住宅交易登记均价为 5711 元/平方米，同比上涨 7.0%。分月度看，受"新国十条"影响，5～7 月一手住宅成交萎缩，网签价格

表1 2010 年广州中心城区住宅市场交易情况

单位：万平方米，元/平方米

类　　别	一 手 市 场		二 手 市 场	
	网上签约面积	网上签约均价	交易登记面积	交易登记均价
中心六区	291.88	17831	492.66	5711
越 秀 区	15.92	21711	75.01	6282
荔 湾 区	47.70	18671	51.6	5208
海 珠 区	64.22	18053	106.83	5820
天 河 区	68.66	23098	136.75	6656
白 云 区	88.53	12931	106.62	4544
黄 埔 区	6.84	11404	15.85	3608

持续下跌，7 月份网签均价 15464 元/平方米，为全年最低位。受"限购"政策影响，10~12 月白云和黄埔区成交占比有所下降，致使中心城区成交均价图突破 1.9 万元/平方米，其中 12 月均价达到 21034 元/平方米，同比增长 30.3%（见图 3）。从全年来看，越秀区、天河区、海珠区和荔湾区一手住宅均价超过了1.8 万元/平方米，其中越秀和天河区更超过 2 万元/平方米（见表 1）。

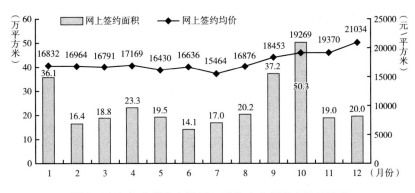

图3 2010 年广州中心城区一手住宅市场月度网签情况

（四）基础设施的不断完善加快提升外围区域物业价值

外围四区二手市场逐步成熟。2010 年外围四区一手住宅市场网上签约面积达到 365.32 万平方米，与 2009 年交易登记面积 481.69 万平方米相比有一定程度的下降；二手市场交易登记面积为 332.74 万平方米，同比轻微下降 2.9%（见表 2）。外围组团二手市场正逐步成熟，交易量的比重由 2009 年的 41.6% 上升到 2010 年的 47.7%，基本形成一、二手市场共同发展的格局。其中，番禺和萝岗区二手住宅市场交易量已超过一手住宅市场。

表 2　2010 年广州外围组团住宅市场交易情况

单位：万平方米，元/平方米

类　　别	一　手　市　场		二　手　市　场	
	网上签约面积	网上签约均价	交易登记面积	交易登记均价
外围四区	365.32	9274	332.74	4697
番禺区	157.93	12751	227.71	5216
花都区	162.79	6265	84.33	3672
南沙区	35.61	7371	11.25	2699
萝岗区	9.00	10199	9.45	3725

城市基础设施不断完善大幅提升外围四区的物业价值。2010 年外围四区一手住宅网签均价达到 9274 元/平方米，与 2009 年交易登记均价 6730 元/平方米相比有较大幅度的上涨，而二手住宅交易登记均价达到 4697 元/平方米，同比大幅上涨 22.4%（见表 2）。分月度看，受"新国十条"影响，5~7 月一手住宅成交萎缩，成交均价有所下跌，7 月网签均价 7167 元/平方米是全年最低位。而 10 月份受番禺区亚运城项目销售影响，网签面积达到 106.3 万平方米，其中亚运城技术官员村、媒体村、运动员村合计签约 30.02 万平方米，一手住宅均价达到 10409 元/平方米，为全年最高位（见图 4）。从全年来看，番禺区和花都区一手住宅成交面积突破 100 万平方米，而番禺区和萝岗区一手住宅均价超过 1 万元/平方米（见表 2）。

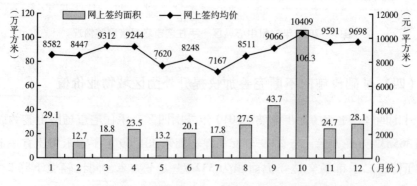

图 4　2010 年广州外围四区一手住宅市场月度网签情况

（五）土地市场依然活跃

在国家房地产调控政策的高压下，2010 年初开发商拿地较为谨慎。南沙金洲村 2010NJY－1 地块只有两家企业参与竞投，南沙街芦湾村 2010NJY－3 地块只有一家开发商参与竞拍，并以挂牌起始价成交，而位于南沙区龙穴岛海港大道拐角处的商业地块则流拍。但是，广州作为国家中心城市的地位正不断提高，亚运会的成功举办使得广州的城市综合环境得到极大改善，城市形象和知名度得到快速提升，"限贷"政策实施后住宅市场销售依然较好，因此开发商对后市态度由"谨慎"转为"看好"，土地市场依然活跃。在 10 月 15 日广州"限购"政策出台后，11 月 1 日越秀区下塘西地块创出 12423 元/平方米的楼面地价，11 月 25 日荔湾区黄沙大道广铁南站地块楼面地价高达 17276 元/平方米，而 12 月 17 日白云新城地块更刷新了广州地王纪录，楼面地价达到 20605 元/平方米。2010 年全年广州共出让住宅用地 32 幅，出让土地可建面积 408.3 万平方米，土地出让金 282 亿元，楼面地价达 6908 元/平方米，比 2009 年的 4135 元/平方米大涨 67%，远高于房价上涨的速度。地价上涨过快，这些土地将在未来 2～3 年形成供应，有可能推动广州房价出现新一轮的上涨。

（六）"限购"政策效果初显

2010 年，"限购"政策的实施对广州住宅市场成交造成了一定的影响。政策实施后两个月（10 月 15 日～12 月 14 日）广州一手住宅市场网上签约面积为 112.37 万平方米，与政策实施前两个月（8 月 15 日～10 月 14 日）相比大幅下降 48.7%。分区域看，新政实施后的两个月中心城区和外围组团成交面积分别为 39.45 万平方米和 72.92 万平方米，与政策实施前两个月相比分别大幅下降 56.7% 和 43.0%，外围组团成交量降幅较小的原因在于亚运城的销售。"限购"政策的实施使已经拥有两套住房的投资客离场，而已拥有一套住房改善型的家庭及没有住房的自住型家庭在购房时更为慎重，他们往往会选择区位和户型均较好的住房，因此"限购"政策的实施并没有使一手市场的成交价格出现下跌。从图 1、表 3 和表 4 可以看出，"限购"政策实施后的 11 月和 12 月一手市场的成交均价基本维持在较高的水平。

表3　2010年广州"限购"政策实施前后成交量变化情况

时　间	项　目	绝　对　值			环比增减(%)		
		十区	中心城区	外围组团	十区	中心城区	外围组团
8月15日~9月14日	签约面积(万平方米)	70.58	36.38	34.19	—	—	—
	签约套数(套)	7337	3908	3429	—	—	—
9月15日~10月14日	签约面积(万平方米)	148.42	54.73	93.68	110.3	50.4	174.0
	签约套数(套)	14505	5124	9381	97.7	31.1	173.6
10月15日~11月14日	签约面积(万平方米)	70.77	23.72	47.05	-52.3	-56.7	-49.8
	签约套数(套)	6611	2152	4459	-54.4	-58.0	-52.5
11月15日~12月14日	签约面积(万平方米)	41.60	15.73	25.87	-41.2	-33.7	-45.0
	签约套数(套)	3680	1366	2314	-44.3	-36.5	-48.1

二　房地产宏观调控政策及其对未来市场的影响

(一) 国家出台的房地产调控政策

为应对全球经济危机，2008年下半年以来国家出台了一系列刺激经济政策，结果造成国内流动性过剩，国际上某些国家实行量化宽松的货币政策造成了大宗商品价格高企并由此加大了我国输入型通胀压力，大范围投资投机性炒房的出现使得我国房地产市场过热，房价持续攀升。在此背景下，国家为抑制房价的过快上涨，保持和促进我国房地产市场健康发展，2010年国务院及各部门先后出台了一系列的宏观调控措施，具体包括以下四方面，综合调控政策、土地政策、财税及货币政策、保障性住房相关政策。

1. 综合性政策

2010年以来，国务院先后出台了三个具指导意义的调控政策，进行了三轮房地产市场宏观调控，这些政策分别是：2010年4月17日出台《关于坚决遏制部分城市房价过快上涨的通知》("新国十条")，2010年9月29日出台的《对各地进一步贯彻落实国务院坚决遏制部分城市房价过快上涨的通知》("新国五条")，以及2011年1月26日出台的《国务院办公厅关于进一步做好房地产市场调控工作有关问题的通知》（"新国八条"）。这三轮宏观调控中，调控力度逐步加强，措施愈加严厉、调控目标更加精准、采用的行政手段越来越多（见表4）。在 2010 年 4 月开始的首轮调控中，只是明确了二套房"限贷"，只有北京版本的调控细则采取了"限购"措施。而 2010 年 9 月展开的第二轮调控中，首次采用年"限购"，对房价过高、上涨过快、供应紧张的城市，被要求在一定时间内限定居民家庭购房套数。而 2011 年 1 月出台的"新国八条"中，从严制定和执行住房"限购"措施，"限购"范围扩大为各直辖市、计划单列市、省会城市以及房价过高、上涨过快的城市。

表4　三轮房地产宏观调控关键点对比

类　　别		"新国八条"的表述	"新国五条"的表述	"新国十条"的表述
贷款政策	首套房首付比例	—	不分住房大小，一律要求首套贷款首付要 30% 及以上	要求对购买首套住房建筑面积在 90 平方米以上的，贷款首付款比例不得低于 30%
	第二套及以上住房贷款	对贷款购买第二套住房的家庭，首付款比例不低于 60%，贷款利率不低于基准利率的 1.1 倍	不分地区，要求各商业银行一律暂停发放居民家庭第三套及以上住房贷款。对不能提供一年以上当地纳税证明或社会保险缴纳证明的非本地居民暂停发放房贷款	在商品住房价格过高、上涨过快、供应紧张的地区，商业银行可根据风险状况，暂停发放购买第三套及以上住房贷款
"限购"政策	限购范围	各直辖市、计划单列市、省会城市和房价过高、上涨过快的城市，在一定时期内，要从严制定和执行住房限购措施	对于房价过高、上涨过快、供应紧张的城市，要在一定时间内限定居民家庭购房套数	只有后来北京版调控细则中采取限购措施，要求同一家庭在北京只能购买一套住房
	非本地居民购房	拥有 1 套及以上住房的非当地户籍居民家庭、无法提供一定年限当地纳税证明或社会保险缴纳证明的非当地户籍居民家庭，暂停在本行政区域内向其售房	对不能提供一年以上当地纳税证明或社会保险缴纳证明的非本地居民暂停发放购房贷款	非本地居民住房贷款未做明确限制

续表

类　　别	"新国八条"的表述	"新国五条"的表述	"新国十条"的表述
税费政策	对个人购买住房不足5年转手交易的，统一按销售收入全额征税	对个人购买90平方米及以下普通住房，且该住房属于家庭唯一住房的，按1%税率征收契税，对出售自有住房并在1年内重新购房的纳税人不再减免个人所得税	研制住房消费和房地产收益税收政策
土地政策	2011年的商品住房用地供应计划总量原则上不得低于前2年年均实际供应量。对擅自改变保障性住房用地性质的，坚决纠正，严肃查处。对已供房地产用地，超过两年没有取得施工许可证进行开工建设的，及时收回土地使用权，并处以闲置一年以上罚款	切实增加住房有效供给。各地要加大对各地2010年住房建设计划和用地供应计划实际完成情况的督察考核力度，切实落实中小套型普通商品住房和保障性住房建设计划和供地计划	调整住房供应结构，保障性住房、棚户区改造和中小套型普通商品住房用地不低于住房建设用地供应总量的70%
政府问责方面	对于执行差别化住房信贷、税收政策不到位，房地产相关税收征管不力，以及个人住房信息系统建设滞后等问题，也纳入约谈问责范围	明确要求地方政府未出台新政细则的要出细则，已经出台细则的要完善	停留于空泛问责
保障性住房建设方面	加大保障性安居工程建设力度。各地要通过新建、改建、购买、长期租赁等方式，多渠道筹集保障性住房房源，逐步扩大住房保障制度覆盖面	切实落实中小套型普通商品住房和保障性住房建设计划和供地计划	确保完成2010年建设保障性住房300万套、各类棚户区改造住房280万套的工作任务

2. 土地政策

土地政策方面，先后出台的主要政策有：2010年1月21日出台的《国土资源部关于改进报国务院批准城市建设用地申报与实施工作的通知》、3月10日出台的《关于加强房地产用地供应和监管有关问题的通知》、5月25日出台的《关于土地增值税清算有关问题的通知》、9月27日出台的《关于进一步加强房地产用地和建设管理调控的通知》等。这些政策主要从规范土地供应体制、加强土地税收监管、调整土地供应结构、加大违法违规行为清理查处力度等方面进行调控。政策目的在于：一是适度缩紧开发商的资金链，使其缩短开发周期，加大市场供应；其二是加大保障房、廉租房等保障型住房的土地供应以达到调整住宅土地供应结构的目的，从而解决保障型住宅的土地供应问题。

3. 财税及金融政策

税收政策方面，2009 年 12 月 23 日出台的《关于调整个人住房转让营业税政策的通知》要求，个人将购买不足 5 年的非普通住房对外销售的，全额征收营业税；个人将购买超过 5 年（含 5 年）的非普通住房或者不足 5 年的普通住房对外销售的，按照其销售收入减去购买房屋的价款后的差额征收营业税。2010 年 9 月 29 日出台的《关于调整房地产交易环节契税个人所得税优惠政策的通知》要求，对个人购买 90 平方米及以下普通住房，且该住房属于家庭唯一住房的，按 1% 税率征收契税，对出售自有住房并在 1 年内重新购房的纳税人不再减免个人所得税。2011 年 1 月 26 日出台的"新国八条"要求，对个人购买住房不足 5 年转手交易的，统一按销售收入全额征税。

货币政策方面，国家实行货币政策由"适度宽松"转向"稳健"，自 2010 年 1 月份以来连续九次上调存款准备金率，大型金融机构存款准备金率由提高到 20.0%，中小型金融机构存款准备金率提高到 16.5%。在通胀压力不断加大的情况下，2010 年 10 月 20 日进行了近三年以来的首次加息，一年期存款基准利率由 2.25% 提高到 2.50%，一年期贷款基准利率由 5.31% 提高到 5.56%。

金融政策方面，2010 年 6 月 4 日出台了《关于规范商业性个人住房贷款中第二套住房认定标准的通知》对贷款申请人的第二套住房认定标准做出明确规定：二套房的认定在以家庭为单位的基础上，执行"认房又认贷"的严厉政策。2010 年 9 月 29 日出台的《关于完善差别化住房信贷政策有关问题的通知》，要求暂停发放居民家庭购买第三套及以上住房贷款。2010 年 11 月 3 日出台的《关于规范住房公积金个人住房贷款政策有关问题的通知》指出，第二套住房公积金个人住房贷款的发放对象，仅限于现有人均住房建筑面积低于当地平均水平的缴存职工家庭，且贷款用途仅限于购买改善居住条件的普通自住房，停止向购买第三套及以上住房的缴存职工家庭发放住房公积金个人住房贷款。

4. 保障性住房政策

在保障性住房相关问题上，除国务院出台的三个指导性文件中均要求加大保障性安居工程建设力度并明确地方政府责任外，2010年4~6月还连续出台了多个文件加快保障性住房建设和规范保障性住房租赁及买卖的申请条件。这些政策分别是：4月22日出台的《关于加强经济适用住房管理有关问题的通知》、4月23日出台的《关于加强廉租住房管理有关问题的通知》、6月8日出台的《关于加快发展公共租赁住房的指导意见》，及2010年6月11日出台的《关于做好住房保障规划工作的通知》。

此次房地产宏观调控的相关政策还有：2010年3月23日国资委要求78家不以房地产为主业的中央企业，要加快进行调整重组，在完成企业自有土地开发和已实施项目等阶段性工作后要退出房地产业务。2010年4月19日，住房城乡建设部发出《关于进一步加强房地产市场监管完善商品住房预售制度有关问题的通知》，要求商品住房严格实行购房实名制，认购后不得擅自更改购房者姓名。今后未取得预售许可的商品住房项目，房地产开发企业不得以认购、预订、排号、发放VIP卡等方式向买受人收取或变相收取定金、预定款等性质的费用。2010年11月15日出台的《关于进一步规范境外机构和个人购房管理的通知》（限外令），规定境外个人在境内只能购买一套用于自住的住房。

新一轮房地产调控的特点是，更多地使用行政手段，如"限购"、"限贷"政策等对市场进行调控，实际操作性明显加强，调控力度明显加大，调控目标更加精准，政策措施更为严厉，增强了宏观调控的刚性和效果。但是，此轮房地产调控也存在不足之处，一是调控政策出台过于频繁，没有给房地产市场充足的时间进行调整。如2010年4月份"限贷"政策出台后，广州房地产市场出现了一定程度的调整，但购房者担心更严厉的调控政策出台而抢购房屋，客观上推动了2010年8~10月广州房价的上涨。二是过分地使用行政手段干预市场可能使真正的购房需求受到限制，如"限购"政策可能使部分外地刚性需求购房者在政策抑制投资和投机的过程中遭到误伤。三是过于严厉的调控政策不利于房地产市场健康稳定发展，可能会使房地产业出现衰退。房地产上、下游产业链长，涉及面广。房地产的不景气可能会冲击与之相关的金融业、建筑业、钢材金属冶金行业、运输业、建材业、化工业、装修业、物业服务业等行业，影响整体经济的发展，并由此引发失业率上升等一系列问题。同时，销售的萎缩会使发展商面临巨大的资金压力，特别是中小型发展商可能会面临资金链断裂问题而退出市场，这将不利于房地产市场的均衡发展和有序竞争。

（二）广州出台的房地产调控政策

为贯彻落实 2010 年 4 月 17 日出台的"新国十条"，广州市政府于 2010 年 5 月 18 日出台了《关于贯彻落实国务院关于坚决遏制部分城市房价过快上涨的通知精神努力实现住有所居的意见》（穗府〔2010〕14 号），该意见重申了国务院"国十条"的多项措施，如严格限制各种名目的炒房和投机性购房，坚决抑制不合理住房需求；对定价过高、涨幅过快的楼盘进行重点清算和稽查；明确保障性住房供应量、商品房和限价房供应量等。

为落实 2010 年 9 月下旬出台的各项调控政策，广州有关部门于 2011 年 10 月 15 日出台了《关于贯彻住建部等部委宏观调控政策促进我市房地产市场持续健康发展的意见》（穗国房字〔2010〕1311 号），在"限购"方面，规定广州户籍家庭和常住非户籍家庭（家庭包括夫妻双方和未成年子女，"常住"认定标准为能够提供在广州 1 年以上的纳税证明或社保证明）在广州十区范围内只能新购 1 套商品住宅，而非常住的外地个人和家庭不得购买商品住宅。同时，规定 18 岁以下的未成年人不得单独购买商品房，而外国人、外资企业购房则按住建部有关政策严格执行。在"限贷"方面，规定第 2 套房贷首付比例不得低于五成，贷款利率不得低于基准利率的 1.1 倍；第 3 套及以上房贷全面停贷。同时，为杜绝各种变相实现 3 套房贷的可能性，该《意见》禁止各商业银行发放消费性贷款用于购买住房，禁止发放浮动型住房贷款和不指明用途的住房抵押贷款，禁止在全额还款前追加贷款。

为落实 2011 年 1 月 26 日出台的"新国八条"，广州市政府于 2011 年 2 月 24 日出台了《关于贯彻国务院办公厅关于进一步做好房地产市场调控工作有关问题的通知的实施意见》（穗国房字〔2011〕3 号），主要内容是进一步完善广州多层次、差别化的住房供应和消费政策，综合采取税收、信贷、行政、土地、住房保障等调控措施，切实将房价控制在合理水平。该意见规定对在广州十区已拥有 1 套住房的本市户籍居民家庭、能提供自购房之日起算的前 2 年内在本市累计缴纳 1 年以上个人所得税缴纳证明或社会保险缴纳证明的非本市户籍居民家庭，限购 1 套住房（含新建商品住房和二手住房）。对在本市已拥有 2 套及以上住房的本市户籍居民家庭、拥有 1 套及以上住房的非本市户籍居民家庭、不能提供 2 年内在本市累计缴纳 1 年以上个人所得税缴纳证明或社会保险缴纳证明的非本市户籍居民家庭，暂停在本市向其售房。对贷款购买第二套住房的，首付比例不得低于六成，贷款利率不得低于基准利率的 1.1 倍。

（三）调控政策对广州经济及住宅市场的影响分析

房地产调控政策对广州房地产市场影响最大的是"限购令"的实施。随着"新国八条"及"穗十条"的出台，房地产调控的力度进一步加大，"限购"政策在广度和深度上进一步扩大，从"户籍家庭和常住非户籍家庭在广州十区范围内只能新购 1 套商品住宅，常住的外地个人和家庭不得购买商品住宅"发展为"拥有 1 套住房的户籍家庭和常住非户籍家庭限购 1 套住房（含新建商品住房和二手住房），拥有 2 套及以上住房的户籍家庭和常住非户籍家庭及非常住的外地家庭暂停在本市向其售房"。不仅是一手市场受到影响，而且二手市场也纳入"限购"的范围，同时"限购"所涉及的范围进一步扩大，拥有 2 套及以上住房的家庭不能再购房了，直接禁止了"多套存房"，而异地购房也受到了限制。同时，"限贷"政策也进一步加强，首付比例"不得低于五成"加强为"不得低于六成"，进一步提高了二次置业人士的入市门槛。

1. 对广州经济的影响

对广州经济而言，"限购"政策造成的楼市销售萎缩将使房地产及相关产业步入不景气周期，从而一定程度上影响广州经济发展。房地产及其相关行业是十分重要的基础性、带动型产业，对国民经济发展具有重要的拉动作用。2010 年广州房地产业实现增加值 761.71 亿元，同比增长 4.5%，建筑业实现增加值 357.3 亿元，同比增长 19.0%，两者合计拉动广州经济增长 1.1 个百分点。受严厉的宏观调控政策影响，预计 2011 年广州房地产将步入不景气周期，对广州经济发展造成一定冲击，拉低经济增长 0.5 个百分点左右。同时，"限购"新政的实施也会影响广州的地方财政收入，与房地产行业相关的税费收入将会减少。这是因为开发商在严厉的调控政策下将放缓拿地，土地出让金会减少，而房地产市场销售萎缩，与之相关的税费收入也会减少，同时房地产行业的经营状况将会有所恶化，与之相关的企业所得税将会减少。同时，新一轮房地产调控明确保障性安居工程的建设是政府的责任，而保障性住房的建设需要大量的资金，政府也将面临巨大的资金压力。在严厉的房地产调控政策下，开发商的投资热情将会降低，销售资金回笼速度减缓，项目开发进度将会减慢，房地产投资增长放缓甚至出现负增长。

2. 对广州住宅市场的影响

对住宅市场而言，"限购"政策的实施必将加大市场观望情绪，短期内市场成交量将逐渐下滑，而投资惯性使得中短期内供应量将会增加；中长期来看，随着政府保障性安居工程的实施，中低价位、中小套型商品住房项目以及保障性住房有望较大幅度增加。因此，从供给和需求来看，新政策出台后，供需紧张的矛盾将会大大缓解，房价上涨的压力将会极大地减轻，房价调整将不可避免。

对购房者而言，"限购令"矛头直接对准房地产投机和投资需求，将出现"有钱买不到房"的情况，异地购房、多套存房受到限制，只有有首次置业刚性需求和本市户籍和常住非户籍家庭的二次改善需求才可以购房，为此 2011 年广州将有很多家庭没有资格再购买住宅。对于改善型需求，广州的实施细则对拥有2 套住房的家庭预留了"卖一买一"的空间，但是"限贷"政策的实施将使这部分购房者的入市门槛大幅提高（如二套房首付比例升至 60%、三套房停贷等），购房成本有所增加（如贷款利息、"卖一买一"产生的成本等）。对于首次置业者，二手市场中小户型住宅的供应将会增加，这将更有利于他们入市。但是，"限购"政策的实施将改变购房者对房价的预期，市场观望气氛明显上升，"持币待购"现象将加剧，市场成交将会萎缩。

对发展商而言，房地产行业是资金密集型产业，"限购"政策的实施将使销量大幅萎缩，资金回笼速度减缓，房地产企业将面临巨大的资金压力。截至2010 年 3 月 15 日，26 家已公布年报的上市房企合计持有现金 927 亿元，较 2009 年末的 645 亿元大幅增加 43.72%，短期借款由 2009 年末的 106 亿元上升至 2010 年末的 167 亿元，一年内到期流动负债合计达到 285 亿元，与 2009 年末相比大增 77%。同时，这 26 家公司中有 9 家资产负债率超过 70%，保利地产资产负债率高达 78.98%，还有 7 家公司资产负债率在 60% ~ 70% 之间。① 从这组数据可以看出，在经历 2009 ~ 2010 年市场热销后，开发商虽然仍有一定资金实力进行现有项目的后续开发，但在存款准备金率不断上调、银行收紧开发贷款的情况下，将会面临巨大的资金压力。同时，由于 2010 年新房开工量大增，据统计局的数字显示，2010 年 1 ~ 9 月广州住宅新开工面积 1037.42 万平方米，同比大幅

---

① 万晶：《调控政策撼动高房价楼市降价潮悄然来袭》，2011 年 3 月 16 日《中国证券报》。

增长 1.64 倍，为 2009 年全年新开工面积（682.54 万平方米）的 1.52 倍，未来 6～12 个月新盘将集中上市。在"限购"政策的影响下，市场销售萎缩，开发商资金链趋紧，主动降价促销必将出现，房价或将步入下降通道。同时，为了应对楼市可能出现的持续低迷，开发商将会放缓拿地，预计 2011 年地王将不会重现，而开发投资重心也可能会向非住宅类型的房地产开发转移。

对中介商而言，由于二手市场也纳入"限购"的范围，同时新政的实施使业主特别是拥有两套以上住房的业主在放盘时更为谨慎、使购房者放缓购房计划，因此二手住宅销售代理活动将会减少。但是，在"限购"新政影响下，部分业主将会"转售为租"，购房者放缓购房计划也需要租房，同时目前正在推行的城中村改造将使大量在城中村居住的人群也有重新租房的需求，因此租赁市场将会进一步活跃。

三 未来展望与简要建议

（一） 未来广州住宅市场供应分析

住宅市场未来供应将较为充足。首先，2010 年房地产开发量增长明显，全年完成房地产开发投资 983.66 亿元，同比增长 20.3%，住宅投资 572.71 亿元，同比增长 9.2%。新开工面积同比大幅增长，1～9 月全市房地产开发新开工面积 1515.1 万平方米，同比大幅增长 1.54 倍，为 2009 年全年新开工面积（1073.79 万平方米）的 1.41 倍。其中，住宅新开工面积 1037.42 万平方米，同比大幅增长 1.64 倍，为 2009 年全年新开工面积（682.25 万平方米）的 1.52 倍。根据课题组统计模型的分析结果，新开工面积将在 7～12 个月后形成供应。因此，2011 年广州的住房供应是比较充足的。其次，2010 年一手住宅市场出现供大于求的情况。据统计，2010 年广州十区一手住宅批准预售面积为 749.45 万平方米，而网上签约面积为 657.20 万平方米，2010 年一手住宅市场的供求比为 1.14∶1，略高于 2008～2009 年平均供求比 1.04。目前市场上的可售住宅数量也可以说明市场供应充足的情况，2011 年 1 月 1 日广州十区二县可售住宅套数为 38576 套，可售住宅面积为 502.33 万平方米，与 2010 年 1 月 1 日相比，分别增长了 16.5% 和 19.6%（见图 5）。二手市场方面，受"限购"政策影响，未来业主放盘将更为慎重，预计未来市场供应将有所减少。综合上述分析，预计未来广州一手市场未来供应将较为充足，而二手市场供应将有所减少。

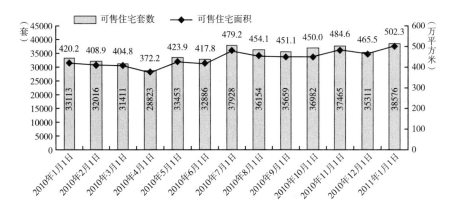

图 5　2010 年以来广州十区二手可售商品住宅情况

（二）未来广州住宅市场需求分析

房地产市场未来需求将会减少。在市场经济条件下，房地产市场能否持续繁荣，取决于住房消费需求能否持续增长。现阶段，住房消费潜在需求主要包括两类：自住需求和投资需求。受"限购"政策影响，投资需求将显著减少。而随着广州经济的发展，广州中心城市地位的提高，未来新增自住型需求将保持稳定增长。但对于首次置业家庭，由于目前房地产市场价格处于历史高位，他们承受能力有限，对房价涨幅较为敏感，同时政府保障性住房的建设将在未来大幅增加，因此首次置业人士将会保持审慎观望的态度而不轻易入市。对于改善型需求，受"限购"及"房贷"政策的影响，其入市门槛（如首付比例、贷款利率、"卖一买一"的成本等）将大幅提高，因此改善型住房需求也将减少。综合上述分析，预计未来广州房地产市场需求将减少。

（三）未来广州住宅市场总体走势判断

综合考虑国内外经济环境的情况、广州的经济发展状况以及国家一系列房地产市场调控政策的效果，预计未来房地产市场的发展将充满巨大的不确定性，市场的波动可能会加大。2011 年随着"限购"及"限贷"政策效果显现，广州房地产市场需求将会继续萎缩，预计十区一手和二手住宅成交量将比 2010 年下降 20% ~ 30%；一手和二手住宅价格将维持盘整或下降趋势，但下跌幅度预计不会超过 10%。

（四）简要建议

根据上述判断，课题组提出以下简要建议：一是密切关注"限购"、"限贷"等宏观调控政策对广州房地产市场及广州经济所造成的影响，确保房地产市场健康稳定发展；二是继续加大保障性住房的建设力度，突出抓好廉租房建设，优先落实建设用地和资金，合理制定保障性住房年度建设计划，鼓励房地产开发企业积极参与社会保障性住房建设，从根本上解决中低收入人群的住房困难问题，改变市民对房价上涨的预期；三是继续加大市场监管力度，坚决打击"捂盘"等违法行为，查处虚假信息、恶意炒作、误导消费的行为，防止房价被人为拉高；四是切实加强房地产市场监测预警工作，完善广州房地产信息体系建设，及时向社会提供真实完整的房地产市场相关信息，引导开发商理性开发、购房者理性消费。

Analysis of the Operation of Guangzhou Residential Market in 2010 and Prediction of the Future

Ou Jiangbo   Fan Baozhu   Zhou Zhaotian

Abstract：This report deeply analyzes the operational characteristics of Guangzhou residential market in 2010. Reviews and concludes the macro regulatory policies of the real estates since 2010, analyses the policy impact of the residential market in Guangzhou. Look forward to the future developments in Guangzhou residential market, and put forward some brief countermeasures and suggestions.

Key Words：Guangzhou；Residential Market；Analysis；Prediction

B.11
广州中小企业发展研究

肖丽娜　李启华*

摘　要：2010年，广州中小企业保持了平稳健康发展的良好势头，对推动广州经济持续稳定增长、缓解就业压力、促进民营经济发展等方面发挥了重要作用。这与广州加快贯彻落实国家、省、市扶持中小企业发展的决策部署和措施得力是分不开的。然而，尽管广州中小型企业已经具备了一定的规模和地位，但还存在不少问题，从而导致了其企业竞争力整体较差。因此，在充分理解广州推动中小企业及民营经济发展主要做法的基础上，广州中小企业在新时期可从加快转型升级、增强自主创新能力、提高经营管理水平和拓展国内外市场等方面谋求更大的发展。

关键词：中小企业　融资　自主创新　公共服务体系　转型升级

2010年，广州加快贯彻落实国家、省、市扶持中小企业发展的决策部署，着力推动中小企业在保增长、强素质、促发展等方面上水平。全年规模以上中小型工业企业累计完成产值8593.02亿元，占规模以上工业产值的58.37%，比增20.10%。中小型企业在推动广州经济持续稳定增长、缓解就业压力、促进民营经济发展等方面发挥了重要作用。然而，尽管广州中小型企业已经具备了一定的规模和地位，但还存在不少问题，诸如中小企业普遍经济效益较差，自主创新能力较弱，资产获利能力较低，企业管理水平和经营业绩均有待改善等，从而导致了其企业竞争力整体较弱。因此，正确认识和客观评价中小型企业的地位和作

* 肖丽娜，广东华南经济研究院民营与中小企业研究所所长助理，硕士，主要研究领域为产业经济、民营经济、中小企业管理；李启华，广东华南经济研究院区域与产业经济研究所副所长，硕士，主要研究领域为产业经济、区域经济、公共管理、战略规划。

用，全面考察广州中小型企业的基本现状，深入分析其存在的主要问题，并在充分理解广州推动中小企业及民营经济发展主要做法的基础上，提出促进中小型企业新阶段发展的对策建议，对于进一步增强广州中小型企业竞争力，促进广州民营经济的持续健康发展具有重大的现实意义。

一 广州中小企业的地位与作用

为提高经济发展质量和效益，促进国民经济持续稳定快速发展，2010年中央经济工作会议对加快经济结构调整力度、转变经济发展方式作出了全面部署。中小型企业大多数属于劳动密集型企业，经济效益和竞争力都不如大型企业，如何促进中小企业持续健康发展是"十二五"期间广州面临的一项重大课题。在此环境下，充分认识和客观评价中小企业的地位和作用，对深刻理解和贯彻中央与广州市政府关于大力扶持中小企业发展的战略决策，意义重大。

（一）就业容量大，有利于维护社会稳定

就业是社会经济发展的一个重要民生问题，关系到社会稳定、和谐。中小型企业大多是劳动密集型企业，在吸纳劳动力就业方面优势明显，中小型工业企业在吸纳劳动力就业方面是中小型企业的典型代表。2008年末，广州中小型工业企业从业人数为185.90万人，占全部企业从业人数的38.96%，占工业企业从业人数的87.51%。中小型工业企业的实收资本、净资产、固定资产原价分别占工业行业的59.70%、53.53%、56.79%，均低于从业人数所占比重。此外，中小型工业企业也是失业人员再就业的重要渠道。2008年末，在所有企业就业的初中及以下学历人数为175.20万人，其中在工业企业就业的有107.48万人，在中小型工业企业就业的有98.46万人；在中小型工业企业就业的初中及以下学历人数占全部企业的56.20%，占工业的91.61%。由此可见，中小型企业的健康快速发展可以给社会创造出大量的就业机会，包括吸纳大量较低文化程度的人员就业，这对于保持社会和谐发展具有积极意义。

（二）规模不断壮大，有利于促进民营经济的蓬勃发展

民营经济是社会主义市场经济的重要组成部分，是促进社会生产力发展的重

要力量。2010 年，广州民营经济地位进一步巩固，全年民营经济实现增加值达 4056 亿元，占全市 GDP 的 38.2%；新登记私营企业 40321 户，比 2009 年增长 18.52%；新登记个体工商户 135205 户，比 2009 年增长 5.35%。私营企业总量超过 20 万户，注册资金超过 2606 亿元人民币，注册资金比重占到整个市场主体的四成多，民营企业从业人员占全市近四成；全年共有 5 家中小企业成功上市，20 家企业进入省民营企业 100 强。但相对国有控股企业而言，民营企业平均实力仍然不强，适当发展中小型工业，有利于形成多种经济成分共同发展的格局。

（三）专业化分工，有利于促进支柱产业的发展壮大

生产的社会化、大规模化和高技术化是现代经济的主要特征。大企业是现代经济的主导和支柱，但大企业的快速发展，离不开众多中小企业的依托。以中小型工业企业为例，中小型工业企业在部分行业已逐渐成为工业的支柱。广州 38 个工业行业中，有 17 个行业均属中小型工业企业占主导的行业。在这些行业中，共有 11438 个企业，占 2008 年末工业企业数的 40.54%。在汽车制造业、电子产品制造业、石油化工制造业三大支柱产业中，共有企业 4154 户，其中，中小型企业占 99.52%，固定资产原价占 51.87%，净资产占 62.96%，实现主营业务收入占 41.84%，营业利润占 37.31%，应交增值税占 33.26%。可见中小型企业在广州产业发展中有着重要的地位。

二　广州中小企业发展现状与问题

2010 年既是广州亚运会举办之年，也是"十一五"规划的收官之年。广州认真贯彻落实国家、省关于扶持中小企业发展的各项政策措施，全方位、多层次、大力度地帮扶中小企业，使中小企业保持了平稳健康发展的良好势头。

（一）中小企业融资难问题取得新突破

广州中小企业融资难问题得到有效缓解，一方面，获得的信贷支持力度为历年来最大；另一方面，信用体系的日益完善为中小企业发展提供了强有力的保障。据初步统计，截至 2010 年 10 月末，广州金融机构的中型企业贷款余额为 2948.5 亿元人民币，比年初增长 369.2%；小型企业贷款余额为 1207.9 亿元人

民币，比年初增长261.1%。在广州中小企业局登记备案而纳入统计范围的为中小企业提供担保业务的担保机构，2010年上半年共为市内1600多户中小企业提供了90亿元贷款担保。此外，中小企业融资渠道得到全方位拓宽。以集合中期票据为切入点，拓宽了中小企业中长期融资渠道；以集合信托为切入点，拓宽了中小企业短期融资渠道。据统计，有5家优秀中小企业于2010年5月25日成功发行了华南地区首期中小企业集合中期票据，合计发行规模1.5亿元，期限3年，债项等级AAA，发行利率创国内集合票据最低水平（3.55%）。2010年4月，广州高清环保科技有限公司等7家中小企业成功发行了第一只集合信托产品。与此同时，广州民营中小企业上市融资步伐也日益加快，截至2010年11月15日，广州共有8家民营与中小企业在国内外资本市场成功上市。

（二）中小企业自主创新动力不断增强

近年来，广州加快了对中小企业科技创新特别是自主创新的政策扶持力度，使中小企业的自主创新能力不断增强。2010年，广州共有569家企业2874个项目通过了技术鉴定，已通过的项目税前可抵扣研发费总额为71.8亿元，与上年同比增长97.2%。自2008年广州实施创新型企业培育、示范工程以来，目前共有20家中小企业被认定为市创新型企业，每家企业获得200万元的专项资金扶持。广州市高士实业有限公司通用型硅酮密封胶生产系统自动化综合技术改造等两个项目获中央中小企业发展专项资金支持，资金总额为210万元。广州白云化工实业有限公司太阳光伏组件专用密封胶产业化技术改造等5个工业中小企业技术改造项目资金申请报告获批复。目前，广州市共有37个中小企业自主创新和转型升级项目、6个重点民营企业技术改造和创新项目正在争取省财政扶持中小企业发展专项资金。此外，广州有20家规模较大、实力较强的龙头骨干民营企业入选2008~2009年度广东省百强民营企业，位居全省地级以上市第一。一批民营科技型中小企业逐渐掌握了核心技术和知识产权，一批创新型企业家和优秀团队正在茁壮成长，在民营和中小企业中涌现了一批知名品牌和驰名商标，企业自主创新后劲十足，自主创新水平得到不断提升。

（三）中小企业日益成为各个领域的生力军

近年来，以科学城、民营科技园、国际生物岛基础工程等重大发展项目为平台，广州中小企业积极进军高新技术产业、拓展现代服务业。目前市内已有 151 家民营与中小企业和 60 家国有企业实现了 85 个合作项目的对接，民营与中小企业逐渐成为第三产业和高新技术产业的主力军。另外，借助"工业品下乡"、"广货西进北上"、"网交会"等内销平台，依托"广州国际设计周"、中科院工业技术研究院、机械科学研究院、电器科学研究院等科技服务平台，广州中小企业发展的服务空间得到不断延伸。众多中小企业积极参与 96909 示范性家政平台、"家政服务工程"示范性培训基地建设，在电器维修、洗染、美容美发、餐饮等便民惠民行业领域成为主导力量，为自身发展壮大提供了充足的机会和空间。此外，广州中小企业利用广交会等展会和外贸出口平台积极拓展国内外市场。广州现有交易额亿元以上的商品交易市场 157 个，其中交易额超 30 亿元的商品交易市场 9 个，汽车及配件、钢材、塑料原料、皮具、服装、家具、美容、音像等专业市场已形成了影响全国的"广州价格"。在亚运会期间，广州中小企业大力开拓亚运等重点项目市场。在市重点办负责亚运公开招标项目中，中小企业中标的项目达 39 个（次），占所有参建单位的 54%以上，中标金额超过 40 亿元。

（四）中小企业创业基地建设跨上新水平

随着民营经济和中小企业的快速发展，广州产业集群也得以迅速崛起，区域产业集聚特点日益明显。亚运之年，广州中小企业不失时机地抓住机遇，充分发挥产业集聚效能，有效地提升了自身创业基地建设与发展水平。2010 年，广州民营科技企业创新基地建设被列入市重点建设预备项目，总面积约 34.86 平方公里。创新基地的发展定位为以空港经济为依托、以民营经济为特色、以高新技术产业和先进制造业为主导、以创新能力为核心的综合性研发、生产和服务基地。此外，广州民营科技园、广州番禺节能科技园、广州从化经济开发区和富林 796 设计精英创意产业园等四家园区被认定为"广东省小企业创业基地"。广州联炬国家高新技术创业服务中心和华南师范大学创业学院、白云区东方中小企业服务中心合作创建的"华南师范大学大学生创业基地——联炬科技创业见习基地"落户广州民营科技园，现已有广州睿风教育科技有限公司等数十家大学生科技创业企业、项目入驻，吸引了超过 50 多名大学生从事科技创业工作。

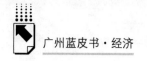

（五）创意产业成为中小企业发展的新亮点

近年来异军突起的创意产业，已经逐渐成为广州的新兴产业。亚运会的举办，带动了广州创意产业加速发展，很多原先产能落后的工厂、码头原址借亚运之机转型成为城市的创意、休闲中心，也助推了广州中小企业的转型升级与发展。目前广州利用工业原址变废为宝、发展现代创意产业园的项目共有 20 多处。其中，由广州纺织机械厂斥资两亿多元人民币改造旧厂房建成的 TIT 国际服装创意园的一期工程在 2010 年末已基本完成。整个园区占地面积约为 9.34 公顷，分为设计区（名师）、创意区（名企）、时尚发布中心（名模）、名店街（名牌）、服务配套区等几个区域，吸引了众多服装设计生产企业进驻。此外，羊城创意产业园、广佛数字创意园、五行科技创意园、信义会馆、星坊 60、广州中小企业创新科技园、红砖厂创意艺术区、1850 创意园、太古仓文化、旅游艺术创意区等众多创意园区的创立和发展，在推动广州民营经济和中小企业转型升级，促进广州从制造向创造转变等方面发挥了积极作用，同时也为民营与中小企业的成长提供了新的发展空间。

（六）制约中小型企业发展的主要问题

尽管广州中小型工业企业已经具备了一定的规模和地位，但就其目前发展状况来看，仍然存在不少问题。一是中小型企业经济效益较低。中小型企业在自主创新能力、资产获利能力、企业管理水平和经营业绩等方面均落后于大型企业。中小型企业投入的自由资产比重较小，借贷和拆借资金比重较大，企业经营风险大于大型企业，但资产获利能力较弱，企业管理水平和经营业绩均有待改善。二是中小型企业自主创新能力较弱。广州中小型工业企业普遍缺乏科技研发机构，企业从事的科技活动较少，大部分中小型企业技术创新和新产品开发能力低，产品更新速度慢。规模以上中小型企业科技人员比重比大型企业低，科技活动经费支出占主营业务收入比重也较低。

三　广州推动中小企业发展的主要做法

2010 年广州中小企业之所以能实现蓬勃发展，除了自身的努力之外，与政府的政策到位、措施得力是分不开的。具体来说，广州中小企业局在营造良好发展环境及完善中小企业公共服务体系等方面做了许多工作，也取得了明显的成效。

（一）不断优化中小企业发展的政策环境

2010 年，广州中小企业发展的政策优势更加明显。一是加大落实《国务院关于进一步促进中小企业发展的若干意见》的力度，不断优化中小企业发展的政策环境，陆续出台了促进民营和中小企业发展的政策措施。广州市中小企业局出台了《中共广州市委、广州市人民政府关于加快发展民营经济的实施意见》及 10 个配套文件，为民营和中小企业发展营造了良好的政策氛围。二是召开全市民营经济工作会议。10 月 25 日召开的广州市民营经济工作会议，不仅总结了近年来广州民营经济的发展情况，而且重点部署了新时期加快民营经济发展的各项工作，有利于促进中小企业又好又快发展。三是民营经济会议及政策文件的宣传贯彻工作积极到位。广州市中小企业局与市发改委、市科信局、市国土房管局等单位组成政策宣讲团，分别在民营和中小企业较为集中的地区开展政策宣讲系列活动，为中小企业健康发展提供了有效的政策指引。

（二）日益完善中小企业公共服务体系

构建中小企业公共服务体系，对促进中小企业健康成长和推动民营经济发展具有重要的现实意义。广州强化服务体系建设，在推进中小企业公共服务方面成绩斐然。一是着力建设中小企业公共服务体系。坚持"政府扶持中介，中介服务企业"，充分发挥中小企业服务体系专项资金的引导作用，着力培育一批核心服务机构，带动全市不同区域、不同行业、不同类型的中小企业公共服务体系的建设。目前，广州 12 个区（市）大部分已成立中小企业公共服务机构（中心），积极开展各项中小企业服务活动。二是着力推进中小企业专项服务平台建设。大力推进中小企业技术创新公共服务平台（基地）建设。广州白云化工实业有限公司等 5 家企业被确认为"2010 年第一批广东省中小企业创新产业化示范基地"。积极推进中小企业投融资平台的服务功能建设，构建网络金融服务体系。截至 2010 年 11 月，在广州中小企业投融资平台注册的中小企业用户达 3950 家，融资需求总额近 60 亿元；进驻金融机构 33 家，发布中小企业融资品种 142 个；通过平台实现融资对接 199 次，涉及融资金额近 62 亿元。着力推动人才服务平台建设。2010 年，广州共有 17 个人才培训项目列入省第一批重点培训计划。三是积极开展中小企业专项系列服务活动。整合服务机构资源，创新中小企业服务体系发展模式，积极举办市区联合系列服务活动。2010 年 5 月，广州中小企业局与省中小企业局联合主办了第二届珠三角工商领袖峰会暨中小企业服务日绿色经济专场活动；8 月份，广州市中小企业局组织召开了"2010 广州市中小企业成长论坛暨中小企业服务联盟成立大会"，市中小企业局与各区（市）、行业协会联合开展了多次"中小企业服务日系列活动"。

（三）以两大重点工程为抓手，推动中小企业做大做强

推动中小企业上水平、上规模，以两大重点工程为抓手，不断增强中小企业的竞争力，推动广州中小企业做大做强。一是实施民营、中小企业上市梯度培育工程。建立上市企业后备资源库，通过开展"走访上市公司"系统培训活动，大力推动入库企业实施股份制改造和上市申报，积极鼓励入库企业跨地区、跨行业、跨所有制兼并联合，到境内外上市和收购重组上市公司，培育一批知名度高、竞争力强的广州中小企业品牌。二是实施龙头企业培育工程和中小企业成长工程。筛选 100 家税收贡献大、拥有自主品牌的民营企业，每年给予 1 亿元财政资金作为税收奖励。滚动筛选 300 家竞争力强的民营和中小企业，纳入市"中小企业成长计划工程"，对税收增长 30% 以上的企业给予奖励。

四　广州中小企业未来发展机遇及挑战

2011 年是"十二五"规划的开局之年，也是"后亚运"时代的第一年，广州中小企业发展机遇与挑战并存。

（一）国内消费市场发展趋势平稳，但需求增长缓慢

为了进一步消除国际金融危机的后续不良影响，国家、省、市各级政府出台了系列扩大内需促进经济平稳较快增长的措施，加快民生工程、基础设施、生态

环境建设和灾后重建，提高城乡居民特别是低收入群体的收入水平。2008 年以来，尽管受到国内外各种不利因素冲击，广东省和广州市消费市场依然保持了平稳较快增长态势，2010 年广州全年累计实现社会消费品零售额 4476.38 亿元，增速 24.2%；全年批发零售业商品销售总额 21204.27 亿元，增长 40.0%。国内消费市场的培育和发展，为广州中小企业的平稳发展和逐步转型升级提供了良好的市场保障。

投资和消费相均衡，经济才能健康发展。但长期以来，我国经济结构重积累投资轻消费，投资和消费失衡。而我国从 20 世纪 90 年代中期以来就面临着严重的消费不足，尽管 2001 年加入 WTO 以来，国际贸易量的大幅增长暂时掩盖了过剩产能的弊端，但是 2008 年国际金融危机爆发后，随着国际市场的急剧萎缩和贸易保护主义的日渐抬头，产能过剩、内需不足的弊端暴露无遗。尽管国家、广东省和广州市出台了一系列有效的经济刺激方案，试图扭转经济下行态势，但是这些巨额投资过分集中在"铁、公、机"等基础设施建设以及十大产业调整与振兴上，短期内可以稳定经济增长，但是从长期来看会进一步加剧国内产能过剩和内需不足的格局；部分投资到保障性住房、农村民生工程、社会事业投资等民生工程建设，但是由于前期欠账太大，短期对扩大国内需求、拓展国内消费市场效果不明显。广州中小企业面临的市场竞争环境不容乐观，产能过剩领域将面临更为残酷的竞争。

（二）融资担保体系残缺，财税资金扶持不足

中央政府和地方各级政府纷纷出台数额巨大的一揽子经济刺激计划，基本上扭转了宏观经济继续下行的势头，但是这些巨额投资主要流向了大型国有企业集中的铁路、高速公路、建材等基础设施建设行业，而实际上给民营企业、中小企业的很少。一方面是由于现有投资体制中，铁路、电信、金融等垄断行业对民营企业，尤其是中小企业的市场准入门槛较高，不仅无法吸纳广大民间资本，还对民间资本产生挤出效应；另一方面在国际国内经济形势尚未明朗的情况下，中小企业融资担保难问题还没有得到有效解决，中小企业融资担保体系不健全，银行系统对于民营企业存在严重的慎贷现象。此外，宏观调控政策剧变，企业经营风险较大。尤其是近期来广州乃至广东省已经加快了淘汰落后产能、推动产业升级的步伐，但是由于宏观调控环境的

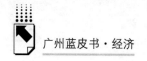

巨大变化，导致落后产能淘汰进程减缓，产业升级面临的不确定性增加，广大中小企业的经营风险加大。

五　推动广州中小企业发展的对策建议

中小型企业对繁荣和活跃广州经济、解决劳动就业问题等方面都具有重要作用，是经济发展的重要力量，但知识产权较少、自主创新能力较弱、经济效益较低、竞争力不强等问题也制约了中小型企业的健康持续发展。在广州加快经济发展方式转变的环境下，中小型企业应当抓紧时机乘势发展，地方政府也仍需继续发挥主导作用以促进中小企业的健康发展。

（一）加快推动中小企业转型升级

把握后金融危机时代国内外经济格局深刻调整的历史机遇，加快推动广州中小企业通过自主创新、集群发展和产业链延伸等方式实现企业转型和产业升级。要制定落实促进中小企业实施技术应用、设备改造、节能减排和发展循环经济的政策措施，鼓励和支持中小企业技术创新基地、技术创新中心和公共技术服务平台建设，加大对创新能力强的成长型中小企业的财税支持力度，推动产学研一体化和科技成果的转化应用，保护知识产权，不断提高中小企业的自主创新能力；要引导中小企业顺应产业集聚的趋势，按照布局合理、土地集约、生态环保、节约资源、科学管理、公共服务、降低成本的原则，向产业集聚和集群化方向发展，引导中小企业向各类产业工业园、科技园、软件园和中小企业创业基地等区域集聚，并通过贷款担保和贷款贴息等举措，鼓励和支持中小企业围绕汽车、石化、船舶、装备等行业的大型企业和重点项目发展配套工业，拉长产业链和产品链，形成产业集群。引导广大中小企业，尤其是先进制造业和高科技产业领域的中小企业采取现代生产经营技术，以现有核心产业为依托，在实施"强企工程"的基础上，从价值链、企业链、供需链和空间链四个维度着手，进行产业链的前向和后向延伸，实现资源多级升值，增强企业的核心竞争力。

（二）增强中小企业自主创新能力

构筑以企业为主体的技术创新体系，加大扶持民营企业技术中心建设，力争每年新增 40 家国家级、省级、市级企业技术中心。支持实施 100 个产学研结合、产业关联度大、技术水平高的重点技术改造项目，对利用银行资金进行技改的项目，给予贴息支持。加快推动由制造向创造拓展，建立百户民营、中小企业预备名牌产品培育联系制度，优先推荐民营、中小自主品牌企业申报驰名商标和省、市著名商标。在新能源、新材料、装备等领域培育一批能参与制定国家级行业技术标准和规范的企业。大力发展高新技术产业，以现有的从事高新技术产品的企业为基础，选择龙头企业和核心技术，培育一批具有自主品牌的高技术产品，壮大一批创新型企业。以广州"中新知识城"为基础，加快创新型园区建设，营造良好的发展环境，更大范围、更深层次地参与国际分工与合作。实施培育中小企业与大企业相结合的产业发展战略，在加快培育一批具有核心竞争力的跨国经营大企业的同时，根据专业化分工的原则，培育一批小而专、小而精的中小高新技术企业，从而更好地提高行业竞争力。

（三）提高中小企业经营管理水平

引导中小企业加强基础管理，强化营销和风险管理，完善治理结构，推进管理创新，苦练内功、降本增效，有条件的可以借助外部管理咨询机构等"外脑"资源，提高经营管理水平。要以电子商务为重点，推广普及各种企业经营管理基础软件和专业软件的应用，建立健全各类中小企业门户网站和专业性网站，引导中小企业利用信息技术提高研发、管理、制造和服务水平，提高市场营销和售后服务能力，并鼓励信息技术企业开发和搭建行业应用平台，为中小企业信息化提供软硬件工具、项目外包、工业设计等社会化服务。要认真落实国家、广东省关于中小企业培训工作安排，加大财政支持力度，充分发挥行业协会（商会）、中小企业培训机构的作用，开展中小企业银河培训工程等活动，广泛采用网络技术等手段，根据企业经营管理者、中层管理人员、专业技术人员、普通员工等人员的不同需要，开展政策法规、企业管理、市场营销、专业技能、客户服务等各类培训。

（四）大力拓展国内外市场

要针对当前国际市场萎缩、国际贸易保护主义抬头、国内市场波动较大等特点，引导和帮助广州中小企业以显在、潜在的市场需求为导向，开发新产品、组织生产经营和技术改造，主动开拓和占领国内外市场。通过跨省市的经济技术交流、粤港澳、"9 + 2"合作平台等，拓展中小型企业的合作交流渠道和空间，帮助中小型企业拓展海外市场。支持自主品牌产品扩大出口，继续用好中小企业开拓国际市场资金帮助其开拓国际市场，在同等条件下对地方自主品牌产品给予优先支持。各级政府和中介机构要利用现代信息技术等手段，建立灵敏的市场信息分析与预测机制、公平公开的市场信息收集发布机制、动态规范的市场管理监控机制，把握市场动态，规范市场秩序，引导市场消费；要发挥广州展贸业发达的优势，依托各类专业市场和"广交会"、"中博会"等展贸平台，把握市场动态，拓展中小企业国内外市场；要降低市场准入门槛，健全政府采购制度，积极帮助中小企业与大企业、大项目配套，建立起稳定的产、供、销和技术开发等协作关系，参与实施国家和省市的经济刺激计划和产业调整振兴规划；要发挥"广货"品牌优势，依托部分知名企业和名优产品，组织"广货北上"巡回展览、"广佛同城购物季"、"家电下乡"等促销活动，引导中小企业建立国内销售网络，开拓国内市场；要实施中小企业名牌发展战略，加大对名牌企业和名牌产品的奖励支持力度，优先将中小企业名优产品纳入政府采购目录，着力解决大型商场对国内自主品牌产品平等对待和公平准入问题。要落实资金引导和财税补贴政策，推动中小企业电子商务系统的应用推广，拓展市场拓展渠道，降低市场营销成本，引导企业加强市场营销和队伍建设，建立稳定的客户网络，搞好售后服务，提高市场份额。

The Research on the Development
of the SMEs in Guangzhou

Xiao Lina   Li Qihua

Abstract：In 2010, Guangzhou has maintained stable and healthy development of SMEs in the good momentum in promoting steady economic growth in Guangzhou, ease employment pressure, and promote private economic development has played an important role. This is to speed up the implementation of Guangzhou national, provincial and municipal decisions and arrangements to support SME development and effective measures are inseparable. However, despite the small and medium enterprises in Guangzhou has had a certain size and status, but there are still many problems, leading to its overall competitiveness is poor. Therefore, a full understanding of SMEs and Guangzhou to promote the practice of private economic development mainly based on small and medium enterprises in Guangzhou from the ability of independent innovation, speed up transformation upgrade, expand domestic and foreign markets, and enhance the management level, etc. to seek greater development in the new period.

Key Words: SMEs; Financing; Innovation; The Public Service System

区域经济
Regional Economic

B.12
关于增城"十二五"时期发展
定位的战略思考

叶牛平*

　　摘　要：本文全面分析了增城市发展的现状和影响其未来发展定位的主
要因素，认为增城"十二五"时期的发展定位是建设成为广州东部综合门
户功能区，并提出了实现这个定位的对策建议。

　　关键词：发展定位　发展战略　增城

　　增城位广州东部板块的前沿，区域面积 1616.47 平方公里，占广州市域面
积的 21.74%，是广州土地面积最大、发展最快的区域之一。增城在"十二五"
时期应该如何定位，从而能更好地将增城发展与广州国家中心城市建设相结
合、相协调，是一个迫切需要回答的问题。本文认为，将增城建设成为广州东

* 叶牛平，中共增城市委副书记、增城市人民政府市长。

部综合门户功能区，既具备现实经济基础，又符合区域发展趋势，具有重要意义。

一 "十一五"时期增城经济社会发展取得长足进步

"十一五"规划实施以来，我市坚持以科学发展观统领经济社会发展全局，以建设广州东部现代化生态新城区为总定位，积极探索县域经济科学发展模式，顺利完成了"十一五"规划各项主要目标和任务。其间，实施了南中北三大主体功能区错位发展，创造了县域经济发展的增城模式，并成为中共中央政治局常委李长春同志学习实践科学发展观活动的联系点；增城工业园区成功升级为国家级经济技术开发区，为经济社会发展注入了强大动力；成功获批为全省第一个统筹城乡综合配套改革试点县市（县级市），为促进城乡一体化开创了广阔空间；县域经济基本竞争力由"十五"期末的第 19 位跃升到第 9 位，继续领跑全省。过去的几年里，增城先后荣获"联合国世界和谐城市提名奖"、"中国最具幸福感城市"、"中国和谐之城"、"中国全面小康十大示范市"、"全国绿化模范市"和"全国绿色小康市"等称号。

（一）经济发展实现新跨越

增城市 2010 年实现地区生产总值 683.6 亿元，是 2005 年的 2.68 倍，"十一五"时期年均增长 16.68%；2010 年财政总收入和地方财政一般预算收入 158.1 亿元和 39.88 亿元，分别是 2005 年的 4.69 倍和 3.05 倍，年均增长 36.2% 和 25.89%。增城工业园区成功升级为国家级经济技术开发区，形成了以开发区为核心、东区高新技术产业基地和石滩研发创意产业基地等园区为配套的先进制造业集聚区。发展壮大了汽车、摩托车、纺织服装三大支柱产业集群和高新技术产业，工业增加值占全市 GDP 比重达 59.6%，高新技术产业产值占工业总产值的 32.7%。生态旅游业成为新兴支柱产业，白水寨、湖心岛、小楼人家三大旅游核心景区及配套设施不断完善，2010 年游客接待人数和营业收入分别比 2005 年提高 8 倍和 4.6 倍。商贸物流业和居住产业加快发展，人人乐华南物流配送中心、富港东汇商业城、盛唐世纪广场等重大商贸物流项目以及碧桂园豪园、保利壹号公馆等优质居住项目落户建设。都市农业稳步发展，新培育发展 6 家广州市级农业龙头企业、171 家农民专业合作社，建设了 9 个千亩粮食生产基地以及 28 个百亩水果、花卉、蔬菜生产基地，打

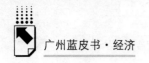

造了荔枝、丝苗米、迟菜心等"增城十宝"特色农产品品牌。经济社会综合实力显著增强，县域经济基本竞争力由"十五"期末的第 19 位跃升到第 9 位。

（二）城市建设展现新面貌

加快推进"三大主体功能区"和"两城三中心"建设，形成了先进制造业区、文化生活区、生态产业区等功能分明的城镇发展格局，中心镇产业集聚、公共服务、生态景观等功能得到显著增强。5 年来投入 84 亿元加快城乡交通基础设施建设，升级改造 8 条 141 公里城市主干道路和 66 条 107 公里市政道路，加快增莞、广河、增从等高速路以及穗莞深、广州地铁 13 号线等轨道交通建设，新建农村水泥公路 580.9 公里，改造 50 座农村公路桥梁，全面实现行政村"六通"。投资逾 9 亿元完成 15 项输变电工程，新投产 8 座变电站，新增变电容量129.2 万千伏安，电网建设投资创历史之最。

（三）生态环境形成新优势

积极推动产业生态化和生态产业化，全面实施全区域公园化战略，大力实施"三边"整治、"四原"保护和"五园"变公园，全市建成 30 多个生态公园，率先规划建设 207 公里城乡绿道网，森林覆盖率达 55.38%，城区人均绿地面积达到 19.37 平方米。投入 30 亿元推进水环境治理，建成 6 大城镇污水处理系统工程和 77 条村庄生活污水处理工程，整治水南涌、二龙河等 92 公里河涌，实施了增江一河两岸综合改造工程。依法依规关停全部水泥厂、54 家线路板厂、97 家洗漂印染企业、97 家黏土砖瓦陶企业和 200 多家采石采矿场，有效促进了工业文明和生态文明协调发展。

（四）城乡统筹开创新格局

大力实施"和谐农村 365"工程和农民安居工程，编制了 282 条行政村村庄发展规划，全面铺开"一清二控三规四拆五建"工作，规范农民建房管理，建成了西南村、东西境、蒙花布等一批绿色小康村和生态文明村，启动实施明星中心村、罗岗村等新型农村社区建设。农村生产发展能力明显提升，5 年共投入 3.65亿元完成 15.9 万亩农田和 1 万多亩鱼塘标准化改造，投入 19.52 亿元推进城乡水利防灾工程、农田水利等水利设施建设。深入实施"万村千乡"市场工程，建设了 37 个农贸市场，农村现代流通网络体系加快完善。农民转移就业工作成效显著，实施免费就业技能培训和推荐就业，5 年来转移农村富余劳动力 7.3 万人。以农产品收入、工资收入、财产性收入和转移支付收入等方式多渠道促进农民增收，农民人均收入增速连续 5 年超过城镇居民。

（五）民生福利迈上新台阶

持续加大民生投入，全面落实富民惠民工程，城乡基本公共服务均等化明显加快。科技事业加快发展，全市专利申请量 2026 件，专利授权量 1607 件，比"十五"时期分别增长 77.10% 和 130.23%。城乡教育均衡发展，财政投入 50 多亿元优先发展教育，撤并"麻雀学校"188 所，新建扩建学校 51 所，率先实施增城籍学生 12 年免费义务教育，高等教育毛入学率由 2000 年的 4.84% 跃升至 2010 年的 36%，成功打造了广东省教育强市。医疗卫生服务网络基本建成，基本完成博济医院、4 家镇区医院建设以及 127 间卫生站标准化改造。公共文化实现城乡共享，成功举办世界旅游日全球主会场庆典开幕式和广州亚运会增城赛会，加快建设以增城广场为核心的文化艺术中心区，推进"两馆一院"等惠民文化设施建设，完成 44 个市镇文化广场建设以及镇"六个一"、村"三个一"工程。社会保障能力明显增强，启动实施社会养老、医疗、工伤、失业、生育五大社会保险，城镇居民医保覆盖率达 97%，新型农村合作医疗参合率达 99.88%。构建市镇村三级就业服务网络，创建 33 个充分就业社区和 19 条充分就业村，累计推荐就业 10.9 万人。构建大住房保障体系，建设经济适用住房、廉租房、动迁安置房、外来工公寓等保障性住房 13 万平方米。

（六）体制创新取得新突破

成为中共中央政治局常委李长春同志学习实践科学发展观活动的联系点后，增城出台了《关于争创贯彻落实科学发展观示范点的实施意见》。此外，它还成功获批为全省第一个统筹城乡综合配套改革试点县市（县级市），制定实施了《增城市统筹城乡综合配套改革试验总体方案》及配套措施；逐步健全了促进主体功能区协调发展的组织保障、资源配置、生态补偿等保障机制，有效推进主体功能区建设；全面启动实施了新一轮政府机构改革，市政府工作部门和办事机构由 38 个调整为 24 个，政府效能进一步提高；推动镇级行政管理体制改革试点，初步建立了适应城乡统筹协调发展需要和服务型政府建设要求的镇级行政管理体制和运行机制。

在看到成绩的同时，我们更要保持清醒的头脑，科学分析我市经济社会发展中存在的困难和问题：一是经济实力还比较薄弱，经济发展的质量和效益有待进一步提高。地区生产总值、地方财政一般预算收入、固定资产投资等多项主要经济指标仍处于广州十区两市的中下水平，没有一项指标能够进入百强县前列，粗放型经济增长特征仍比较明显。二是转变经济发展方式的能力和效率有待进一步提高。第三产业占地区生产总值比重仅为31.3%，远远落后广州30个百分点；产业层次总体上还比较低，企业平均规模还比较小；自主创新能力薄弱，企业科研投入偏低。三是统筹城乡发展的工作力度有待进一步加强。这是一项长期性、战略性、全局性的综合配套改革工程，需要更加注重统筹协调、上下联动、分工合作、整体推进，确保改革试验工作有力有序推进。

二 "十二五"时期增城新定位：建设 广州东部综合门户功能区

（一）影响增城定位的因素分析

1. 广州国家中心城市建设是决定增城定位的最重要条件和动力

广州是华南地区最重要的经济、政治、文化中心，近年来经济增长迅速，综合实力和中心城市辐射力迅速增强，并被国务院确定为"国家中心城市"，2010年亚运会的成功举办，更为广州中心城市建设注入了强大动力。增城占广州市域面积的五分之一还多，是广州东进发展战略中发展空间与潜力最大的地区，是广州未来重点发展的东部门户。广州国家中心城市发展战略，一方面决定了增城市的发展战略取向，另一方面也为增城发展提供了最重要的条件和动力。广州城区的重大基础设施将进一步延伸到增城，在产业、技术、人才、知识等方面对增城将形成巨大的资源溢出效应，推动经济社会的全面发展。

东进发展战略仍将是未来广州国家中心城市建设的重中之重，并将进一步细化、优化和系统化。

——根据《广州市城市总体规划纲要（2010～2020）》，东部地区规划有两个副城区：黄埔—萝岗副中心、增城副中心，两个卫星城：知识城、新塘，并进一步确认东部地区以萝岗区为依托，建立沿黄埔—增城—东莞方向拓展的发展带，计划用十年时间基本建成东部山水新城，疏解中心城区密度过高的人口。

——2010年6月中新广州知识城正式奠基，12月知识城管委会正式挂牌，确立了重点发展的八大产业，包括研发服务、创意产业、教育培训、生命健康、信息技术、生物技术、先进制造等。

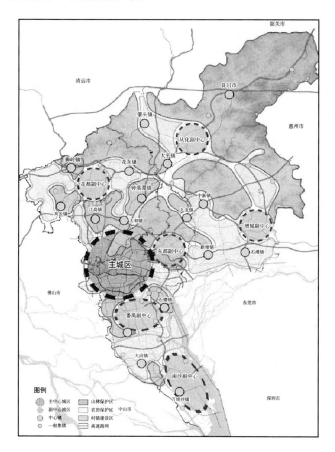

图1 广州市城镇体系规划

——2010年11月广州市委、市政府印发了《关于加快经济发展方式转变的实施意见》，要求"充分发挥广州东部综合交通枢纽和穗港深现代产业带的辐射带动作用，着力将增城开发区打造成为广州东部门户功能区"。这是广州市首次以市委、市政府文件形式，将增城开发区定位为广州东部门户功能区。

——2010年12月,《广州市"十二五"规划纲要(征求意见稿)》明确提出"加快完善世界一流的空港、海港和现代集疏运体系,构筑由北部白云空港、南部南沙海港、西部广州南站和东部增城交通枢纽组成的门户枢纽格局"。

广州国家中心城市建设的新战略、新态势以及增城的区位特点,决定了增城未来必须以打造广州东部综合门户功能区为总体战略,抓紧完善东部交通枢纽和配套服务功能,在此基础上进一步推动现代产业、生态宜居、技术创新、人才集聚、城乡统筹等产业或事业发展。

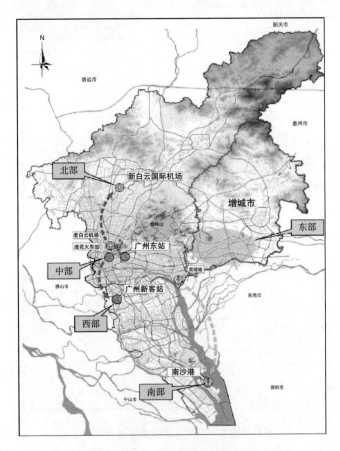

图2 广州市重大交通门户及功能区分布

2. 珠三角一体化快速推进不断带来新的发展机会

2008年国家发改委批准实施《珠三角地区改革发展规划纲要(2008~2020年)》,从构建现代产业体系、提高自主创新能力、推进基础设施现代化、统筹城乡发展、促进区域协调发展等多方面对未来珠三角地区发展作出了战略部署。《规划纲要》的实施，显著提升了广州国家中心城市地位，极大地促进了珠三角地区一体化进程。增城位于珠三角核心位置，拥有连接广州、东莞、深圳的特有区位优势，有利于充分利用珠三角区域的人才、资金、产业等资源，加快发展现代服务业、高新技术产业和先进制造业，促进现代产业体系的形成。

3. 增城的空间、交通和区位优势不断得到强化

增城具有广阔的发展空间。据统计，增城通过"三旧"改造等措施，可获得77平方公里的建设用地。增城生态良好，环境优美，资源丰富，全市林地面积达118万亩，森林覆盖率达55.38%，林业蓄积量达237万立方米，有全长达260公里、水质基本达到二类以上的珠江支流增江河，北部山区有1000平方公里限制开发的绿地。

增城近年来通过大力完善以道路交通为重点的基础设施建设，逐步推进城市地铁及轨道交通线网规划，交通与区位优势日益凸显：广州东部交通枢纽中心（新塘站）已启动规划建设，广州地铁13号线、16号线和21号线均将在"十二五"期间延伸到新塘和市区，广惠汕铁路、穗莞深城际轨道、广深铁路（和谐号）等重大轨道交通将对接增城，广河、增从、北三环等高速公路将贯通境内，

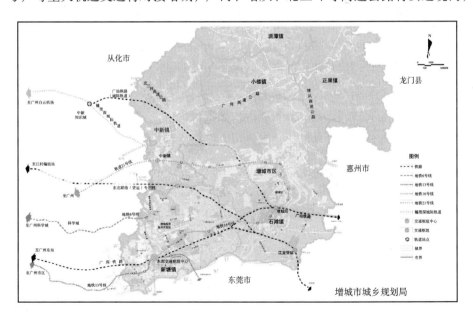

图3 增城的轨道交通线路规划

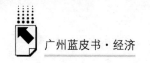

这将显著缩短我市与广州及珠三角地区的空间距离，增强对发达地区产业转移的承接能力。

4. 国家级开发区建设将产生巨大的辐射带动作用

2010年3月，增城工业园区经国务院批准升级为国家级经济技术开发区，成为广州市第三个国家级开发区，这对增城吸引更多的生产力骨干项目，提高自主创新能力，推动转变发展方式，加快构建现代产业体系，打造新的经济增长极具有重要意义。未来要充分发挥增城开发区体制机制、产业发展、政策保障的优势，特别是通过实行"一区多园"管理体制创新，辐射带动全市经济社会发展。

5. 经济社会快速发展不断夯实未来发展的基础和条件

近年来，全市经济社会发展水平得到明显提升，经济实力和政府可支配财力明显增强，为"十二五"期间将更多的财政资源投入城市建设、社会发展和经济发展提供了有利条件和发展动力。我市目前已经形成了比较良好的区域形象，特别是作为中共中央政治局常委李长春同志学习实践科学发展观活动的联系点和全省统筹城乡综合配套改革试点，为我市进一步发展创造了有利的发展氛围。

（二）广州东部综合门户功能区的基本内涵、核心功能与建设重点

1. 基本内涵

广州东部综合门户功能区的基本内涵：一是要加快建设广州东部交通枢纽中心，推动形成由高速及快速公路、地铁及轻轨、高速铁路及城际轨道等多种交通方式构成的快速交通网络；二是要积极发展现代物流、现代商贸等配套服务业，强化相关站场建设，提升东部门户服务功能；三是要进一步优化城乡布局，加快完善基础设施建设，增强对广州城区产业和人口东移的承接能力；四是要加快建设现代产业体系，完善公共服务体系，促进经济社会跨越式发展；五要积极实施全方位开发战略，努力使增城成为广州辐射我省东部、北部等地的重要平台和通道。

2. 核心功能

（1）交通枢纽功能区。

这一功能区主要是形成广州东部交通枢纽中心，把高度拥挤在中心城区的客运站、货运站所承担的压力通过东进和进东进行疏导。当前珠三角一体化已将城市轨道建设作为一号工程，广州正加快东部地区地铁的规划建设，随着地铁13

号线、地铁 16 号线、穗莞深城际轨道、广深客运铁路、广惠汕高速铁路、广深四线等客货运线路在增城新塘交汇，在增城形成新的东部门户性城际交通枢纽中心成为必然。增城完全可以作为广州东部的客运中心和货运中心，与番禺南站陆路门户、白云机场空港门户和南沙海港海运门户并列作为广州四大门户功能区来规划和建设，从而构建广州综合立体交通网络，增强广州的承载能力，强化广州的辐射带动和综合服务功能，加快建设并真正形成综合性门户城市。

（2）现代产业新区。

这个新区空间比较大，不仅包括增城经济技术开发区，也包括与之紧密相连的多个特色产业园区；不仅包括南部的新型工业区，也包括中部的文化生活区和北部的生态产业区；不仅可以提供广州城区传统产业退二进三、转型升级的空间，也可以提供广州新兴产业合理布局和安排的空间；不仅可以提供"广州制造"的空间，也可以提供"广州创造"的空间。产业选择上，这个新区就是要整合各类产业组团，打造广州东部高新技术产业、先进制造业、新兴产业和生产型服务业，加快培育发展汽车、摩托车、纺织服装、电子信息、高端装备制造、电力设备和电力材料制造、商贸物流、生态旅游、房地产、都市农业等十大核心产业，构建具有增城特色的现代产业体系，成为广州东部产业带的"重要一极"。

（3）生态宜居新城。

这个新城有三个特点：一是组团式发展，由一组环境优美、功能不断完善的城市副中心、卫星城、小城镇有机构成。二是人口集聚的容量比较大，集聚的人口不仅包括增城加速城镇化农村富余劳动力"上移"的人口，广州中心城区转移疏散"下移"的人口，还包括广州市外引进人才"平移"的人口。三是生态优势突出。要充分发挥增城尤其是北部 1000 平方公里生态区生态资源丰富的优势，深化公园化战略，完善绿道网建设，保护和建设好良好的生态，为广州的生态文明建设作出更大贡献。要依托自然生态资源发展，加快建设白水寨省级风景名胜区、小楼人家景区和湖心岛景区三大核心景区，推动生态产业化、产业生态化，着力打造广州东部最大的生态休闲区，吸引广州、东莞、深圳等周边发达区域的市民到广州东部居住、休闲、度假、观光。

（4）城乡统筹示范区。

广州 7000 多平方公里的区域，不可能没有农村，也不可能消灭农村，不管是城中村、还是村中城，都不应该是城乡一体化发展的样板。只有农村地区同步发展起来了,广州才能说得上科学发展实力增强了,才能成为真正意义的"首善之区"。增城的地理位置、区域特点、发展基础具备既能发展工商业又能发展生态旅游和都市农业、既能发展和建设新城市又能发展和建设新农村、既能解决城镇居民公共服务问题又能解决农村农民公共服务问题的条件,因此,增城被列为广东省统筹城乡综合配套改革试点。如果能够发挥好试点政策优势,在城乡基础设施建设、社会保障、城乡管理等方面大胆探索,先行先试,尽快在促进农村土地流转和农地规模化、集约化经营,全面实施扶贫解困,促进城乡基本公共服务均等化,加强村社干部管理、夯实农村基层组织建设等方面率先突破、积累经验,增城完全可以成为广州市统筹城乡一体化发展的试验田和示范区。

3. 建设重点

(1)与广州交通东进对接,实施交通基础设施工程。

轨道交通方面,重点配合做好穗莞深城际轨道、广惠汕高速铁路、广深客货运铁路、广州地铁13号线、地铁16号线等轨道交通线路建设;高快速公路方面,配合抓好广河、增从、北三环、广园东四期高速路建设,抓好境内高快速路连接线建设;市域主干道路方面,推进新新公路、石新公路等主干道的升级改造,抓好107国道新塘段改线、广汕公路增江段改扩建,其中,广汕公路萝岗段需要广州统筹按照全线双向八车道沥青砼路面、一级公路结合城市快速路标准的进行升级改造。

(2)与广州产业东进对接,实施产业园区化工程。

依托增城经济技术开发区,用足用好国家开发区政策,按照一区多园的模式,整合周边各类园区,统筹建设好园区各类基础设施,按照一个完整的产业新区概念打造增城经济技术开发区。

一是以广州东部(增城)汽车产业基地为核心,打造先进制造业产业园区。该基地是增城经济技术开发区现在的核心区域,紧连广州开发区和广州科学城,规划控制总面积22平方公里;以广汽本田增城工厂为龙头,将重点发展以汽车、摩托车生产及其零部件、机械装备、电子信息、电力设施和电力材料、新材料、新能源和节能环保等为主的先进制造业和高新技术产业。

二是以广州东部交通枢纽中心为核心,打造现代服务业产业园区。该区域紧邻广州东部(增城)汽车产业基地,拟规划控制总面积4000亩,可依托穗莞深城际铁路、地铁13号线、地铁16号线、广深铁路(和谐号)和广惠汕高速铁路等五条交通轨道相交汇的优势，大力发展以商贸服务、现代物流、生活配套等为主的现代服务业，主动承担起珠三角城市群人口和资源流动、集散的综合配套服务功能，充分发挥轨道交通带来的综合效益。

三是以广州东部（增江）高新技术产业基地为核心，打造高新技术产业园区。该园区规划控制总面积10000亩，作为增城经济技术开发区的配套产业区，大力发展汽车及其零部件、电子信息、生物医药、新材料为重点的新兴产业，现已引进贵冠电子、金南磁性材料、高迪新型建材等一批生产力骨干项目，抓紧推进北汽集团华南基地30万辆整车项目建设。

四是以广本研发中心为核心，打造现代研发创意产业园区。该园区西联广州东部（增城）汽车产业基地，规划控制总面积6200亩，以广本研发中心为龙头，大力发展研发设计、文化创意、计算机及软件服务、咨询策划等创意产业。

（3）与广州人口东进对接，实施生态卫星城工程。

随着城市的进一步发展，广州人口将加速集聚，预计"十二五"期间将形成1400万～1500万人口的超大城市，庞大的人口不可能都集中在中心城区，必须要有新的人口承载地。通过发挥增城优美的生态、区位交通和东部生产生活功能配套完善的比较优势，强化对公共交通、人口和公共基本服务的规划和引导，加快建设荔城、中新、新塘等城市副中心和生态卫星城，可以有效疏导广州都市的密集人口。

一是新塘城区以服务增城开发区和广州开发区为重点，建设广园东版块最具活力的生态宜居新城。新塘所在的广园东区域处在广州东拓轴线上，同时也是广州与东莞连接的桥头堡，两个国家级开发区与其紧密相连，其区位优势非其他区域可比。随着广州东部交通枢纽中心的加快建设，人口集聚效应得到显现，按照新塘城区目前的发展势头，完全可以发挥缓解广州中心城区人口压力的"反磁力中心"作用，未来5年可以集聚50万～80万人口甚至百万人口，包括广州拓展中心城区空间所分流的人口。

二是增城市区以建设国际旅游度假城为载体，加快规划建设生态山水宜居的城市副中心。新城区规划控制总面积约40平方公里，东至增江一河两岸，南至广惠高速公路，西至朱村街，北至广汕公路。作为增城优化开发的文化生活区，荔城、增江都可以依托增江两岸的优美生态环境，加快完善城市功能及配套设施，用5年左右的时间，完全可以打造成一个集聚30万～50万人口的生态山水

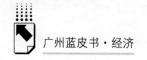

宜居新城，逐渐发展成为广州的副中心。

三是中新镇区以对接中新广州知识城为契机，加快规划建设为知识城提供综合配套服务的广州东部生态卫星城。中新镇区紧邻中新广州知识城，可以瞄准中新知识城产业定位，抓紧做好错位发展、互动互补的发展规划研究，通过修编完善总体规划，超前做好接受知识城辐射带动的各项基础工作，加强基础设施对接，包括争取远期开通广州中心城区—中新广州知识城—中新镇—朱村街—荔城街的轨道交通。甚至可以利用知识城的预期效应，大力发展和建设大型城市综合体，做大做强房地产和商贸服务业。用5年左右的时间，完全可以打造成一个集聚30万~50万人口的生态卫星城。

（4）与广州公共服务东进对接，实施城乡一体化工程。

可以继续按照南中北三个主体功能区的不同发展要求，探索不同区域统筹城乡发展的路径。在南部，深化增城经济技术开发区作为通过加快工业化进程、加大以工促农力度推动城乡一体化发展的试点；在中部，深化增城市区新城市中心作为通过加快城市化进程、加大以城带乡力度推动城乡一体化发展的试点；在北部，深化白水寨核心景区作为通过加快生态文明建设、促进产业生态化、生态产业化推动城乡一体化发展的试点，使各区域都能按照各自发展实际找到一条科学合理，又与其他区域协调互动、互相促进的城乡一体化发展道路。

（三）建设广州东部综合门户功能区具有重要现实意义

1. 建设广州东部综合门户功能区是适应珠三角一体化发展新形势的需要

随着珠三角发展规划纲要的实施和珠三角一体化进程的加快，位于广州东大门的增城，所处位置的区域发展背景和所赋予的地理意义发生了深刻变化：一是成为广佛肇经济圈连接深莞惠经济圈的前沿门户；二是成为广州—深圳—香港区域创新土轴的重要节点；三是成为珠三角交通一体化的黄金走廊和黄金站点。这意味着增城的区位优势、后发优势越来越凸显，其工业化、城市化、现代化、国际化的进程将会迎来一个快速发展的时期。把增城定位为广州东部新区就是为了适应这种快速变化的新形势，使广州增城能够尽快融入珠三角一体化发展进程。

2. 建设广州东部综合门户功能区是广州建设国家中心城市深化东进战略的需要

增城是广州建设国家中心城市的重要组成部分，也是广州深化东进战略的最前沿阵地。但一直以来，增城在东进战略中的地位和作用是模糊的。在地理概念上，增城是广州东进战略的覆盖范围，但在实际规划建设过程中，广州并没有把增城纳入城市发展规划，增城也没有融入广州的城市规划体系。规划没有对接，东进增城就没有基础。把增城定位为广州东部新区，对于深化广州东进战略，使增城真正融入广州的东进战略规划，切实承担起广州东进的重任具有重要意义。

3. 建设广州东部综合门户功能区是广州打造新的经济增长极的需要

上海有浦东新区、天津有滨海新区、重庆有两江新区。广州实施东进、南拓、西联、北优、中调战略以来，南部和北部有了较大发展，中心城区规划建设五大功能区，进一步提升了国家中心城市的功能。"十二五"期间，广州还应该有新的发展区域，拥有广州经济技术开发区和增城经济技术开发区两个紧密相邻国家级开发区的萝岗·增城（新塘）版块，将是广州当前乃至未来 5～10 年内重要的发展区域和经济增长极。把增城定位为广州东部新区，对于加快这个版块的建设，促进广州东西两端平衡发展、进一步拉开国家中心城市新格局具有重要作用。

4. 建设广州东部综合门户功能区是增城创建高水平的科学发展示范区的需要

经过"十一五"的规划建设，尤其是 2008 年开展深入学习实践科学发展观活动李长春同志挂点联系增城以来，增城的经济社会发展取得了长足进步，经济充满活力，生态环境优美，城乡宜居宜业，步入了一个以科学发展观主导的新的发展阶段。李长春同志要求，增城要创建高水平的科学发展示范区，广东省委省政府、广州市委市政府主要领导也要求增城不断探索新思路，创造新经验，尤其是增城经济技术开发区获批国家级开发后，增城面临极大的发展压力。如何适应新的发展阶段，适应新的发展要求，正在迫使增城转换新的角色，不能老是停留在过去那种基于县级市背景下的规划理念、发展思路和治理方式上，而必须作为广州建设国家中心城市的一个新区来规划建设和管理。

三 将增城建设成为广州东部综合门户功能区的政策措施

（一）坚持科学发展

坚持科学发展是中央"十二五"规划的主题。要继续发挥好李长春同志把增城作为学习实践科学发展观活动联系点的巨大政治优势，扎实开展创先争优活动，把科学发展作为创先争优的首要任务，不断巩固和扩大实践科学发展观活动所取得的成果。按照以人为本、全面协调可持续发展的要求，坚持先行先试，深入推进三大主体功能区建设、公园化战略、统筹城乡一体化发展，创建高水平的科学发展示范区。

（二）加快行政区划调整

必须倍加珍惜和充分发挥好国家级开发区的政策优势。广州在加快推动行政区划调整时，应考虑加快增城改区步伐，促进增城开发区与行政区紧密相连、有效融合，不断扩大国家级开发区先行先试的机制体制优势，形成高效运作的管理模式。

（三）实施重大项目带动

这包括重大基础设施建设项目，也包括重大产业项目，尤其是事关增城发展的核心产业项目。广州在安排重大项目特别是优质骨干项目时要多向增城开发区倾斜；增城必须充分发挥国家级经济技术开发区的效应，开展大招商，力争招大商。

（四）确保建设资金

大投入促进大发展，广州要加大对东部地区的基础设施建设和城市规划建设的投入；另一方面，增城要继续发挥资源优势、后发优势，建立完善市、镇投融资平台，保障建设资金需求。

（五）保障土地供给

增城的土地开发强度只有13%，远低于广州市22.43%的平均水平，省和广州市在用地报批上完全可以对增城进行倾斜，支持增城经济技术开发区的土地指标单列，给予增城更多的用地指标，缓解重点项目落户用地需求。增城自己要抓紧土地整合、储备和报批，尤其是加快推进"三旧"改造，腾出更多的发展用地，满足进一步发展的需要。

（六）强化人才和智力支撑

人才和智力支撑是建设广州东部新区的根本。首要的是加强干部队伍建设，坚持风清气正的用人环境，真正把那些想干事、能干事、会干事、干得成事的干部推上各级领导岗位。还要不断壮大人才队伍，坚持落实培养措施，加大引进力度，优化政策措施，在抓好党政领导人才、企事业单位经营管理人才、专业技术和创新性人才队伍建设的同时，切实加强技能人才、农村实用人才和社会工作人才队伍建设。

Strategic Thinking for the Position & Development of Zengcheng in the 12th Five-year Plan Period

Ye Niuping

Abstract：The paper comprehensively analyzes the development status of Zengcheng and the main factors that affect the future development position, then considers the development position of Zengcheng in the 12th Five-year Plan period to be East Guangzhou Comprehensive Functional Zone, and advances the proposal to achieve the position.

Key Words：Development Position；Development Strategy；Zengcheng

B.13
广州工业发展布局策略研究

叶昌东　周春山*

摘　要：广州以大型重化工业为主导的工业体系正在逐渐建立，当前的发展正面临着向战略性新兴产业、绿色低碳经济的转变，同时也面临着"后亚运"时代经济低谷效应、建设国家中心城市以及"三旧"改造等一系列新的发展形势。文章在回顾了20世纪90年代以来广州工业的发展历程和空间分异规律之后，对广州工业发展与布局的演变机制进行了分析；并提出大力发展战略性新兴产业、以绿色低碳的理念指导工业发展与布局和采取集约型增长模式的工业发展对策。

关键词：工业空间分异　演变机制　发展对策

一　1990 年以来广州工业发展历程

改革开放后尤其是 1990 年以来，在现代交通运输和通信技术的推动下工业生产转向以弹性生产为特征的后福特主义方式，全球化趋势越来越明显。广州是世界性制造业生产基地珠三角地区的中心城市，其工业的发展取得了巨大成就，1990 年以来工业年均增长速度达 20% 以上，2009 年工业总产值达到 13480.78 亿元，在全国各大城市排名中居前列。1990 年以来广州工业发展演变的主要特征有：①行业结构向重化工业化发展，逐渐形成了交通运输设备制造业、化学原料及化学制品制造业、电子及通信设备制造业等三大支柱型工业；工业专业化程度

---

* 叶昌东，人文地理学博士，中山大学地理科学与规划学院，研究方向为工业经济、区域发展与城乡规划、城市空间结构等；周春山，中山大学城市与区域研究中心教授，博士生导师，人文地理学博士，主要研究方向为区域发展与城乡规划、城市内部结构等。

逐渐提高。②工业企业大中型化，1990 年以来经历了"小→大→中"的发展过程。③要素结构向纵深发展，资本密集型工业逐渐成为主体型工业，技术密集型工业发展迅速。④融资结构经历了由内资主导向外资主导的转变，外资型工业在工业体系中占有越来越重的份额。可以看出 1990 年以来广州工业发展大致可分为三个阶段（见图 1、表 1）：① 20 世纪 90 年代初期是国有经济主导阶段；② 20 世纪 90 年代后期是调整转型阶段；③ 2000 年以来是大型重化工业主导阶段。

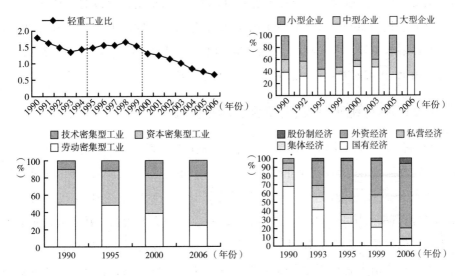

图 1　1990 年以来广州工业轻重比、规模、要素、融资结构变化

表 1　1990 年以来主要年份广州支柱工业变化情况

单位：%

年份 \ 排序	行业	占工业总产值比重	行业	占工业总产值比重	行业	占工业总产值比重
1990	电气机械及器材制造业	7.85	普通机械制造业	6.28	食品制造业	6.11
1995	化学原料及化学制品制造业	8.53	交通运输设备制造业	6.92	皮革毛皮羽绒机器制造业	6.27
2000	交通运输设备制造业	9.96	化学原料及化学制品制造业	9.37	电气机械及器材制造业	7.06
2006	交通运输设备制造业	18.00	化学原料及化学制品制造业	9.47	电子及通信设备制造业	9.21

（一）20 世纪 90 年代初期国有经济主导阶段

20 世纪 90 年代初期是改革开放初见成效的时期，也是市场经济体制改革的起步阶段；由于广州历来是华南地区的中心城市，历史原因使得广州的国有制企业较多，因此这一阶段广州的工业主要是以内资经济，尤其是国有制经济为主导。这一阶段广州工业发展的主要特点是：以轻工业为主，1990 年的轻工业产值是重工业的 2 倍左右；专业化程度不高，工业专业化指数为 4.2 左右，[①] 1990年三大支柱行业产值仅占工业总产值的 20.24%；以小型企业为主，1990～1995年占企业总数的 50% 以上；以劳动密集型工业为主，约占工业总产值的 30%；以国有经济为主导，占工业总产值的 40% 以上，但国有经济的主导地位在不断下降，由 1990 年占工业总产值的 67% 下降到 1995 年的 26% 左右。

（二）20 世纪 90 年代后期调整转型阶段

20 世纪 90 年代后期是广州工业发展的调整转型时期，主要表现在经济所有制的股份制改革，尤其是国有企业改革上。这一时期广州工业发展的主要特征有：行业结构变化较小，工业行业结构变化指数为 0.18，[②] 比 20 世纪 90 年代初的 0.33和 21 世纪以来的 0.41 分别小 0.15 和 0.23；以大型企业为主，其间大型企业产值占总产值比重由 30% 上升到 50%；劳动密集型工业比重逐渐降低，其间劳动密集型工业产值占总产值比重由 44% 左右下降到 38% 左右；各种登记注册类型企业中私营经济比重上升最快，其产值占总产值的比重由 20% 左右上升到 30%左右。

[①] 专业化指数计算公式为：

$$S_p I = \left\{ 1 + \frac{\sum_i S_i \cdot \ln S_i}{\ln(n)} \right\} \times 100$$

其中 $S_p I$ 为工业专业指数，S_i 为 i 工业部门的产值占总工业产值的比重，n 为工业门类总数。

[②] 工业行业结构变化指数计算公式为：

$$\theta = \arccos \left\{ \frac{\sum_i S_i(t) \cdot S_i(t-1)}{\sqrt{[\sum_i S_i^2(t)] \cdot [\sum_i S_i^2(t-1)]}} \right\}$$

其中 θ 为结构变化指数；$S_i(t-1)$ 和 $S_i(t)$ 分别为制造业部门 i 在 $t-1$ 年和 t 年在制造业总体中所占的比例。

（三）2000 年以来大型重化工业主导阶段

2000 年以来广州工业发展面对国际国内环境的变化，通过一系列的调整转型逐渐转入以大型重化工业为主导的发展阶段，主要发展特点有：重化工业占主导地位，重工业产值占工业总产值比重在 2006 年上升到 70% 左右，交通运输设备制造业、化学原料及化学制品制造业和电子及通信设备制造业三大支柱行业全部属于重化工业行业，占总产值的比重达 36.68%；资本密集型工业占主导地位，其产值占总产值比重在 2006 年上升至 58% 左右；外资经济逐渐占据主导地位，2006 年其产值占总产值的 75% 左右。

二　广州工业空间分异与用地布局

（一）广州工业空间分异

利用 1996 年、2001 年两次基本单位普查和 2004 年第一次经济普查资料，从工业的企业规模、产出强度、专业化指数、工业区位商、工业地位凸显程度、投资强度、外向性和要素结构 8 个角度出发选取 15 个相关指标对广州十区两市的空间差异进行分析的结果表明，1990 年以来广州工业可分为四个类型区：旧城工业区 O（Old industrial area）、综合工业区 C（Comprehensive industrial area）、专业工业区 S（Special industrial area）和乡村工业区 R（Rural industrial area）（见表 2、图 2）。

表 2　1990 年以来广州工业空间类型区划分

年份	类别	包括地区	特　征　描　述	名称概括
1996	O-1	东山、原越秀、原荔湾	区位商低，投资强度较高，产出强度高，以劳动、技术密集型工业为主	劳动技术密集型旧城工业区
	C	海珠、天河、白云	区位商高，地位凸显程度高，行业专业化程度低，门类齐全	综合工业区
	S-1	芳村、黄埔	区位商高，地位凸显较高，行业专业化程度高，以资本密集型工业为主（化工工业）	资本密集型专业工业区
	R-1	原番禺、花都、增城、从化	区位商高，地位凸显程度低，产出强度较低，工业企业规模较小，以劳动密集型工业为主	高区位商的乡村工业区

续表

年份	类别	包括地区	特 征 描 述	名称概括
2001	O-1	东山、原越秀、海珠	区位商较低,地位凸显程度较低,投资强度高,产出强度高,工业企业规模较小,以劳动密集型工业为主	劳动技术密集型旧城工业区
	C	白云、原番禺	区位商高,地位凸显程度高,行业门类齐全,但以劳动密集型工业为主	综合工业区
	S-2	原荔湾、芳村、天河、黄埔	区位商较高,地位凸显程度较低,行业专业化程度较高,以资本、技术密集型工业为主	资本技术密集型专业工业区
	R-1	花都、增城、从化	区位商高,地位凸显程度低,投资强度低,产出强度较低、但有所提高,以劳动密集型工业为主	高区位商的乡村工业区
2004	O-2	新荔湾、新越秀、海珠	区位商极低,地位凸显程度极低,工业企业规模较小,投资强度高,产出强度较高、有下降,以劳动密集型工业为主	劳动密集型旧城工业区
	C	白云、原番禺	区位商高,地位凸显程度高、但有所下降,行业门类齐全,以劳动密集型工业为主	综合工业区
	S-2	天河、黄埔、萝岗	区位商较高,地位凸显程度较低,行业专业化程度较高,以资本、技术密集型工业为主	资本技术密集型专业工业区
	R-1	花都、南沙、增城	区位商高,地位凸显程度低、但有所上升,以劳动密集型工业为主	高区位商的乡村工业区
	R-2	从化	区位商较高,地位凸显程度极低,以劳动密集型工业为主	低区位商的乡村工业区

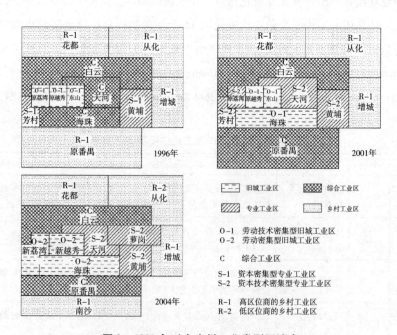

图2 1990年以来广州工业类型区演变

各类型区的发展演变具有以下特点：①旧城工业区范围不断扩大且呈现出衰退迹象。从1996年只有原越秀、原荔湾和东山三个地区，总面积42平方公里左右；到2004年扩展到芳村（2005年并入荔湾）和海珠两个区，总面积175平方公里左右，地域范围上扩大了近3倍。该类工业区呈现出衰退的迹象，主要表现在：1996年和2001年的是O-1类的旧城工业区，而2004年则是O-2的旧城工业区；它们的共同点在于都是低区位商、依靠高投入而取得高产出的改革开放之前发展起来的工业地区；区别在于2004年它们的区位商比之前更低了，而且原有技术密集型的工业大部分转移出去了。②综合工业区出现分化。1996年综合工业包括了海珠、白云、天河三个区，在2001年、2004年出现了不同的变化过程，海珠逐渐转变为旧城工业区，出现衰退；白云一直保持为综合工业区；天河逐渐转变为以技术密集型工业为主的专业工业区；与此同时，番禺从乡村工业地区转变为综合工业区。③专业工业区向资本、技术密集型工业发展且专业化程度趋于强化。1996年的专业工业区（芳村、黄埔）主要以劳动、资本密集型工业为主，而2004年的天河地区则主要以技术密集型工业为主，黄埔、萝岗以资本、技术密集型工业为主。专业化程度增强表现为天河前三位工业产值比重从2001年的43%上升到2004的55%，黄埔、萝岗也都呈上升趋势。④乡村工业区逐步提升并出现新的类型。2001年原番禺转变为综合工业区，其乡村工业取得了较快的发展；其他花都、增城、从化的工业也得到了一定发展提升，其工业产值占全市工业产值比重由1996年的17.73%上升到2004年的20.34%。同时还出现了以低区位商为特征的新型乡村工业区。随着人们对生态敏感地区环境的重视，从化是广州的水源保护地、生态敏感地区，这里主要发展旅游业、房地产等服务性行业，因此发展成为了以低区位商为特征的乡村工业区（R-2）。

广州工业空间分异演变可总结为四种演进模式（见图3）：①旧城工业区的衰退模式。反映在旧城工业地区范围的扩大、工业密度的降低、类型的减少以及工业生产要素的转变等。②综合工业区的分化模式。反映在综合工业区向旧城工业区、专业工业区等其他类型工业的转变。③专业工业区的强化模式。反映在专业化程度、地区集中性的强化上。④乡村工业区的提升模式。反映在乡村工业区向综合工业区、专业工业区等其他类型区的演进以及自身工业水平的提升上。

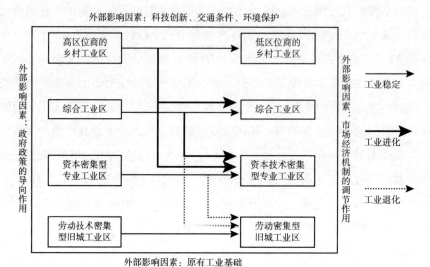

图 3 广州工业空间分异模式

（二）广州工业用地布局

1990 年以来广州工业发展速度加快，工业用地迅速扩大，其增长与城市建设用地的增长是同步的，广州城市建设用地由 1989 年的 182.26 平方公里增加到 2007 年的 803.41 平方公里；同期工业用地由 1990 年的 66.56 平方公里增加到 2007 年的 297.67 平方公里，增加了近 4 倍；工业用地占城市建设用地的比重由 1989 年的 27.6% 下降到 2007 年的 26.18%，略有降低（见图 4）。

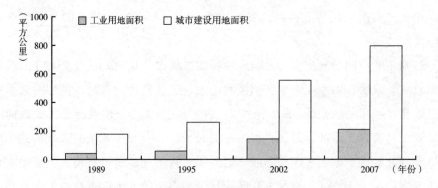

图 4 1990 年以来广州工业用地与城市建设用地增长比较

从工业用地的区域分布变化来看，核心圈层工业用地比例大幅下降，1990年核心圈层的工业用地比例为15.55%，到2007年仅为3.12%，同时绝对量也有所下降，由1990年的10.35平方公里下降到2007年的9.3平方公里。近郊圈层的工业用地比例处于中等水平且变换相对较小，2001年占全市总工业用地面积的36.78%，与2007年的37.15%相接近；从工业用地的绝对增长量上来看有大幅增加，从1990年的56.03平方公里增加到2007年的110.58平方公里，以2001年以来的增长占主要部分。远郊圈层的工业用地占总量的比重最高且增长幅度最大，2007年占全市工业用地总面积的比例达59.73%，总量达177.79平方公里（见表3）。

表3　1990年以来广州工业用地分布变化

单位：平方公里

区　域		1990年	2001年	2007年
核心圈层	越秀区	1.62	1.51	0.2
	荔湾区	8.73	8.26	9.1
	小　计	10.35	9.77	9.3
近郊圈层	天河区	11.11	12.76	13.57
	海珠区	11.1	6.54	12.32
	黄埔区	14.54	16.28	16.52
	白云区	19.28	28.3	68.17
	小　计	56.03	63.88	110.58
远郊圈层	萝岗区	—	—	31.75
	番禺区	—	81.22	68.09
	南沙区	—	—	29.09
	花都区	—	18.81	48.86
	小　计	—	100.03	177.79
合　　计		66.38	173.68	297.67

广州工业用地演变有沿江、沿路和外围跳跃式三种模式。其中沿江布局的工业用地主要表现在旧城区的老工业企业沿珠江前、后航道的布局，其中大部分是1990年以前兴建的（见图5），目前大部分已搬迁至外围地区或向高新技术产业、现代服务业升级转型，如广州钢铁厂、广州造纸厂等企业均已搬迁至南沙地区，广州化学纤维厂所在地已升级改造为羊城创意产业园、原英商太古洋行码头已升级改造为太古仓电影库、原金珠江双氧水厂已升级改造为1850创意产业园

等；但仍保留有部分沿江布局的工业用地，如南石头、白鹤洞、琶洲、员村等地区仍有相当数量的工业企业分布（见图6）。

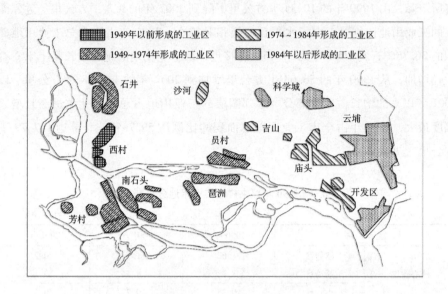

图5　20世纪90年代以前广州市工业区布局

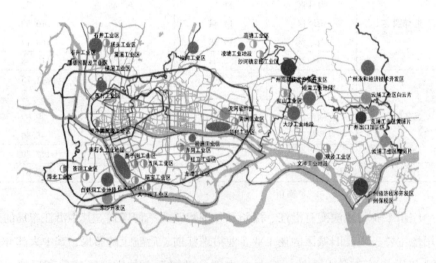

图6　广州中心城区内主要工业企业分布示意图

沿路布局的工业用地主要表现为北部沿广从公路、京珠高速公路、广花快速路、广清高速、机场高速等方向的工业用地布局；这些带状工业用地主要形成于改革开放初期至1990年前，如向北主要形成了沙河、广从公路与沙太公路沿线（电子、机电）、夏茅、新市（机电）、槎头、石井（机电）、江村（机电）等工业点；向南主要形成了芳村、鹤洞、江南大道南与工业大道南沿线等工业点（见图7）。

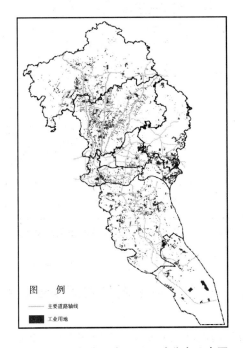

图 例

—— 主要道路轴线

■ 工业用地

图7　2007年广州市工业用地分布示意图

外围跳跃式工业用地布局主要表现在东部的广州开发区和南部的南沙开发区两个国家级开发区的建设，尤其是在2000年广州概念规划提出"南拓"、"东进"两大空间布局发展战略之后，随着广州火车北站、广州新白云国际机场、南沙深水港等大型交通设施的建设完成，这种外围跳跃式集中布局的工业用地越来越多，已成为广州工业用地布局的主导方向。在东部主要建设了广州经济技术开发区、云埔工业区、永和经济区、新塘工业区、科学城、官洲生物岛等较大规模的工业区和高新技术产业区等工业园区；在南部主要建设了南沙经济技术开发区、南沙资讯科技园、黄阁汽车城、出口加工区、广州保税港区、龙穴岛南沙港区等工业园区；在北部形成了以新白云国际机场为依托的空港经济区和花都汽车产业基地（见图8）。

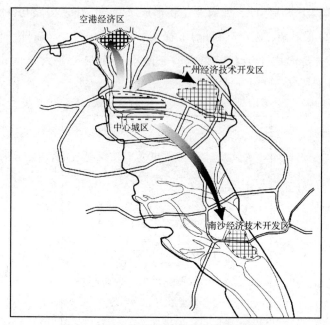

图8 广州市跳跃式工业用地布局示意图

三 广州工业发展与布局演变机制

广州工业空间分异演进过程主要受市场经济机制、政府政策导向、原有工业基础以及科技创新、区位条件、环境要求等因素的影响。

（一）市场经济机制的引导作用

首先，改革开放以来以劳动密集型工业为主的乡镇企业得到快速发展，这些企业主要分布在海珠、番禺、白云等地区。其次，外向型工业得到了较快的发展，1993～2006年累计外资金额达到3027.16亿元。再次，新兴工业逐渐发展起来，如家电制造业、电子设备制造业、新型医药制造业等。最后，大型企业集团对工业空间产生了一定影响，如2000年成立的广州汽车工业集团旗下包括了广汽本田、广汽丰田、广州五十铃、五羊摩托等主要汽车行业的生产。

（二）政府政策的调控作用

主要体现在重大工业项目布局、规划引导以及行政区划调整等方面。1990年以来主要的重大工业项目均布置在黄埔、萝岗、天河等地区，如1993年在黄埔、萝岗地区设立了广州经济技术开发区，1998年在天河区内启动广州科学城的建设等。2000年概念规划制定了"南拓"的发展战略，许多大型企业纷纷往南部搬迁，如广州钢铁厂、广州造纸厂、广州造船厂等，同时还有一批新建项目落户南沙。2000年行政区划调整将番禺、花都撤市设区在一定程度上推动了两地工业的发展；2005年新设南沙、萝岗区，主要是将这两个地区作为工业集聚区来发展。此外2007年出口退税下调，2008年新《劳动合同法》颁布施行，2008年新税法实行内、外资两税合一等国家层面的政策也对广州工业发展布局产生了重要影响。

（三）原有工业基础有路径依赖的作用

旧城工业受此因素影响较大，改革开放以前的主要工业园区和大型工业项目均位于旧城地区。新中国成立前形成的工业园区主要分布在越秀、荔湾，如荔湾的西村工业区；1949~1990年形成的工业园区主要分布在芳村、海珠、黄埔、天河等地区，如南岗的化工、建材、庙头的造船、冶金等；其后的主要工业园区则主要布局在番禺、南沙、萝岗、白云、花都等外围地区。旧城区内的工业区大部分搬迁出去或升级为高科技园区。

（四）其他影响因素的作用

其他影响因素主要包括科技创新、交通条件、环境保护等方面。科技创新促使技术密集型在空间上趋于集聚，如天河的广州科学城、海珠的广州国际生物岛等。交通条件的改善促使黄埔、萝岗、南沙等拥有港口资源的地区集聚了大量港口依托型的企业。环境保护的要求一方面使旧城地区大量工业企业往外迁移，如广州钢铁厂、广州造纸厂、广州造船厂；另一方面水源保护地区、生态敏感地区的工业发展受到一定限制。

四　新时期广州工业发展布局对策

（一）广州工业发展布局的新形势

2010年广州成功举办亚运会，促进了城市社会经济的跨越式发展，对广州工业发展与布局起到了巨大的推动作用，新时期广州工业发展与布局面临的新形势主要有以下几方面。

1."后亚运"时代的城市经济增长

借助亚运会的契机，广州开展了大量建设活动，重点建设了亚运城、广州塔、地铁等，拉动了城市建设需求，推动了城市经济发展，对广州工业发展产生了重要影响。其中受影响最大的行业主要有新材料、新能源、节能环保、电子信息、建筑材料等，大部分属于高新技术行业类型，因而推动了广州工业的技术升级。然而从大型体育赛事城市管理和建设的经验来看，广州在亚运结束后很可能出现"后亚运效应"，这是一种虹吸效应、挤出效应、低谷效应的综合效应；具体来说指亚运会结束后，由于投资活动明显减少，总需求下降，从而可能导致经济衰退的现象。根据亚运经济的阶段性特点，一般分为前亚运阶段、亚运阶段和后亚运阶段。在前亚运阶段，由于亚运场馆和其他基础建设投资的大幅增长，经济发展相当强劲，特别是在亚运会举办前两年内。在亚运阶段，由于人流的大量涌入，带动了强劲的消费需求，经济也因此生机勃勃。但在后亚运阶段（一般是亚运会结束后的 3 年左右），经济却常常出现衰退，步入低谷。因此"后亚运"时代广州工业发展将面临缺乏动力的困境，寻求新的投资热点和经济增长动力将是后亚运时代广州工业发展需要面对的主要问题之一。

2. 国家级中心城市建设

2010 年 2 月，国家住房和城乡建设部发布的《全国城镇体系规划》明确提出五大国家级中心城市，广州是四大直辖市之外唯一的国家级中心城市；国家级中心城市的定位要求广州在全国具备引领、辐射、集散功能。为了具体落实建设国家中心城市的战略部署，广州确定了未来重点推进建设的区域有天河—珠江新城中心—员村地区、白云新城、琶洲地区、白鹅潭地区、中轴线南段地区等；并努力在工业发展中尽快实现升级转型，变工业发展布局的粗放式增长模式为集约式增长方式。

3. 大力提倡战略性新兴产业的发展

2008 年国际金融危机后，世界各国纷纷提出发展战略性新兴产业、抢占科技制高点的国家战略，世界进入空前的创新密集和产业振兴时代。面对世界经济格局的变化，国家全面分析当今世界经济格局大变革、大调整趋势，着眼于我国经济社会可持续发展，作出培育和发展战略性新兴产业的重大战略部署，并于

2010 年 9 月通过了《国务院关于加快培育和发展战略性新兴产业的决定》。战略性新兴产业包括高端新型电子信息、半导体照明、电动汽车、太阳能光伏、核电装备、风电、生物医药、新材料、节能环保、航空航天、海洋等 11 个工业行业，战略性新兴产业对广州工业发展提出了新的要求。

4. 绿色低碳增长理念的推广

近年来绿色低碳的理念在全球范围得到积极推广，低碳经济的提出是基于两个方面的客观背景：一是全球气候变化表明了全球气温上升尤其是近几十年来上升幅度不断加快，为了应对全球气候变化带来的威胁，必须走低碳经济的发展道路；二是随着科学技术的进步，光能、风能、光电技术等新能源技术以及碳循环、回收等节能技术日益成熟，为低碳经济的发展模式提供了可能性。低碳经济是以低能耗、低污染、低排放为基础的经济模式，自英国 2003 年首次提出"低碳经济"概念以来，世界上主要国家都积极支持和响应，绿色低碳的理念为广州工业发展指明了方向，同时也是一种客观要求。

5. 节约型城市建设

中国是一个土地资源十分紧缺的国家，人均土地面积不足 1 公顷，还不到世界平均水平的 1/3；2005 年全国耕地 18.31 亿亩，人均 1.40 亩，仅为世界人均耕地面积的 40%。当前中国土地资源浪费现象十分严重，2004 年全国城镇规划范围内的闲置土地、空闲土地和批而未用土地 393.61 万亩，相当于现有城镇建设用地总量的 7.8%。在全国范围内出现过的房地产开发热、开发区建设热、大学城热、新区热等多次的建设"高潮"，大部分与工业发展有关，花园式的工业园时有出现。为此，2004 年国家提出了建设节约型社会的指导思想；并于 2007 年将武汉城市圈、长株潭城市圈批准为资源节约型和环境友好型社会建设综合配套改革试验区；同时在全国各地制定和出台了各种法律法规、技术标准，控制用地，在节能减排等方面作出了积极的努力，如 2008 年北京市规划委员会和北京市国土资源局发布了《北京市城市建设节约用地标准》。目前正在全国范围内编制的各级土地利用总体规划强调节约、集约利用土地资源，采取建设用地规模、建设用地管制等多种手段加强了土地利用中的集约化利用管理。节约型城市的建设要求广州工业发展和布局采取新的集约化增长模式。

6. 广州"三旧"改造工作的推进

2009 年起，始于佛山、东莞两个试点城市的"三旧"改造工作在广东全省展开，"三旧"改造是土地集约、节约利用的主要方式，包括对旧城镇、旧村庄、旧厂房的改造。"三旧"改造的推进是建立在城市产业结构调整和布局优化的基础之上，广州旧城范围内存在大量的旧工厂、旧厂房，升级改造潜力大；目前计划重点改造的有14个地块，主要分布在越秀区、海珠区和荔湾区，总面积为175.4公顷。"三旧"改造的开展对广州工业发展与布局提出了新的要求。

（二）广州工业发展布局的对策建议

在上述新形势、新背景下，根据广州工业发展的空间分异与布局现状，对广州工业发展布局提出以下对策和建议。

1. 大力发展战略性新兴产业

发挥广州现有工业优势，根据《广东省战略性新兴产业"十二五"规划》，重点发展高端新型电子信息、新能源汽车、太阳能光伏、核电装备、生物医药、新材料、节能环保、海洋产业等高新技术行业门类；高端新型电子信息行业重点建设广州天河软件园、广东省 RFID 产业（番禺）园区、广州集成电路设计产业化基地、广州教育部卫星导航产业基地、高唐软件园、黄花岗科技园、广东软件科技园、南沙资讯科技园、中大科技园、大坦沙科技园等；新能源汽车行业重点建设广汽集团新能源汽车研发产业化基地、广州混合乘用车产业基地、东风日产电动车研发与产业化基地等；太阳能光伏行业重点建设广州太阳能光伏产业装备及相关配件产业基地、广东（广州）光电科技产业基地等；核电装备行业重点建设广州南沙核电装备及零部件制造基地；生物医药行业重点发展广州国家生物医药产业基地、广州国际生物岛、广州中药现代化科技产业基地等；新材料行业重点建设广州国家新材料产业基地、在广州经济技术开发区、广州东沙经济技术开发区、广州环保工业园等；节能环保行业重点建设广州环保新材料产业基地等；海洋产业重点建设广州番禺区广东海洋与水产高科技园、广州海洋生物技术产业开发示范基地；海洋工程及高技术新型船舶制造基地、国家南方海洋科技创新基地等。

2. 以绿色低碳的理念指导工业发展与布局

绿色低碳经济的本质是提高能源效率和优化能源使用结构，核心是能源技术创新和制度创新，要在生产、流通、消费等各个领域最大限度地减少碳排放量，建立以低能耗、低污染为基础的环保型经济。绿色低碳的建设内容包括新能源利用、清洁技术、绿色规划、绿色建筑、绿色消费等，因此广州应重点发展无污染、低耗能、高产出的工业门类，如以电子信息产业、新材料、新能源为主的高新技术产业等。同时加强技术创新和制度改革，不仅要在生产领域实现绿色低碳的目标，在流通、消费领域也要贯彻绿色低碳的理念。

3. 采取集约型增长模式

2000 年以来，在"南拓、北优、东进、西联"的城市空间发展战略指导下，广州城市建设迅速扩张，工业用地也伴随城市空间增长而蔓延，工业发展和布局中粗放式利用的现象还广泛存在；在土地资源紧缺的背景下应提倡工业用地的集约化利用，提高用地利用效益，降低土地资本投入，增加资金、技术等先进生产要素的投入；可以采取的措施主要有大力开展"三旧"改造工作、工业园区化管理、引进先进的生产模式、增强企业技术创新能力等。

参考文献

乔家君、时慧娜：《20 世纪 90 年代以来中国工业格局及其变化》，《人文地理》2007 年第 5 期；吴玉鸣、李建霞：《中国区域工业全要素生产率的空间计量经济分析》，《地理科学》2006 年第 4 期。

许学强、葛永军、张俊军：《广州城市可持续发展及企业行为研究》，《地理科学》2003 年第 2 期。

叶昌东：《1990 年代以来广州工业结构演变及其形成机制》，《岭南学刊》2009 年第 6 期。

李小建：《论工业变化的综合研究——以澳大利亚制造业为例》，《地理学报》1991 年第 3 期。

叶昌东、周春山、刘艳艳：《近 10 年来广州工业空间分异及其演进机制研究》，《经济地理》2010 年第 10 期。

谢守红、宁越敏：《广州城市空间结构特征及优化模式研究》，《现代城市研究》2004 年第 10 期。

李开宇：《行政区划调整对城市空间扩展的影响研究——以广州市番禺区为例》，《经济地理》2010 年第 1 期。

王战和、许玲：《高新技术产业开发区与城市社会空间结构演变》，《人文地理》2006 年第 88 期。

叶昌东、周春山：《低碳社区建设框架与形式》，《现代城市研究》2010 年第 8 期。

朱政、贺清云：《资源节约型、环境友好型社会建设背景下长株潭城市群空间形态的优化》，《经济地理》2008 年第 6 期。

张换兆、郝寿义：《城市空间扩张与土地集约利用》，《经济地理》2008 年第 3 期。

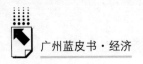
Measurements of Industrial Development and Distribution in Guangzhou

Ye Changdong   Zhou Chunshan

Abstract: The industrial system of Guangzhou is characterized with large enterprises and heavy chemical industry in these years, at this time is facing the challenge of Strategic Emerging Industries, low-carbon economy, post-Asian-Games, national-central-city, and so on. This paper based on the review of industrial development and spatial distribution in Guangzhou from 1990s, and the analysis of its mechanism. Give some measurements of industrial development and distribution in Guangzhou at the end which are expanding Strategic Emerging Industries, applying low-carbon ideas in industrial development and distribution and intensive land-use pattern.

Key Words: Industrial spatial differentiation; Evolution mechanism; Development measurements

B.14
广州古村落旅游开发研究

肖佑兴*

摘　要：报告分析了广州古村落旅游的发展条件，讨论了旅游开发原则，提出了广州古村落的旅游发展定位及旅游发展战略。报告认为广州古村落要遵循广州地方化与国际化相结合，遗产保护与适宜的旅游商品化相结合，政府主导、社区参与及民间资本运作相结合，旅游发展与古村落可持续发展相结合的原则。广州古村落旅游发展应定位为广州特色游憩社区与文化产业发展基地，并根据有序的保护战略、整合的市场战略、圈层型的空间战略、立体开发的产品战略、结构优化的产业战略、适宜的经营战略等发展战略来建设广州古村落，推动其可持续发展。

关键词：广州　古村落　旅游开发

古村落是传统文化的明珠，是人类文化遗产的重要组成部分，如何保护与进行科学合理的旅游开发是古村落研究的重要内容，也出现了较多成果。这些研究大多关注单个古村落的发展，而对一个地区特别是对一个大都市的古村落群的发展关注较少。广州作为国际大都市与国家历史文化名城，拥有大量的古村落，这些古村落都面临着在广州城市化背景下的旧村与空心村改造、产业升级转型与发展、环境治理等问题。在当前《珠江三角洲地区改革发展规划纲要（2008～2020）》背景下，在广东建设文化强省、推行国民休闲计划与发展国际旅游目的地的形势下，广州众多古村落如何进行遗产保护与旅游发展，成为广州大都市发展、新农村建设与城乡统筹的重要内容。

---

* 肖佑兴，广州大学中法旅游学院副教授，博士，研究方向为旅游可持续发展。

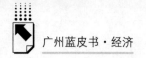

一 广州古村落旅游开发的条件分析

（一）广州古村落旅游开发的优势

1. 广州古村落资源条件较为优越

广州古村落岭南特色鲜明，类型丰富多样，具有较高的旅游价值，主要表现在：①在村落形态方面，大多为岭南特色的梳式布局，村落纵列房屋前后相连，横排以青云巷相隔，形成一个"梳"形，如白云区的石马村，从化的秋枫村、钟楼村，增城的瓜岭村，花都的塱头村、茶塘村等。同时广州古村落在梳式布局的基础上，演化成棋盘式、自由式、象形、城堡式等多种聚落形态。除了典型的广府村落外，还有较多防御性特点突出的客家村落以及广府—客家和谐共处的村落，如增城的莲塘村、贝坑村等。②在村落布局方面，广州古村落保持较为完整的村落结构，一般建于前低后高的缓坡上，后为山坡或风水林，前为半月形水塘；在平原受地形限制没有山的村落，也多以种植风水林形式加以处理，没有河流的多建水塘。一般在村头有一棵或数棵榕树、门楼或牌坊，村前多有水塘与晒场，不少村落在晒场前还有旗杆夹，在村落中有多间宗祠，一些村落还以宗祠为中轴线两边排列，甚至一些古村还有村墙、护村河、炮楼等。不少古村落布局还具有仿生学特点，如番禺大岭村整个村落的布局酷似鳌鱼，花都三华村呈"蟹"形。③在建筑形态方面，三间两廊式建筑较为普遍，镬耳屋、龙船脊、船屋、蚝壳屋是岭南古村落的景观特色，至今保留了大量的古祠堂、古庙宇、古民居、古桥、古塔、古街巷、古码头、古店铺等古建筑，不少古建筑还保存着宝贵的建筑艺术与民间工艺，如灰塑、砖雕、石雕、木雕等。④在历史文化方面，广州古村落年代久远，基本上反映了广州乡村人口迁移、文化发展、产业演化等的历史，具有较高的历史文化价值。如国家历史文化名村——番禺的大岭村具有 800 多年历史，自古重文教，开村以来共出过 1 名状元、1 名探花、34 名进士、53 名举人和 100 多个九品以上的官员。黄埔村自北宋建村后，长期在海外贸易中扮演重要角色，在广州乃至中国的对外贸易史中具有重要的地位，并培育了大量历史名人，至今黄埔村还保留了众多历史文化遗迹。⑤广州古村落还保存着丰富的民俗文化，如波罗诞、盘古王诞、鳌鱼舞、舞貔貅、狮舞、舞春牛、水族舞、麒麟舞、扒龙舟、飘色、乞巧节、客家山歌、走马灯、掷彩门，荔枝节等。⑥广州古村落具有乡村风情浓郁的农副业，如菜心、粉葛、草莓、荔枝、龙眼、李子等，参与性、娱乐性、教育性都较高。此外，广州古村落具有与城市迥然不同的乡村环境与广阔的乡村空间，可开展多种多样的乡村休闲、乡村娱乐与乡村度假等各种旅游活动。

2. 广州古村落具有独特的区位条件与优越的市场优势

广州及珠三角市民旅游意识浓郁，出游率高，广州及珠三角已成为我国旅游业主要的客源地和目的地。根据笔者对广州市民的调查，绝大部分市民表示了对古村落旅游的浓厚兴趣，从老年人到青年人，都对古村落情有独钟。广州古村落众多，不同的古村落具有的区位条件也各异，既有位于城市中心的城中村，也有处于城市近郊受工业化和现代化影响较大的古村落，还有不少边远地区分布的大量古村落。这些古村落无论处于哪种区位条件，都具有优越的市场优势。

3. 已形成一定的产业基础

广州不少古村落已进行旅游开发，有一定的市场基础与产业基础，如小洲村、溪头村已成为广州特色乡村旅游区，节假日游客如潮；黄埔村在 2008 年建设了古港遗址并营业；钱岗村仅团队游客每个月就上百人次；珠村的乞巧文化节已闻名省内外；此外还有众多未开发的古村落是大量背包客与自驾车游客钟情的目的地。

（二）广州古村落旅游开发的劣势

1. 古村落被废弃，年久失修

广州古村落由于保护意识不足、保护资金缺乏，以及保护制度的不健全等原因，致使大量古民居、祠堂、民间艺术等文化遗产没有得到完整的保护与传承，古建筑被废弃或破败不堪，民间艺术失传。

2. 古村落的工业化与现代化使古村落的现代化建筑此起彼伏

新建筑与传统建筑混杂，破坏了古村落的氛围与意象。村民擅自在古村落内迁建、复建或兴建现代景观，致使一些传统建筑原有的历史风貌格局被肢解破坏，造成乡村、民族、地域特色的丧失。不少传统建筑用于出租于外来务工人员居住，甚至用于工业仓库或作坊，使传统建筑受到一定程度的损坏。

3. 古村落生态环境遭受严重破坏

不仅生活污染与工业污染严重，而且大量"风水塘"和"风水林"日益减少，生态安全格局与历史记忆受到破坏。

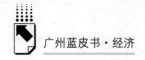

4. 广州古村落人口出现两种倾向

一方面是在城市近郊与广州南部，工业化与城市化水平较高，外来流动人口增多，有的甚至超过本地人口，增加了古村落的交通、治安、生态环境等方面的管理成本；另一方面是在城市远郊，古村落出现"空心化"，变为空心村，缺乏生机与活力，人气不足，弱化了古村的吸引力。

（三）广州古村落旅游开发面临前所未有的良机

除了我国和广东良好的宏观环境外，广州还面临诸多良机。如2010年广州亚运会、广东文化强省战略、广东国民休闲计划、广东国际旅游目的地与集散地建设、珠三角产业转型升级与发展以服务业为核心的产业体系、广州建设国家中心城市与广东打造"首善之区"等等，为广州的基础设施、旅游设施、旅游形象与旅游营销、旅游项目、城中古村落改造、城郊古村落城市化等的建设创造着良好的物质条件、市场条件、政策条件与舆论条件。

（四）广州古村落旅游开发面临诸多挑战

一是村民与各级政府遗产保护意识较为淡薄，乡村文化遗产因遭遇城市化与工业化而逐渐消失，而且这种现象还在延续。二是广州古村落环境复杂。新建筑与传统建筑往往交错分布，不少历史文化区域往往遭到工业区包围，许多古村落乡村环境与乡村意象受到严重破坏，这使文化保护与环境改善遭到较大挑战，使旅游发展空间受到较大限制。三是不少村民及村委会旅游发展意识淡薄，村民及村委会对古村落的旅游价值估计不足，甚至导致旅游开发阻力重重。四是广州古村落旅游发展还处于初期阶段，拳头产品与旅游品牌未能凸显。而省内外众多古村落旅游品牌已初步形成，特别是珠三角的东莞、佛山、肇庆、开平等地的古村落对广州古村落形成一定的竞争。

二 广州古村落旅游开发的指导原则

（一）广州地方化与广州全球化相结合的原则

广州古村落在旅游发展过程中，既要注重地方本土文化的发展与培育，又要考虑与全球化运动及广州"国际性城市"建设相结合，把古村落的发展与广州的发展战略融合在一起；既要注意本地市场、国内市场的需求，又要考虑到国际市场、全球市场的需求，根据各种市场需求与地方建构动力来推动古村落旅游资源的开发与广州文化产业的发展。

（二）遗产保护与适宜的旅游商品化相结合的原则

古村落作为传统文化的明珠，是人类文化遗产的重要组成部分，因此必须加强遗产保护，把遗产保护放在至高的位置。遗产保护的最终目的是传承，而旅游开发是遗产传承与发扬的重要途径，遗产保护与适宜的旅游商品化相结合是推动古村落旅游发展的重要动力。在遗产保护中要以原真性为准则，认真研究遗产的组分与结构，使旅游者能体验遗产浓郁的原汁原味，充分展现古村落的历史文化、地方景观、民俗风物的地方特色。同时旅游发展也是一个旅游商品化的过程，在旅游发展实践中，就需要根据不同的旅游目标物与旅游者需求，对遗产进行适宜的资本化、商品化与地方营销，采取视觉化、符号化、艺术化、景观休闲化与旅游体验化等形式对遗产进行包装与设计，发展各种与市场需求相适宜的旅游主题与旅游产品，并建构各种类型的原真性体验和重构旅游目的地。做到既可保护遗产，又能满足旅游市场需求，使古村落走向文化复兴。

（三）政府主导、社区参与和民间资本运作相结合的原则

政府主导是我国旅游发展的主要模式，应充分发挥政府在财政、金融、营销、规划、管理等方面的作用。同时，在村落旅游的开发过程中，要让村民积极参与到旅游发展中来，这样既可增强地方特有的文化气氛，提高旅游产品的吸引力，又可减少开发的阻力，让当地村民真正从旅游发展中受益，改善当地居民的生活，提高农民自觉保护资源极性。而市场化运作已越来越成为旅游发展的趋势，因此，需要因地制宜地采用各种民间资本运作的方式来推动文化保护与旅游发展。

（四）旅游发展与古村落可持续发展相结合的原则

广州古村落旅游发展在推动古村落可持续发展过程中，要特别注意处理以下几种问题：①产业结构问题。由于部分古村落中工业居重要地位甚至是主导产

业，因此需要正确处理好工业、旅游者与农业之间的关系，推动产业结构升级，优化产业结构。②在人口结构中，不少古村落的外来务工人员占据相当数量甚至超过本地居民数量，给当地的居住及物业发展带来了新的问题。因此，需处理旅游者、当地居民以及外来务工人员之间的关系，协调旅游发展区、农业发展区、工业发展区与居住及物业发展区之间的关系，突出主体功能分区，科学合理配置与优化空间结构，构建和谐旅游社区。③在地方形象结构上，由于一些古村落除了历史文化形象外，还较多地宣传了其工业区，产生了一定的工业形象。因此，在形象传播上要处理好原有历史形象、工业形象与旅游形象之间的关系，优化不同群体对古村的信息与感知环境。④在土地利用结构上，不少古村落工业用地占了相当比重，工业建筑与排放物产生了一定的环境污染问题，因此要处理好产业环境、人居环境与自然环境的协调，使人地和谐共生。总之，通过古村落旅游化使古村落得以空间重构、组织重建、产业重塑，从而推动古村落的可持续发展。

三　广州古村落旅游开发的主要措施

（一）有序的文化保护战略

古村落的发展必须以保护为前提，保护的对象主要包括乡土建筑、文物遗迹、街巷空间、村落形态、田园环境、乡村文化、邻里关系、村镇特性、行为景观、土著居民等。根据村落的历史脉络、生态格局、区位条件、保护与利用现状，确定有序的保护战略与保护方法。

1. 保育战略

对于近期开发难度较大的古村落与重要遗产，采取保育战略，即需在维护现状的基础上，划定保护范围，确定保护层次，保护村落格局与整体风貌，对重点自然与文化遗产进行重点保护与修复，保育古村生态环境与风水格局。

2. 更新战略

对古村落进行有机更新与空间重构，在可能和必要的条件下，通过建筑、场景、人文活动的有效组织与对历史环境的重新整治，再现其自然和人文景观，找到它再现的地标、场景、仪式、工具和人物等，通过情境再生与景观重塑以重新建构地方。

3. 增长战略

推动文化资本化与商品化，注重对知识产权、人力资本和产业组织资本的运作，大力发展文化产业与创意产业，如各种民间艺术与民俗文化的艺术创作与设计、展览与传播、表演与影视等。

（二）圈层型的空间战略

大城市环城游憩带的空间结构是呈圈层型的，即中心城区旅游圈、近郊旅游圈和远郊旅游圈。广州古村落具有不同的区位条件，既有位于广州城市内部与城乡接合部的，也有位于近郊与远郊的，因此在旅游开发时应据区位条件、资源条件、保护与利用现状、城市发展趋势、周边环境等差异而形成圈层型的空间布局。

1. 位于城市内部的古村落

可根据其游憩价值改造为城市游憩中心或次中心，建设休闲、娱乐、餐饮、购物等设施。如广州荔湾区的泮塘居于广州城市中心，是广州美食的发源地，历来有"广州美食，源于西关，味在泮塘"之说。目前泮塘村对村落的基本形态保护得并不好，除了仁威古庙外，其他的物质遗产基本消失，其古村落的社会、经济与生态环境已受到严重破坏，是典型的需要改造的城中村。但泮塘村具有"美食"的非物质文化遗产，在其旁已修建美食街，仁威古庙也恢复了庙会的传统，因此，泮塘村可依托美食与庙会建设成为广州重要的游憩中心。白云区的三元里也是一个历史名村，受城市化与工业化的影响，其原有的社会、生态环境已受到严重破坏，但也还可围绕三元里古庙与抗英纪念公园等遗产建设城市游憩区与休闲岛。

2. 位于城市近郊的古村落

位于城市近郊的古村落大致可分三种情况：①受城市化影响较小、仍保持其村落的基本形态的，可发展为城市游憩社区，营造休闲氛围，建设各种休闲设施，推动文化产业建设与发展，如小洲村、聚龙村等。②受到城市化影响较大的，根据城市发展的趋势，需要对古村落进行改造，如海珠区的黄埔村。根据广州市政府的发展规划，黄埔村所在的琶洲街以广州国际会议展览中心的建设为核心，发展成为以会展博览、国际商务、信息交流、高新技术研发、旅游服务为主导，兼具高品质居住生活功能的游憩商业区型、生态型的新城市中心组成部分。

241

因此，黄埔村可依托自身的文化资源优势与琶洲展馆的巨大客源优势，建设海珠区甚至广州的城市游憩区，发展特色餐饮、购物、艺术创作与展示、文化娱乐活动、滨水活动、历史遗迹，甚至主题园等各种休闲游憩活动。③由于城市的发展需要对古村土地进行征用，原古村改建为民俗园，如小谷围的练溪村由于大学城建设被征用，而建设岭南印象园，并于2008年开园营业。

3. 位于城市远郊的古村落

可因地制宜地发展各种休闲度假村。其中一些古村，如大岭村、三华村、莲塘村等，不仅具有深厚的历史文化底蕴，保留着众多的历史文化遗产，同时还有较多居民居住，保持着旺盛的生命力与活力，可建设为文化产业发展基地与休闲旅游村；而另外一些古村，如增城的鹅兜村、从化的钱岗古村，已少有人居住，可对古村加以改造，发展为文化演绎中心与文化创新基地，也可拓展为旅游接待基地与度假村。

（三）整合的市场战略

适宜的市场战略是旅游信息充分与旅游决策的前提，是旅游可持续发展的基础。广州古村落旅游市场战略需做好以下几方面工作。

1. 加强市场细分及整合

广州作为国际旅游城市与国家中心城市，要重点发展三个层次的旅游市场：本地的休闲旅游市场、国内的城市旅游市场、国际的商务旅游市场。在本地市场细分方面，注重乐活族、背包客、自驾车游客、文化旅游者、美食旅游者、摄影旅游者等。在国内城市旅游市场上，注重来穗事务型游客与探亲访友型游客的细分，而入境旅游除了商务旅游外，还要注重过境游客、寻根旅游者、文化旅游者与体育旅游者等。各个古村的旅游开发需要动态地整合细分市场的需求以提供适宜并具有针对性的旅游产品。

2. 整合以互联网为基础的旅游营销渠道

实现旅游部门、旅游产品整合，关键是实现信息化，即产业信息化、产品信息化和社会服务信息化。在旅游企业、游客、管理和决策者、政府和民间组织、其他行业和部门间建立一个旅游信息平台，通过该平台将这些旅游市场的主体和客体串联成统一体，可在信息平台上自由交流信息，以完成旅游交易。

3. 强化地方的合作与整合营销

这种合作与整合营销不仅体现在广州的古村落之间、广州地区古村落与广东省古村落之间的合作与整合营销，还体现在广州古村落与其他相关的旅游区之间的合作与整体营销，把广州古村落旅游营销整合到广州旅游营销战略中。在近期，加强亚运效应的研究，加强与广州亚运会营销的整合。

（四）立体开发的产品战略

广州古村落旅游资源丰富多样，既有城市内部的城中村，也有"乡村性"浓郁的郊野乡村；既有水乡，也有山村。因此，广州古村落旅游产品开发需要在资源"资本化"的理念指导下，运用创新思维，将各种资源进行全方位立体式开发，建设丰富多样的、特色鲜明的古村落旅游产品。

1. 充分利用与挖掘文化资源，大力发展遗产旅游

开发广州乡村遗产经典旅游线路；选择典型的传统民居对外开放；选择部分民居适当地改造为乡村旅馆、酒吧、茶吧与咖啡馆、购物商店、民间艺术展示与制作体验场馆等；建设历史、民俗、名人、生态等各类博物馆；开发各种节庆、艺术与民俗等民间文化旅游产品，发展文化演绎活动；发展文化沙龙、文化休闲业与展览业；与影视部门合作，建设影视基地或影视城等。

2. 整合古村落的农业、副业与工业等生产性资源，发展乡村"产业"旅游

发展蔬菜、瓜果、花卉、林木、珍稀水产、奶制品、编造工艺、生态农业等农副业的观光、品尝与劳作等体验乡村生活与生产的农事活动；建设各类农副产品与工艺品的购物中心，发展乡村美食与生态美食；发展旅游商品制作工业，推动乡村工业旅游发展。

3. 开发古村落周边的乡村环境与空间资源，大力发展乡村运动休闲活动

发展如步行、定向运动、生存挑战、自行车、水上娱乐中心、地形车辆、冒险旅游、空中滑翔、忍受运动等运动休闲活动，发展会议旅游、奖励旅游等。

（五）结构优化的产业战略

广州古村的产业发展，应从主体功能区的角度去考虑其产业发展问题，应从自然生态状况、承载力、区位特征、环境容量、现有开发密度、经济结构特征、人口集聚状况、参与分工的程度等多种因素考虑产业结构的调整、优化与布局。这就需要大力发挥古村的文化资源优势，确定旅游业为主导产业，并通过生态、环保、健康等旅游消费理念与消费意识的宣传与实践，引导旅游消费的生态化与绿色化，引领旅游供给的生态化与绿色化。通过发挥旅游业主导产业的带动作用，推动文化产业、创意产业与农业旅游，推动古村产业优化升级。同时，通过旅游业促进当地工业升级，使工业逐渐由较低技术、较低附加值、较高能耗的行业转换为较高技术、较高附加值、较低能耗的旅游加工业，大力发展低碳旅游与循环旅游产业。此外，加强人才的旅游教育与培训，使人力资源从第一、第二产业逐步转入第三产业中，并且针对存在大量外来流动人口的古村强化对流动人口的管理与居住业及物业管理。

（六）适宜的经营战略

各个古村落应根据各自的区位条件、社会经济状况、利益主体博弈关系等状况，因地制宜地构建适应性的经营战略，其中要注意以下几方面。

1. 建立多元产权制度保护与开发古村落

广州古村落应根据当地居民、政府、村委等利益主体的态度与能力，因地制宜地采取多元化的经营模式，如政府主导，村民主导，外资主导，政府、村委与外资共同协作等。由于古村落具有建筑、土地、文化等多种资源，因此需充分发挥古村各旅游利益主体的能动性，构建多维旅游产权转让规范，建立多元的旅游产权制度：在保护与开发的投资上，采取政府投资与委托管理、村委投资与委托管理、外商投资收购与经营管理、村民投资与经营，以及其他各种投资的多种投资方式来促进遗产的保护与利用；在旅游产业运营模式上，可采用古建筑经营、旅游线路经营、村落整体经营等多个层次的运营模式；保护与利用的方式上，采取旅游开发、村民共用、居民个人使用、外来务工人员租用的方式来综合保护与利用各种遗产。

2. 强化社区参与及产业链的地方根植性，构建受惠于民的利益分配模式

古村旅游开发的目的是要让村民享受到旅游发展的成果，因此需要村民积极参与旅游决策、旅游投资、旅游经营、旅游营销、旅游监督、旅游管理与旅游利益分配等。在多个利益主体之间形成受惠于民的利益分配机制，不仅可使村民享有旅游收入的分配、提高经济收入，还可提高村民文化素养、民主意识与管理水

平，进一步推动古村建设与可持续发展。这就需要提高村民的保护意识与旅游参与意识，使村民获得学习与自我学习旅游相关知识的机会与能力，积极引导村民的旅游参与行为。在旅游发展过程中，一定要先让居民得到或见到实惠以促使他们有动力来参与旅游发展。

3. 注重适宜地向外迁移部分居民

迁移的原因主要有：一是由于古村落的旅游容量有限，旅游发展必然导致游客对居民的挤出效应；二是现有不少建筑与传统建筑不协调，可采取拆迁与在外围新建商品房进行补偿的方法。这就需要加强对居民态度的调查与利益协调。

4. 构建动态的适应性管理模式

基于古村博弈主体关系的特征，在旅游地动态演化的基础上，以游客量为研究指标，通过量测旅游地环境承载力合理阈值，构建动态的适应性管理模式，以提高旅游地可持续发展的能力。

广州众多古村落的旅游发展充分利用各种优势与机遇，积极正视各自的劣势与挑战，进行适宜的发展定位，在保护、布局、产品、市场、产业与经营等方面形成多层次、多元化的旅游发展战略，以推动广州古村落与广州大都市的可持续发展。

参考文献

朱广文：《明清广府古村落文化景观初探》，《岭南文史》2001 年第 3 期。

刘浩：《苏州古城街坊保护与更新的启示》，《城市规划汇刊》1999 年第 1 期。

赵勇：《我国历史文化村镇保护的内容与方法研究》，《人文地理》2005 年第 1 期。

李渼、雷冬霞：《情境再生与景观重塑——文化空间保护的方法探讨》，《建筑学报》2007 年第 5 期。

吴必虎：《大城市环城游憩带（ReBAM）研究——以上海市为例》，《地理科学》2001 年第 4 期。

俞金国、王丽华、李悦铮：《国内旅游市场分析及战略规划研究——以大连市为例》，《地域研究与开发》2006 年第 2 期。

杨春宇：《旅游地发展研究新论——旅游地复杂系统演化》，科学出版社，2010。

Tourism Development Strategy Research of History Villages in Guangzhou

Xiao Youxing

Abstract: The report discusses the problem about the tourism development strategy of history villages in GuangZhou. It analyses the tourism development factors of them and points out tourism development principles, such as integrating with localization and internationalization, with heritage protection and proper tourism commercialization, with government dominant, community involvement and folk capital management, with tourism development and village sustainable development. On the basis of the above, it orientates the history village on characteristic recreation community and culture industry development base. The villages can sustain by ordered protection strategy, integrating market strategy, circular space strategy, three-dimensional exploitation product strategy, integrating market strategy, circular space strategy, three-dimensional exploitation product strategy, structure optimizing strategy and proper management strategy.

Key Words: Guangzhou; History Village; Tourism Development

其他研究
Other Research

B.15

"后亚运"时期广州就业形势
分析预测研究报告

广州市人力资源市场服务中心课题组*

　　摘　要：从推动就业的角度看，自2004年"申亚"成功以来，亚运会的筹办对增加广州的就业机会、拉动就业总量增长、推动结构优化、促进素质提升起到了重要的作用。在成功推动广州经济社会发展的情况下，针对"后亚运"时期广州是否会出现"奥运低谷效应"① 问题，本文结合

---

* 　课题顾问：崔仁泉，广州市人力资源和社会保障局局长；钟丽英，广州市人力资源和社会保障局副局长。课题组长：张宝颖，广州市人力资源市场服务中心主任。课题组成员：李志成、刘伟贤、范超婧、何慧研、冯颖晖。

① 　根据奥运经济的相关研究，一般而言，奥运主办城市的经济发展态势从筹办奥运开始是一直持续加速增长的，行业繁荣和用工陡增，到举办前一年和举办当年时达到高峰，但在奥运会结束后，这个增长的势头就会产生不同程度的衰减，有的甚至在短期内迅速跌入低谷，行业萧条，用工疲软，这时的经济发展曲线就呈现出低谷的状态。这种专指奥运会举办对所在国家或地区形成"后奥运"经济走势的专门术语通常叫做"奥运低谷效应"。

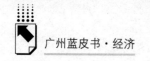

国际国内相关研究，对广州亚运前后的就业形势进行了研究分析，并提出了对策建议。

关键词：后亚运　就业形势　分析建议

一　亚运会对广州就业的影响分析

（一）亚运会对广州就业的积极影响分析

亚洲运动会作为亚洲地区规模最大的综合性运动会，每四年举办一届，2010 年 11 月 12～27 日，第十六届亚运会在广州举行，会期 15 天，随后亚残运会在 12 月 12～19 日举行。广州自 2004 年 7 月申办亚运会成功后，即开始了大规模的筹建活动，对当地经济社会发展和促进就业发挥了重要的积极作用。

1. 亚运投资促进经济发展，拉动就业总量增长

2005～2009 年亚运筹备期，全市全社会固定资产投资年均增长 12.9%，比 1999～2004 年年均增速提高了 5.7 个百分点。2008 年全社会固定资产投资突破 2000 亿元，2009 年全社会固定资产投资总量达 2659.85 亿元，比 2004 年增长近一倍。2009 年，受国际金融危机的影响，全球经济一片低迷，广州以迎亚运为契机，采取了强有力的保增长政策措施，仍以高于全国、全省和北京、上海等国内主要城市的速度实现了全年经济增长目标。2009 年广州实现地区生产总值（GDP）9112.76 亿元，比上年增长 11.5%。2010 年，第 16 届亚运会、亚残运会举办当年，广州地区生产总值首次突破 1 万亿元大关，达到 10604.48 亿元，同比增长 13.0%；完成全社会固定资产投资 3263.57 亿元，同比增长 22.7%，全社会固定资产投资对 GDP 贡献率达到 65%～70%，其中亚运工程固定资产投资对 GDP 的贡献率近 20%，拉动 GDP 增长千亿元以上。

从就业角度看，广州社会从业人员从 2005 年末的 574.5 万人到 2009 年末的 736.7 万人，增幅达 28.23%。其中，2009 年广州新增就业 72.45 万人，分别占全省和全国新增就业人数的 2/5 强和 1/15 强。第十六届亚运会、亚残运会举办当年，广州新增就业人数达 96.95 万人（其中本市城镇新增 36.03 万人，非本市户籍新增60.92万人），同比净增24.50万人；城镇登记失业率为2.20%，同比下降0.05个百分点；2010届广州生源高校毕业生就业率达到91.87%，就业形势保持了良好局面。据广州市发改委评估，广州"十一五"期间重点建设项目453个，投资总额为3636亿元，带动就业总人数为184万人，平均投资17万~22万元产生一个就业岗位。其中，2009年重点建设项目主要集中在亚运项目、基础设施、现代服务业和民生工程等七大领域，投资总额为946亿元，带动就业总数42.8万人（其中新增就业人员14.2万人）。亚运类项目每亿元投资能带动新增就业人数1392人。

从以上数据看，2005~2009年筹办亚运期间，广州基础设施建设和固定资产投资全面提速、经济持续快速发展，就业总量稳步增长，就业保持了向好态势。

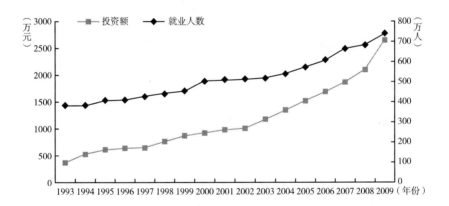

图1　广州历年投资与就业总量变动情况

资料来源：历年《广州统计年鉴》。

表1　广州历年投资与就业总量

年份	投资额（万元）	就业人数（万人）	投资增长（%）	就业增长（%）
1993	373.4	384.8	—	—
1994	525.7	383.2	40.79	-0.42
1995	618.3	407.8	17.61	6.42
1996	638.9	412.2	3.33	1.08
1997	656.6	428.2	2.77	3.88
1998	758.8	445.4	15.57	4.02

续表

年份	投资额(万元)	就业人数(万人)	投资增长(%)	就业增长(%)
1999	878.3	454.9	15.75	2.13
2000	923.7	503.7	5.17	10.73
2001	978.2	510.1	5.90	1.27
2002	1009.2	514.1	3.17	0.78
2003	1175.2	521.1	16.45	1.36
2004	1348.9	540.7	14.78	3.76
2005	1519.2	574.5	12.63	6.25
2006	1696.4	609.0	11.66	6.01
2007	1863.3	664.1	9.84	9.05
2008	2104.6	683.8	12.95	2.97
2009	2659.9	736.7	26.39	7.74

资料来源：历年《广州统计年鉴》。

2. 迎亚运扩内需增加就业机会，减震金融危机对就业冲击

2004~2009 年亚运会筹备期间，全市人力资源市场进场供需规模从 2004 年末的 151.5 万人次，上升到 2009 年全年累计的 317.3 万人次（见图 2），比 2004 年翻一番。其中，2010 年亚运会举办当年，累计进场登记招聘 284.8 万人次，同比增加 117.9 万人次，增幅为 70.64%；全年进场登记求职 209.3 万人次，同比增加 58.9 万人次，增幅为 39.16%。

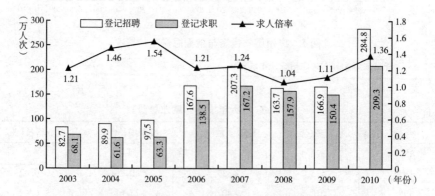

图2　2003~2010 年广州人力资源市场进场供需规模与求人倍率*

* 求人倍率：市场需求人数与求职人数之比。
资料来源：广州市人力资源市场服务中心。

此外，2004～2009年，外来流动入穗登记就业人口呈现不断增多趋势，平均年增幅为12.6%（见表2）。广州市城镇从业人员平均年增幅为6.5%；广州市城镇登记失业率保持在2.4%以下。以上几组数据证明，亚运筹备期间，广州就业机会增多，为保持就业形势平稳、为社会经济抵御金融危机冲击奠定了一定基础。

表2 2005～2009年广州就业登记的本市城镇从业人员及流动就业人员数量

单位：万人，%

就业登记数量	2005年	2006年	2007年	2008年	2009年	年均增幅
本市城镇从业人员	254.66	278.01	296.56	321.8	326.64	6.5
流动就业人员	147.36	160.66	172.15	173.62	225.23	12.6
合　计	402.02	438.67	468.71	495.42	551.87	—

资料来源：广州市人力资源和社会保障局。

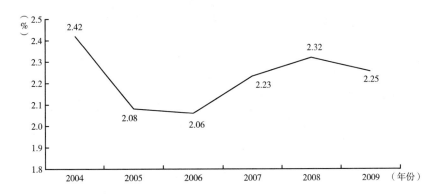

图3 2004～2009年广州城镇登记失业率变化情况

资料来源：广州市人力资源和社会保障局。

3. 亚运助推产业结构调整，促进就业结构优化

从产业发展的角度来看，亚运会对广州不同产业和行业产生深远不一的影响，有利于推进广州产业结构调整，从而促进就业结构的优化。具体到行业上看，筹备亚运会期间对各种人力资源需求侧重点随时间推移各不相同。前期着重于新建、改建或扩建各种体育场馆、交通、通信、服务等基础设施，2009年前就业岗位增加较大的行业以建筑业、交通运输、批发零售等行业为主；中期以及

从事规划工作的人员，涉及项目管理、国际交流、活动策划等为主；后期则以场馆运营管理、通讯配套、餐饮住宿、交通、安全、环保、食品管理、志愿者人员等为主。

从全市就业登记备案数据看，2006～2009年广州交通、通信、计算机服务、批发零售、住宿餐饮、金融、租赁和商业服务业、文化体育娱乐等行业，尤其是高附加值的计算机服务业、金融业、租赁和商业服务业，就业登记备案数明显增加（见图4）。

表3 2006～2009年广州主要行业就业登记人数占比

单位：%

主 要 行 业	2006 年	2007 年	2008 年	2009 年
制造业	57.88	47.34	38.57	33.66
批发和零售业	4.3	4.16	5.7	6.45
租赁和商务服务业	0.41	1.66	3.0	3.7
住宿和餐饮业	2.01	2.72	3.4	3.65
建筑业	3.06	2.27	3.16	3.51
交通运输、仓储及邮电通信业	2.16	2.1	2.87	2.91
房地产业	0.94	1.03	1.24	1.33
信息传输、计算机服务和软件业	0.65	0.92	1.09	1.16

资料来源：广州市人力资源和社会保障部门就业登记数据。

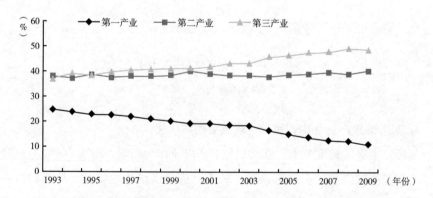

图4 1993～2009年广州从业人员三次产业结构变动情况

资料来源：历年《广州统计年鉴》。

4. 亚运人才集聚效应明显，带动就业水平提升

成功申办亚运会不仅给广州创造了大量的就业机会，更重要的是对劳动者的素质提出了更高的要求。包括对本地居民志愿者进行培训、劳动者需要在国际的环境中不断掌握相关的知识和技能、开阔国际化视野，这对广州就业水平的提升，有不可忽视的促进作用。

亚组委锻炼出一支国际化的人才队伍，留下宝贵的"亚运人才遗产"。亚组委成立后，通过从党政机关和企事业单位选调和借用、组织公开招聘，人才引进等多种方式，完成了广州亚运会筹备部门及团队工作人员约9560名专业人才队伍的集结。同时，2008年奥运会后又引进了北京奥运人才77名，特聘专家顾问逾40人。这支队伍在从事亚运会运营管理及市场开发，与政府部门、国际组织、参赛各国代表团协调联络，亚运会工作计划编制、项目管理、提供决策咨询服务和风险管理，新闻发布、宣传、信息、通信，场馆设施建设及环境保护，法律事务管理及知识产权保护，机构设置和人力资源管理、志愿者的招募、培训等事务过程中，不但为保障亚运会顺利进行起了关键性的作用，也将会成为宝贵的"亚运人才效应"遗产。

围绕亚运服务的上、下游产业增加了对高端人才的需求。按照国际办会规律，广州亚运会、亚残运会的筹办工作任务共划分为77个筹办领域，有新兴和热门行业，如物流、IT、传媒、药剂、医学分级、体育展示等领域。各类场馆的建设、改造，场馆器材和设施设备的生产、运输、安装，市政道路、地铁的加速修建和设施改善等方面的投资量增大，需求的人才也随之增加。动漫制作、广告宣传方面，广播电视和信息技术，各类特许商品的设计、制作和销售，会展等产业链人才需求也逐渐增大。他们将为广州今后的城市建设管理、产业结构调整、经济发展、社会文明进步提供人力资源支撑。

亚运会开阔了本地居民视野，增强了合作意识。总体来说，亚运会在促进经济发展及产业结构调整升级的同时，带来了就业总量及结构布局的变化，也带来了人力资源素质的变化。亚运会的举办不仅开阔了常住居民的视野，增强其参与及合作意识的同时，打破了人才交流的地域、行业界限，提升了与之密切相关的服务业广大从业人员的素质与技能，为促进国际人才交流合作起到了重要的作用。

5. 人力资源市场配置效能更趋充分，就业服务管理更趋精细化

亚运会的举办，一定程度上盘活了广州人力资源市场现有人力资源，另外，旺盛的招工需求也给广州人力资源市场配置机制带来效能提升压力。2006~2009 年，全市人力资源市场进一步完善各项服务设施及功能，为用人单位、求职者提供现场招聘、委托招聘、网络招聘、一对一推荐等服务，充分发挥了广州公共就业机构的就业平台作用，为亚运、为各行业提供充足的人力资源保障。

2006~2009 年，仅广州人力资源市场中心市场累计举办现场招聘会 604 场次，累计发布现场招聘岗位 67.01 万个（见表 4）。从 2009 年至 2010 年 6 月，市、区、街三级公共就业服务机构共举办包括"亚运人才直通车"、"高校毕业生就业服务月"等主题招聘会 943 场，进场招聘企业 50735 家，提供岗位数 125.84 万个，进场求职者达 134.54 万人次，初步达成就业意向 45.49 万人。此外，市人力资源市场大力开拓劳务对接招聘活动，仅 2010 年上半年，市场中心已先后组织 30 次 486 家企业分赴省内清远市佛冈县、中山、梅州、肇庆、云浮、化州、阳江及省外百色、柳州、汶川、昆明、青海等地参加对口帮扶招聘会，累计提供岗位 53763 个，促进了劳动力跨地区有序转移就业。

表 4   2006~2009 年广州人力资源市场中心市场招聘活动情况

年 份	2006	2007	2008	2009
举办现场招聘会场数（场）	151	146	156	151
进场招聘企业（万家）	1	1.35	1.24	1.05
提供岗位数（万个）	15.6	17.2	13.43	20.78
进场求职人数（万人次）	18.2	25	11.18	24.94
达成意向人数（万人次）	7.5	10.1	5.36	7.5

（二）亚运会对广州就业形势产生的消极影响分析

1. "限产停工"给稳定就业带来一定影响

从广州市统计局公布数据看，因亚运保障任务部分工业企业限停产和减排对 2010 年第四季度工业生产造成一定的影响。全市规模以上工业增长呈现先快后慢态势，第二、第三季度各月累计增速较高（20%以上），第四季度开始增速逐渐回落。其次，亚运会空气质量保障方案要求第四季度所有扬尘性建设工地停工，受此影响，各项建设工程都向前赶工，全年全社会固定资产投资的增长速度亦呈现前高后低的特点，前三季度各月累计保持高位增长，第四季度开始各月累计增速有较大回落，一季度、上半年、一至三季度及全年累计分别为38.3%、43.5%、41.5%和22.7%。据广州市城建委提供的数据，2010年上半年广州在建的工地约2300个，涉及用工量约40万人，受到作业管制措施影响的施工面积约占全市施工总面积的45%，用工量跌幅超过四成。

而综合看，从2010年10月20日至12月20日，广州共出台六类临时性管制措施，确保亚运期间环境空气质量：一是对列入空气污染综合整治任务的28家氮氧化物重点减排企业，列入第一批环保"退二"任务的92家企业，列入环城高速公路以内"禁燃区"内清洁能源改造任务的57家工业和宾馆服务业企业，列入三批次燃煤小锅炉淘汰任务的1139家企业，列入挥发性有机物排放控制任务的4413家企业，列入油气回收治理任务的529个加油站、13座储油库、388辆油罐车，列入脱硫整改任务的8家工业企业，列入烟尘、粉尘治理任务的76家企业，在规定期限前未完成治理任务的，一律实行停产或者限产治理。二是全市工业企业在亚运期间实施临时减排措施。三是机动车分三阶段限行。10月12日至12月22日期间，广州全天禁止本市和外地籍未持有绿色环保标志车辆上路行驶，禁止达不到国Ⅲ标准柴油车在高排放车限行区通行；党政机关企、事业单位用车封存30%；禁止农用车进入市中心区通行；禁止冒黑烟公交车、客货运车上路行驶。预计影响停驶汽车数量为14.5万辆，约占汽车保有量的10.7%。从11月1日起，除亚运保障车辆和城市正常生产、生活保障车辆外，广州市籍机动车和进入广州市道路行驶的外地籍机动车实行全天单、双号限行，影响停驶汽车数量约为74.5万辆，约占汽车保有量的55.2%。四是建筑工地实施分类作业管制。五是遇极端天气启动应急方案。根据《2010年第十六届亚运会空气质量保障极端不利气象条件广州市应急预案》，占工业污染物排放总量70%的重点企业列为主要监管对象，按照其污染物排放量、对环境质量的影响以及对生产、生活、经济保障作用的大小，按顺序实施停产、限产。六是关闭大气污染严重、治理无望的企业。这六类临时性管制措施，保守估计受影响的用工数量约在100万左右。但由于临时性管制的阶段性和临时性特点，而且只在特定的行业、地域范围内实施，因此不会涉及大幅裁员或大范围影响整体就业形势；另外，"限产停工"对就业的影响具有可控性，何时停，停哪些，涉及哪些部门、单位及劳动者都可以有明确的测量，并可有针对性的制订疏导方案，制定应对预案。

2. 工业消停与服务业用工陡增，为全年用工带来翘尾效应

据广州市社会科学院估算，亚运会期间大概有 15 万人次的海外游客来穗，为广州带来 8000 万美元左右的额外旅游收入；国内游客和观众会有 50 万人次，可以为广州带来 10 亿元左右的额外旅游收入，可使当年的旅游收入增加 1.85%。亚运会的举办估计额外增加消费 19 亿元，从而为广州带来 45.03 亿元的地区生产总值增长。通过举办亚运会的各类直接投资，广州额外增加 30.4 万个就业岗位。在消费领域，亚运会为广州新增 1.71 万个就业岗位。统计数据显示，2010 年广州实现旅游业总收入 1254.61 亿元，同比增长 26.2%，增幅分别比一季度、上半年和一至三季度累计提高 9.8 个、3.6 个和 3.3 个百分点。全年各月累计增速均较上年有大幅提高，亚运助推旅游市场繁荣成为不争的事实。广州亚运会有来自亚洲 45 个国家和地区的 14000 名运动员和随队官员、4500 名技术官员、9500 名注册媒体人员、2000 多名亚奥理事会大家庭成员参会。随后而来的亚残运会有 3000 名参赛运动员、2000 名随队官员、1100 名技术官员参会。如此庞大的参赛队伍和随队人员，为广州服务业，尤其是住宿餐饮、通信物流等行业来消费陡增，从而使工业用工消停与服务业用工陡增，此消彼长，为全年用工带来翘尾效应。

二 后亚运时期广州就业形势的基本判断

从国内外对亚运经济研究及阶段性特征来看，一般来说，随着亚运会的结束，广州经济社会发展将会进入后亚运时期，即一般会后的 2~3 年时间。从世界各地的经验来看，举办一届国际综合性大型运动会，其政治、经济、文化、教育等方面的作用和意义，都要超出运动会本身。以日本和韩国为例，两国都是在举办亚运会后实现了经济腾飞，国际地位也大为提高。一般来讲，世界性体育盛会的影响周期是 8~10 年。

不容忽视的是，多哈等亚运主办城市，由于会前和举办期间的投资活动快速增长、经济景气、消费活跃、主要行业繁荣，而亚运会闭幕后，由于投资活动明显减少，总需求急剧下降，大量的体育场馆和设施将闲置或利用不足，与之相关的旅游、建筑等行业出现衰退，局部区域出现萧条，呈现出"后亚运低谷效应"，为就业带来了负面的影响，广州是否会出现这样的风险隐忧？

（一）后亚运时期，广州就业形势的风险隐忧

从大型体育赛事承办前后的特征看，存在以下几种变化，成为广州就业市场波动的风险因素：

一是投资需求减弱，投资拉动就业效应放缓。为办好广州亚运会，广州市政府在筹备期间整体投入约 2200 亿元人民币，为市场带来巨大的投资需求，有力地推动了广州经济的快速增长。随着亚运会结束，前期与亚运直接相关的行业（如建筑业、建材业、交通运输业、房地产业等）发展将会回复到常态。如不进行合理的投资引导和调控，投资需求不足将会直接影响经济增长，甚至导致经济下滑，劳动力供给远远大于需求，失业率上升，进而产生更多的社会问题。

二是住宿餐饮业、旅游业等服务亚运的行业消费需求回落，用工将出现短期波动。随着亚运盛会结束，广大消费者对其关注度下降，举办城市对消费者的吸引力也将出现一定程度的下降，亚运消费热点逐渐消失，消费需求下降，与亚运直接相关的旅游、体育、会展、酒店业和房地产行业的发展将受到一定程度的影响。

三是亚运场馆利用不足，场馆服务人员面临闲置及二次分流问题。随着大型赛事结束，如何充分利用体育场馆，向来是一道难题。从历届大型赛事情况来看，赛后，体育场馆都会出现不同程度的闲置，其日常维护费用成为举办城市的沉重负担。以希腊为例，希腊政府在奥运场馆的维护上每年需投入 1 亿欧元，这为其财政带来一定压力。虽然为确保亚运场馆赛后得到充分利用，广州制定了较为全面、细致的亚运场馆总体规划，但部分民众日常参与较少的亚运项目，其场馆在亚运会后仍然面临较大的闲置风险，场馆服务人员亦可能面临冗余及分流问题。

四是产业结构调整的叠加影响。当前，广东省正处于调整经济发展方式、加

快产业升级转移的阶段，经济增长拉动就业的弹性下降，节能减排调控任务又加速了部分低附加值企业迁移。这些因素叠加起来将对广州就业总量产生一定程度的影响。

（二）几个关键要素决定广州就业形势仍将保持基本平稳

尽管广州亚运会后面临一些可能的风险，但必须看到的是，"低谷效应"的发生并非必然规律。"低谷效应"的产生是举办赛会时超常需求与会后常态需求之间的差异而造成的。从根本上来说，国内外良好的经济大环境才是保持广州整体就业形势平稳的关键因素。从广州当前的情况看，以下几个关键要素，将决定广州后亚运时期就业形势基本保持平稳。

1. "亚运经济"为广州经济社会持续发展注入活力

从近几届亚运会举办情况看，举办亚运会不仅标志着强大经济实力和发展能力，而且还能对举办国特别是举办城市带来后续发展活力。如第十三届亚运会为遭受金融危机重创的泰国经济注入了活力，提高了泰国在国际上的声誉。釜山举办第十四届亚运会，投入 6.6 万亿韩元用于基础设施建设，产生的经济效益则达 10.4 万亿韩元。与曼谷、釜山相比，广州城市与人口规模更大、消费潜力更强，拥有相对成熟的市场运作机制，其经济带动作用将会更加明显。

一方面，亚运契机带动广州经济加速发展，为下一步广州保持健康持续发展创造了有利条件。亚运及相关工程的巨大投资，自 2004 年广州申办亚运会成功以来，一直是拉动广州经济增长的强劲动力。在 6 年筹备时间里，广州累计投资 2200 多亿元进行亚运会相关配套设施建设，大规模的投资以倍数效应促进广州经济增长。另一方面，通过全面推进亚运场馆工程、重点项目工程、交通畅顺工程等八大工程，枢纽型、功能性、网络化的现代化城市基础设施建设加快推进，城市功能日趋完善，经济社会发展的承载能力增强。

亚运会的承办，使得城市服务和管理水平更趋精细化，形成层级分明、职责清晰的城市管理体系。同时，亚运会大大加强了珠三角地区，甚至泛珠三角地区的体育、旅游、会展、物流、建筑、商贸、城市规划和建设等各个领域的交流与合作，进一步强化了广州在华南地区要素配置中的主导地位。同时，"文化广州，历史名城；商贸广州，国际都会；活力广州，体育强市；生态广州，花园城市"的亚运会主办城市形象得以在国际上树立。

总体上看，筹办亚运期间，广州经济实力进一步增强，发展后劲进一步增强，城市基础设施建设进一步改善，城乡发展进一步融合，商务中心区、城市重点功能区、城市危旧房改造和卫星城开发建设取得重要成果；城市现代化服务和承载能力显著增强，区域合作进一步加强，城市管理精细化、规范化水平有所提高，多元参与、平等竞争的公共服务供给机制逐步形成，民生福利进一步提高，城市的综合竞争力大大提升，为下一步广州保持健康持续发展创造了有利条件。

2. 广州所处的发展阶段和面临的发展机遇，为就业形势平稳向好带来有力支撑

从广州所处的发展阶段看，2009 年广州人均 GDP 为 13006 美元，仍处于工业化、城镇化快速发展的时期，消费结构和产业结构升级、基础设施建设、社会事业发展等蕴藏着巨大的市场需求和发展空间，为广州拓展就业空间营造了良好的宏观环境。从发展机遇看，"十二五"时期，是广州深入实施《珠江三角洲地区改革发展规划纲要》、加快建设国家中心城市、全面提升科学发展实力的关键时期，也必将为广州推动新一轮改革发展注入强大动力。同时，随着广佛同城化、广佛肇经济圈建设深入推进，珠三角一体化进程加快，粤港澳三地经济加速融合，为广州增强中心城市集聚、辐射、服务和带动功能、全面提升经济发展的质量和水平提供了有利条件。

3. 广州城市建设的战略铺排，保证了亚运会后广州投资规模仍然会很大，投资带动就业效应仍然明显

据广州市发改委数据显示，"十二五"期间广州重点建设项目由 2010 年未完成的重点建设项目和重点建设预备项目组成。在 2010 年的 89 个重点建设项目中，有 85 个仍需在"十二五"时期继续投资，投资总额预计为 3727 亿元；同时，36 个重点建设预备项目将会在"十二五"时期投资 3366 亿元。据"十二五"重点建设项目投资促进就业人数预测，预计"十二五"时期广州重点建设项目投资 7093 亿元拉动就业人数 342.7 万人（见表 5），比"十一五"时期增加就业人数 180.9 万人，增长 111.7%；人均投资 20.7 万元产生一个就业岗位，稍微高于"十一五"时期的 19.9 万元，投资促进就业的效果相近。

表5 "十一五"与"十二五"期间重点建设项目投资促进就业比对

时 期	投资总额(亿元)		就业总人数(人)		人均投资额(万元)
	数量	增长率	数量	增长率	
"十一五"	3213	—	1618538	—	19.9
"十二五"(预计)	7093	120.8%	3427374	111.7%	20.7

资料来源：广州市发展和改革委员会。

4. 产业结构优化为拓展服务业的就业空间打下良好铺垫

当前，广州正在加快转变经济发展方式，推动产业结构优化升级，提高产业核心竞争力，优先发展现代服务业，做大做强先进制造业，着力发展高技术产业，改造提升优势传统产业。这些产业规划都有相应的配套举措，不因亚运会的结束而变化，因而对就业的增长作用将继续保持。

同时，举办亚运会最直接受益的也是第三产业，特别是第三产业中与亚运经济关系密切的旅游业、商业餐饮业、社会服务业、会展业、文化产业、房地产业、金融保险业、媒体传播业，能够产生新的商机和明显的拉动作用。举办亚运会对广州第三产业发展的影响，还体现在促进产业内部的结构调整优化和质量提高方面。传统服务业在营销方式、服务技术、经营理念、经营业态等方面将逐步与国际接轨，服务水平和质量会得到明显提高；信息咨询业、现代物流业等现代服务业将加快发展，行业规模迅速壮大，比重将明显提高。

5. 促进充分就业作为政府宏观调控优先目标的发展目标导向不变，为就业形势长期向好奠定基调

"十二五"期间，广州继续深入落实科学发展观，转变经济发展方式，毫不动摇地把充分就业作为政府宏观调控优先目标的发展目标导向不变。一方面，政府各级部门加大政策扶持力度，鼓励和支持有利于扩大就业的劳动密集型产业、中小企业、非公有制经济和服务业更好发展，更多吸纳就业；另一方面，各级人社部门继续紧密围绕贯彻落实市委、市政府"惠民66条"和"补充17条"的重要举措，坚持从改革、发展、稳定的大局出发，积极开展公共就业服务、就业困难群体援助等一系列工作，推进广州城乡就业服务均等化、信息化、精细化发展，积极推动以创业带动就业工作，完善支持创业的财税、金融、工商、场地等政策体系，改善创业环境，加强创业服务，为劳动者以创业带动就业创造更好的条件。最终，营造出全面协调、可持续的就业环境，为保障广州就业局势基本稳定奠定基本基调。

6. 吸取承办六运会和九运会的成功经验，以节俭办会为理念减缓就业波动

作为中国群众体育和经济体育开展最活跃的城市之一，广州历史上举办过的国际、洲际级别大型赛事超过 20 项，国内大大小小的重要比赛更是不胜其数。其中，1987 年承办的第六届全运会，2001 年承办的第九届全运会，以及 2007 年成功举办的第八届少数民族传统体育运动会，均吸引了全国各地代表团的参加。广州在节俭办会、场馆利用、志愿者招募以及赛场组织等诸多方面有过与国际惯例的成功接轨和大胆尝试，为举办亚运会这类的国际国内盛会积累了宝贵经验。广州亚运会使用竞赛场馆共 82 个，其中新建场馆 12 个，改扩建场馆 70 个。亚残运会使用 19 个竞赛场馆，均为亚运会竞赛场馆。亚运新建场馆数量较少，合理的战略规划降低了赛后闲置及大量场馆服务人员失业的风险；另外，赛会服务人员绝大部分为临时招募的志愿者；再者，确实需要面临分流择业的相关人员经历过亚运历练，服务意识和视野得到拓宽，就业竞争力会得到提升。

（三）未来广州就业环境面临挑战和机遇并存

从外部发展环境看，国际金融危机使世界政治经济格局发生深刻变化，外部发展环境仍然存在着较多不确定性。2010 年上半年，我国经济回升向好趋势明显，但展望全年经济回升基础尚不牢固，还存在许多矛盾和困难。宏观经济面临一系列"两难"局面：在宏观经济政策的选择方面，既要防止经济二次探底，又要控制通货膨胀；在人民币升值问题上，既要面对国际巨大压力，又要避免给加工出口型企业造成巨大冲击；在生产要素价格调整方面，既要提高劳动者收入、理顺资源价格，又要考虑企业承受能力和物价上涨压力等。从内在就业环境看，广州产业层次总体还不高，城乡一体化的就业服务还存在诸多体制性障碍，公共就业服务管理体制等方面的改革还有待深化；展望"后亚运"时期，广州既要保持"后亚运"时期全市经济平稳较快发展，进一步强化国家中心城市功能，又要推进经济结构的战略性调整，任务艰巨，不进则退。

亚运会作为一个洲际性的重大事件，广州是中国第二个取得亚运会主办权的城市。从当今世界的发展趋势看，举办一届国际综合性大型运动会，其在政治、经济、文化、教育等方面的作用和意义，都要超出运动会本身。以日本和韩国为例，两国都是通过举办亚运会，实现了经济上的腾飞，最后使两国的国际地位大为提高。从广州本身看，广州曾经举办过六运会和九运会，这两次全国性的体育盛会都促进了广州的城市建设和经济发展。据广州财政局公布数据，广州筹备亚运会期间的预算总投入为1226亿元人民币，其中136亿元直接用于亚运、亚残运会，其余的1090亿元用于城市重点基础设施建设。这些城市重点基础设施建设投资间接吸引了建筑、建材、信息产业、现代制造和服务业等领域政府、民间、海外的投资，产生集合效应、辐射效应，加速国内投资和外商投资双升温，放大亚运会的投资效应，进一步推动区域经济增长。

综上所述，课题组对"后亚运"时期，广州就业形势的总体判断是"总体短期波动，长期向好，结构优化，质量提升"。

（四）北京、上海的经验启示

1. 综合因素奠定奥运后经济发展的基石

北京市在举办奥运会后，经济保持了平稳较快发展，并没有出现"奥运低谷效应"。2009年，北京市实现地区生产总值12153.0亿元，同比增加9.3%；城镇登记失业率从2008年的1.82%下降到2009年的1.44%；年末实有城镇登记失业人员从2008年的10.33万人下降到2009年的8.16万人，经济和就业形势保持了基本稳定。从人力资源市场情况看，"后奥运"时期，在金融危机影响下，北京市人力资源市场需求总量不降反升，就业形势保持良好态势。据北京市人力资源和社会保障局数据显示：北京在2008年四季度和2009年一季度，虽然受金融危机的影响，但需求总体仍呈现景气态势。2008年四季度进入北京市人力资源市场登记招聘岗位数同比增加13645个，增幅为8.6%；2009年一季度同比增加岗位需求70620个，增幅高达61.74%。

奥运后北京经济就业仍保持平稳较快发展给我们的经验启示是：一方面奥运会等大型盛会对举办城市的经济影响与多方面的因素密切相关，包括城市所处的发展阶段、人口规模、市场容量以及经济结构状况、外部环境、筹备模式等。人口规模和市场容量相对较大的城市，经济波动就会表现得相对小一些；如果宏观经济稳定或处在整体上升期，则能够更好地吸纳、化解局部的冲击和波动。另一方面，北京市在办奥运会期间，坚持秉承节俭办奥运的理念，没有出现奥运投入和城市财政赤字，社会经济保持了较强活力；同时统筹谋划奥运场馆的布局和赛后利用，注重走产业高端化发展之路和坚持统筹城乡区域发展等，保证了赛后没有出现大规模场馆闲置的情况。北京市通过大力宣扬北京奥运会，增加了对国际社会的吸引力，推动了社会管理和精神文明建设，为现代服务业、现代制造业、高新技术产业等相关行业发展提供了良好机遇，加速了城市化进程。

2. 上海市加速现代服务业发展，促进社会人才整体结构的优化

2010年上海世博会集聚了大批高素质人才"办博"，而世博会后，上海通过科学规划，加快促进社会人才整体结构的优化、人才的国际化和社会文明程度的整体提升。一方面，世博会后，上海铺排的基础设施投资规模仍然很大。如2010年上海的地铁达200公里，而到2012年要超过500公里。因此，为世博会场馆和设施的建筑、制造、安装以及交通设施的改善而施工的企业，仍然拥有广阔的发展空间，就业者将被转移到新的基础设施建设领域中工作。另一方面，上海市通过《上海加速发展现代服务业实施纲要》，加速发展现代服务业，为各类人才留用拓宽就业空间。对于在"办博"中形成的优秀工作团队，上海及早做好了人才的后续利用考虑，通过四字方针妥善安置世博相关工作人员，延续人才"遗产"效应。具体来说是："回"即借调人员可以回到原来的单位；"转"即部分人员可由世博局事业编制转成公务员编制，或通过考试转成公务员；"留"即符合区域规划需要的世博人才，优先考虑留用到世博遗产的管理和运营团队；"走"即工作人员在世博会结束之后，可以再次择业。这支队伍在世博会后充实到党政机关和企事业单位，进一步优化上海地区的人才结构和人才布局，提升上海地区人才队伍国际化素质，在推动相关产业的发展发挥积极的作用。

三 "后亚运"时期广州稳定就业的政策建议

在当前经济社会全面转型时期，广州的发展是实现珠三角改革发展规划的核心与关键。亚运会在促进广州经济总量增长的同时，也加快了广州传统产业与新兴产业的新旧交替更迭，这样的经济格局还将长期存在，成为影响就业形势稳定与发展的持续因素。面对亚运会这样一个机遇与挑战并存的时点，为更有效、合理地分配资源，在广州产业结构调整优化升级中形成新一轮经济增长动力，使经济平稳过渡及健康发展，从而保持就业形势平稳，进一步优化就业结构，提升人力资源素质，课题组提出以下建议。

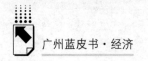

（一） 研究亚运经济规律，加强宏观经济调控和社会发展战略规划

国际经验表明，奥运会前后的经济影响时限为 8 ~ 10 年，借鉴这一经验，在亚运会后，必须加强长期的经济调控规划，避免短期行为。应努力通过宏观调控和市场调控，使亚运会产生的投资和消费"乘数效应"在年度分布上相对均匀，尽可能持续更长的时间，避免在一定时期内发生经济大起大落，影响和谐稳定。

（二） 合理铺排亚运后财政投资投向，完善投资促进就业的评价体系，构建大就业格局

针对亚运会前城市基础设施的大规模投资力度，如何保证亚运会后投资力度不急剧下降是政府必须认真考虑的问题。政府应对亚运前、后期的投资项目作出整体规划，合理分配不同时间段的项目设置，安排好项目的建设进度，保证亚运前、后期的政府投资力度不至于差别过大。与此同时，针对政府投资规模在亚运前、后期存在的差别，在亚运会后政府应有针对性地积极引导社会资本投资，扩大社会投资规模，促进民间资本在规划范围内合理、科学投资，更好地平抑投资低谷所可能带来的负面影响，从而保持投资对就业的促进作用。

（三） 开发亚运遗产，将亚运对就业促进的短期作用转化为长期利好

亚运会不仅留下了亚运城综合体育馆等象征性的建筑与设施，更创造了内涵丰富的具有岭南特色的亚运文化，提升了广州的城市形象。要充分利用这些伴随亚运产生，亚运会结束后仍然存在的有形或无形的影响物，即"亚运遗产"，加快广州旅游、会展等现代服务业发展。建议政府要加大财政对旅游、会展等现代服务业的投入力度，制定促进这些行业加快发展的优惠政策，鼓励社会资本对这些行业加大投入。推动这些行业投资规模扩大的同时，积极落实国家促进消费的各项政策，进一步改善消费环境，通过举办各种形式的活动、商业会议和科技展览，吸引大量国内外商务客和游客到广州消费，直接或间接地带动交通运输、旅游、餐饮、保险、娱乐、金融等多个服务行业的发展，有效促进广州产品市场开拓及对外贸易的增长，从而使投资、消费、出口、政府支出四者对经济的拉动作

用在现代服务业中发挥巨大合力，促进现代服务业在广州 GDP 中比重的加速提升，提供更多适合广州产业结构调整优化方向的就业岗位，促进就业结构进一步优化。

（四）延续亚运人才集聚效应，妥善安置专业人才后续留用，促进广州人力资源结构进一步优化

亚运会所聚集及培育的各方面高素质专业人才，是宝贵的人力资源，更是发展现代服务业尤其是会展业的动力之一。在依靠市场机制促进这些人力资源合理流动的同时，要充分发挥政府作用，提高高素质专业人才配置的效率，避免人才流失。一方面为这些高素质专业人才提供个性化的专业人力资源服务，为他们提供落户广州的人才优惠政策，吸引他们在广州定居就业。另一方面通过发挥示范引导，吸引更多高素质人才聚焦广州，降低传统劳动力比较优势利用模式，提高高端人才价值比重，进一步优化广州人力资源结构，形成人才与产业的和谐互动，推动经济发展方式的转变。

（五）加强人力资源市场平台建设，建立就业预测预警体系，充分发挥市场配置效能

在广州加快转变经济发展方式的过程中，市场配置资源的基础性作用不容忽视。劳动力要素的流动正如其他生产要素的流动一样，主要依靠市场配置机制完成。一个统一开放、竞争有序、信息畅通、服务到位的人力资源市场既有利于为广州经济社会长期发展提供人力资源保障，也有助于应对亚运会这样阶段性、波动性的人力资源需求变动，使人力资源在流动中实现优化配置。要健全完善人力资源市场平台建设，加大财政支持力度，解决好各级人力资源市场的人员编制和经费问题，确保人力资源市场运作顺畅。要加快建立健全广州就业失业预警预测体系，充分发挥信息对人力资源供求双方的引导作用，并为政府宏观调控提供相关决策依据。

（六）加强珠三角区域合作，发挥广州中心辐射带动作用，促进珠三角人力资源合理布局

亚运会筹备期间，不仅带动了广州的就业，而且大大促进了周边区域的就

业。亚运会后要进一步增加与周边区域的合作，充分发挥中心城市的辐射带动作用，促进珠三角人力资源合理布局，在保持珠三角人力资源总量平衡的基础上，形成人力资源结构与层次的互补，与产业转移升级相配套，推进珠三角区域经济一体化。

（七）关注亚运非受益就业群体，完善就业和社会保障机制，加强公共就业服务

通过亚运会促进广州经济社会发展不仅是一个数量的概念，更重要的也是一个质量的概念。我们不仅应该关注亚运会对就业数量的影响，在"后亚运"时期，更应该关注广州就业质量的提高。从整体上来说，亚运会筹办对广州经济与就业起到了良好的促进作用，但受益行业和人群是非均衡的，譬如建筑、旅游、通信、交通、金融、体育、餐饮住宿等和亚运投资有着直接关联的行业受益最大，而对部分传统制造行业则产生挤占、排挤等影响，更加速了高耗能、高污染企业的关停和转移，也对这些行业企业的就业群体产生了负面影响。同时，亚运会在提升广州第三产业行业层次的同时，客观上也加大了产业行业内部的竞争，提高了对劳动者素质的要求，造成"4050"等弱势就业群体的就业难度相对增大。要重点关注对这些亚运非受益就业群体，强化公共就业服务，积极组织开展"再就业援助月"、"春风行动"等系列服务活动，加大公益性岗位安置力度，重点对"4050"人员、零就业家庭成员、高校贫困毕业生等就业困难群体实行"一对一"就业帮扶，引导流动就业人员合理有序流动，促进困难群体就业，确保社会和谐稳定。

参考文献

国家体育总局信息中心：《2008 奥运会对北京经济发展影响及开发战略的研究》。

上海市信息中心：《世博会对经济拉动的效应研究——世博后续利用分报告》。

北京市发改委：《关于奥运后北京经济仍将保持平稳较快发展的报告》。

刘淇：《北京奥运经济研究》，北京出版社，2002。

广州市发展和改革委员会课题组：《广州投资促进就业研究》，2010 年 6 月。

李江涛、尹涛、蔡进兵：《亚运会对广州经济发展的影响研究》。

《广州统计年鉴》，2005～2009 年。

广州市统计局：《2010 年广州经济运行情况综述》。

相关年份的《北京统计年鉴》。

Guangzhou Employment Situation Analysis and Forecast Report in the "Post-Asian Games" Period

Project Team of Guangzhou Human Resource Market Service Center

Abstract: As the Asian Games successfully promotes economic and social development of Guangzhou, in "Post-Asian Games" period, whether the phenomenon like "Olympic Games Valley Effect" will appear in Guangzhou have been brought to our attention. This report deeply analyzes the employment situation of Guangzhou in pre and post Asian Games periods.

Key Words: "Post-Asian Games" Period; Employment Situation

B.16

广州行政事业性收费改革研究

广州行政事业性收费改革研究课题组*

　　摘　要：为落实《珠江三角洲地区改革发展规划纲要》关于"推进行政事业性收费改革，减少收费项目，率先在珠江三角洲地区实行审批管理'零收费'制度"的要求，本文对广州现行收费管理进行较深入的研究，找出存在的问题，分析原因，提出了广州行政事业性收费改革的目标、原则和思路以及对策措施。通过收费改革，进一步促进政府行政审批制度改革，改善广州投资环境，提升广州城市综合竞争力。

　　关键词：广州　收费改革　研究

一　行政事业性收费改革的必要性和迫切性

（一）落实《珠江三角洲地区改革发展规划纲要》的要求

　　《珠江三角洲地区改革发展规划纲要（2008～2020年）》（以下简称《规划纲要》）的通过和发布，明确了珠江三角洲地区改革发展的战略定位，确立了改革发展目标，为本地区的进一步发展指明了方向。《规划纲要》明确指出，"推进行政事业性收费改革，减少收费项目，率先在珠江三角洲地区实行审批管理'零收费'制度"。为了落实《规划纲要》，执行省委、省政府《关于贯彻实施〈珠江三角洲地区改革发展规划纲要（2008～2020年）〉的决定》，广州市政府

---

　　* 课题组长：罗家祥，广州市物价局局长；课题副组长：吴林波，广州市物价局副局长；谭曼青，广州市财政局副局长；课题组成员：梁元斌、李伟棠、陈建东、何湘峰、祝宪民、李文新、黄德树、林旭红、周涛、王素芬、黄晶、牟波、蔡进兵、秦瑞英、王穗明。

有关职能部门积极行动，先行先试，制定广州行政事业性收费改革指导性意见，出台具体实施办法，分期分步实现广州行政事业性收费的科学化、合理化，并率先实现审批管理"零收费"，为珠三角地区甚至全国改革提供借鉴。

（二）积极改善营商环境，提升城市竞争力的要求

各地行政事业性收费项目、标准以及缴费便利程度等的不同，直接影响到投资者的投资成本以及投资后企业的运营成本，从而影响到投资者对投资目的地的选择。从目前现实分析，广州存在一些收费不科学、不合理，企业费负过重等现象。为了积极改善广州营商环境，为企业的投资、经营创造一个良好、公平、合理的环境，提升广州城市竞争力，吸引更多投资者进驻本地，广州应大力推进行政事业性收费综合配套改革，积极借鉴其他地区的经验和做法，及时清理收费项目，重新评估收费标准，并大力争取上级政府支持推进收费改革。

（三）制定实施积极价格政策，加快经济转型升级的要求

当前广州经济面临转型升级，为保持经济持续健康发展，广州应积极运用价格杠杆促进经济发展方式的转变，加大对企业的帮扶力度，其中非常重要的一项措施就是切实减轻企业负担。通过推进行政事业性收费改革，确定行政事业性收费项目开征、费用减免、标准升降等相关原则，减少涉企收费项目，降低涉企收费标准，坚决制止向企业乱收费的行为，有助于减轻企业非税负担，为企业健康发展提供良好条件。

（四）建立"首善之区"，落实惠民政策的要求

广州要按照省委、省政府要求，努力建设成为全省建立现代产业体系和宜居城市的"首善之区"，重要举措之一就在于积极推进行政事业性收费改革。通过充分发挥行政事业性收费对企业投资行为的调控引导以及对产业结构的调整作用，促进现代产业体系的建立；通过对行政事业性收费的改革，减少收费项目，降低收费标准，方便费用缴纳，减少行政事业性收费对居民生活的影响，提高居民生活质量。提高行政事业性收费使用的科学性，提高其用于民生领域的比例，切实改善居民生活条件，积极落实惠民政策"66 条 + 17 条"的要求。

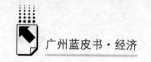

（五）提高市民满意度，创建文明城市的需要

为了创建全国文明城市，首先必须提高市民对政府管理和服务的满意度，实现好、发展好人民群众的根本利益，切实提高群众满意水平，是创建全国文明城市全部工作的出发点和落脚点。通过积极推进行政事业性收费改革，深化政府行政体制改革，提高行政效率和透明度，减轻企业和群众负担，切实提高企业和群众对政务服务等方面的满意度，有助于广州创建文明城市目标的实现。

二 广州行政事业性收费管理现状及存在问题

（一）广州行政事业性收费现状分析

1. 行政事业性收费有力弥补了城市管理服务费用的不足

行政事业性收费对弥补广州财政财力不足，保证行政事业单位的正常运作发挥着积极的作用。2008 年，广州行政事业性收费总额为 128 亿元（含上缴中央和省部分），全市财政收入为 982.62 亿元（含预算内和预算外收入），行政事业性收费收入占全市财政收入的 13.03%。2009 年，全市行政事业性收费总额为 87 亿元，占当年全市财政收入（1244 亿元）的 7%。

2. 收费项目不断减少

2002 年，广州行政事业性收费项目约有 470 项。2003 年，广州市人民政府办公厅转发《清理行政事业性收费降低城市运行成本工作方案的通知》（穗府办〔2003〕36 号），取消了 32 项收费、降低了 2 项收费标准、合并 2 项收费并降低其收费标准，使广州行政事业性收费项目减少到 437 项，涉及 54 个收费部门。以后几乎每年都有一次清费行动，经过多次清理减免，行政事业性收费项目不断减少，至 2009 年，全市行政事业性收费项目减少到 131 项，涉及 46 个部门。与2003 年相比减少了 306 项，减少 70%，减少了 8 个收费部门。

3. 管理日趋规范，乱收费现象减少

改革开放以来，广州行政事业性收费管理体制改革在全国先行一步，从乱到治，从政出多门到集中审批，从各自为政到依法管理，形成了目前较为完善和规范的管理体制，促进了广州经济和社会事业的发展。在执收环节，广州实行收费许可制度、收费员证制度、收费票据管理制度、企业和农民收费负担监测报告制度、收费投诉举报制度、收费公示制度等7项制度；在使用环节，实行收支两条线制度；在管理环节，实行收费审批制度、综合年审制度、收费统计报告制度、收费管理责任制度、违法收费行为责任人行政处分制度等5项制度。经过多年的治理整顿和规范管理，部门未经批准自立项目、擅立标准等乱收费现象大为减少，企业、居民普遍反映收费行为较为规范。

4. 收费服务水平不断提高，技术手段不断创新

改革开放以来，广州行政事业性收费服务水平不断提高。一是对收费公示实行责任制，规范收费公示的内容和形式，要求收费单位将涉及本单位的行政事业性收费的项目、标准、依据（授权单位名称、批准机关及文号）、收取对象、计算单位、收费单位监督电话、物价部门投诉电话等制成公示牌，或采用电子屏幕、电子触摸设备等进行公示，有条件的单位还可以采用互联网公示。同时坚持长期动态管理，把收费公示工作推上规范化、制度化轨道。二是运用非税收入征收管理信息系统，实现财政、银行、执收单位三方联网、数据共享，市本级的行政事业性收费征收基本纳入财政监控范围。非税系统还提供银行代缴、集中汇缴、批量代扣、银联卡现场刷卡缴交等多种征收方式，银行代收受理点亦扩大至三家银行（工商银行、建设银行、广州市商业银行）在广州市内的任一营业网点。非税系统支持的银联卡刷卡器，还可直接安装在行政事业性收费执收单位的办事窗口，群众不需到银行即可缴交行政事业性收费及办理后续业务，实现了一站式服务，充分体现了政府为民服务的宗旨。目前，财政部门还在积极探索扩大代收银行、增加自助缴费方式等便民措施。上述通过非税系统缴交的收入均直接上缴财政，财政及执收单位可实时跟踪缴费情况，防止乱收费及坐收坐支现象的发生。

5. 监督机制不断完善

广州行政事业性收费管理体制不断健全，监督机制也趋于完善。一是开展行政事业性收费综合年审。每年年初，市物价、财政、审计、纠风四部门对全市行政事业性收费联合开展年度审查，不断规范广州行政事业性收费行为，维护行政事业性收费的良好秩序。二是各类收费专项检查常抓不懈。多年来，广州坚持开展教育收费、涉企收费等专项检查，及时发现和纠正不规范的收费行为，要求所有执收执罚单位必须做到持证收费、亮证收费。没有法律、法规和规章为合法依

据的，一律不得收费，收费必须按规定申领收费许可证。三是贯彻落实"收支两条线"管理，行政事业单位收取的行政事业性收费、罚没收入，全部纳入"收支两条线"管理。四是加强财政票据管理，完善了财政票据印制、供应、保管、核销和销毁工作程序，初步形成了规范的票据监管体系。大力宣传财政票据管理政策，将财政票据的种类、票样、使用范围、监督方式、举报电话等向社会公开，提高透明度。五是建立了乱收费责任追究制度和通报制度。加大对乱收费的查处力度，对违反规定、擅自设立收费项目、提高收费标准的，除按照规定给予经济处罚外，还要对乱收费的部门和单位予以通报批评，追究相关责任人的责任。总之，广州一直坚持处罚与规范相结合，日常管理与专项检查相结合，事后检查与事前监督、事中调控相结合，提高监督的针对性、时效性和缜密性。

（二）行政事业性收费存在的主要问题

1. 收费总量大，数额逐年增长

行政事业性收费从批准设立看可以分为两类：一类是由国务院或财政部、国家发展改革委批准设立，第二类是由省级人民政府或财政、发展改革（物价）部门批准设立。2009年，广州行政事业性收费项目为249项，其中，国家立项项目236项，省立项项目51项，广州市本级执收的行政事业性收费项目约90项。与国内其他城市相比，一方面，广州行政事业性收费总额偏大，并呈逐年增长趋势。2008年，广州行政事业性收费总收入达128亿元，深圳行政事业性收费总额为30多亿元，昆明全年征收行政事业性收费3.8亿元，青岛市全市行政事业性收费总额为21.49亿元，杭州市全市行政事业性收费45亿元。广州行政事业性收费额偏大，并且还在逐年增长，从2006年的78亿元增长到2008年的128亿元。另一方面，广州行政事业性收费收入在地方一般预算财政收入中的比重较大。根据国际货币基金组织对各国政府财政收入的统计，美、英、德等发达国家的"非税收入"一般只占财政收入的10%，而行政事业性收费只是"非税收入"中的一部分，即行政事业性收费一般低于政府财政收入的10%，2008年，深圳行政事业性收费占地方财政收入的5%，杭州占财政收入的8.2%，相比之下，广州行政事业性收费占财政收入的比重偏大，达到13.03%。

2. 有的收费政策不尽合理

近年来，广州行政事业性收费已经日渐规范，各项收费管理政策也不断完

善，但仍有部分收费政策不尽合理，主要表现在以下几个方面。

（1）有的收费项目设置不合理。市场经济要求公正、公平，要求生产要素能够合理流动。目前一些带有歧视性的收费阻碍了社会公共资源的合理流动，如使用流动人员调配费对企业，尤其对劳动密集型企业影响较大，一方面增加了企业负担，另一方面有悖于以人为本的思想，不利于和谐社会的建设，影响了社会公正，将会引发一系列的社会矛盾，这些收费项目已不符合当前的行政理念。而外来人口比重大幅超过本市户籍人口的深圳市则早已取消了该项收费，国内其他主要城市，如北京、重庆、杭州、青岛、成都等则从未设立此项目。

（2）有的项目收费标准和计征方式不合理，分类过于复杂。目前企业反映较大的主要有堤围防护费和基础设施配套费。据广东省工商银行反映，从全国工行系统反馈的信息看，广州的堤围防护费征收标准最高，且分类复杂，各类企业收费标准不同，分别按企业营业额/销售额的 0.45‰~1.3‰征收。而北京、上海、昆明、成都、重庆、苏州、杭州等很多城市未设该项收费；且即使有该项收费的城市，其征收标准也比较低，一般仅为 0.1‰~0.6‰，如东莞还设置了 50万元封顶，深圳收费标准仅是广州的 1/10。广州每年的堤围防护费收入就达 20多亿元，占行政事业性收费的近 1/5，对企业影响较大。广州的城市基础设施配套费以基建投资额为计费基数，小区项目为 5%，零散项目为 10.5%，实际操作过程中，基建投资额往往是预估额，而非实际发生额，造成执收额与应交额产生误差，容易导致收费纠纷。而国内很多城市是按照竣工建筑面积的一定标准收取，如北京市以批准的年度投资计划的建筑面积（包括地下建筑面积）为准，住宅每平方米 160 元，非住宅每平方米 200 元；青岛市按照建筑面积每平方米275 元征收；佛山市商住楼、办公楼和综合性建筑，按 20 元/平方米计收，工业建筑（厂房），按 12 元/平方米计收，建筑面积按每平方米 12~20 元收取。按照建筑面积计收的优点是操作性强。

（3）有的收费项目存在重复收费问题。以广州市民反映较大的治安联防费为例。负责马路、街道等公共区域巡逻的治安联防队，作为警力不足的辅助力量，实际上也是公安机关履行维护社会治安职责的一部分，其费用应该由政府财政解决，而不应作为行政事业性收费而强制收取。同时，由于企业和大部分社区已经聘请有保安，对这些已自行成立联防组织的没有退费机制，由此引发重复收费的问题。

3. 地区间收费不平衡

广州严格执行国家、省相关文件，收费调整弹性小、灵活度低，但周边部分城市收费弹性大、灵活度高，对广州企业极不公平，企业普遍反映广州投资经营成本比周边城市高很多。主要体现在：

（1）收费标准的不平衡。如产品质量监督检测费的收取在省内、市内各区之间就存在差异。省内的一些城市，实行的是弹性收费，即不按省物价部门制定的标准收取，通过执收单位与缴费方协商，以一定折扣收费。广州则是严格执行省定的收费标准。相比之下，对广州的企业有失公平。

（2）执收力度不一致。有些收费项目全市各区征收力度不一致。如有的区征收使用流动人员调配费力度不够，造成流动人员市内负担不公平。另外，开发区、南沙区等五个功能区从 2003 年开始实行"无费区"改革试点至今，行政事业性收费金额大大减少，而其他地区则尚未推广，造成开发区和其他区、县级市地区之间不平衡，很大程度上影响了区域经济的公平竞争。

4. 改革力度不够，创新不足

广州行政事业性收费的改革相对于省内、国内其他城市来说，力度远远不足。从 2003 年以来广州历次的行政事业性收费清理工作中，可见一斑，具体改革历程见表1。

表1　近年来广州行政事业性收费改革历程

时　间	依据文件、法规	改　革　内　容	成　　效
2003 年 4 月	广州市政府常务会议上讨论通过《关于在开发区试行"无费区"的意见》	广州南沙开发区、经济技术开发区、高新技术产业开发区、出口加工区和保税区等 5 个功能区成为"无费区"，对区内企业取消了 49 项带有税收性质的行政事业性收费	试行"无费区"，共免收金额 1.4 亿元
2003 年 6 月	广州市政府常务会议正式通过了《关于防治"非典"期间对部分行业减免行政事业性收费的通知》	对受"非典"疫情影响比较严重的行业实行减免行政事业性收费，减免期共 5 个月	减免收费金额约 1.3 亿元
2003 年 7 月	广州市人民政府办公厅公布了《清理行政事业性收费降低城市运行成本工作方案的通知》	取消 32 项收费、降低 2 项收费标准、合并 2 项收费并降低其收费标准	

续表

时　间	依据文件、法规	改　革　内　容	成　　效
2004 年 11 月	广州市人民政府办公厅发出《关于停止、降低、改变部分行政事业性收费的通知》	广州市行政区域内停止 44 项行政事业性收费，涉及 19 个部门，约占原有收费项目的 10.1%，同时降低 2 项行政事业性收费标准；对明显具有经营服务性收费性质的 2 项行政事业性收费，转为经营服务性收费；将 2 项行政事业性收费由定率收费改为定额收费	每年可减轻企业和群众负担 1126.79 万元
2009 年	市物价局市财政局《关于停止和降低我市审批管理类行政事业性收费的通知》	停止和降低了教育、公安、民政、国土、农业、工商、质检、劳动和社保等 8 个部门执收的审批管理类行政事业性收费 23 项	涉及减免收费金额 1.7 亿元

从以上改革历程上可以看出，广州行政事业性收费改革在 2003 年、2004 年力度较大，行动积极，不仅自觉清理，而且还积极试点，探索新的改革措施。而从 2005 年之后，市本级的改革行政受审批管理权限限制，难以大力开展。

5. 乱收费行为更具隐蔽性

尽管广州收费行为整体趋于规范化，但仍有少数乱收费现象存在。近年来，个别行政单位将自身行政管理职能转移到下属单位，将一些本应由单位自身开展的行政业务，由下属单位开展强制性服务并收费。

6. 行政事业性收费减免政策不明确

《广东省行政事业性收费管理条例》规定，行政事业性收费项目和收费标准的审批权在国家和省一级，需设立收费项目和确定收费标准的，由省业务主管部门或市人民政府提出，经省物价部门会同省财政部门审核后，报省人民政府审批，并报省人大常委会备案。但并没有明确规定市一级无权减免或停征部分收费。

7. 资源环保类收费偏低

广州城乡生活取用水（地表水）水资源费征收标准根据广东省物价局规定自 2011 年 4 月 1 日起调整为 0.12 元/立方米，而昆明市生活取水（地表水）水资源费早在 2006 年就达到了 0.2 元/立方米，成都市则在 2003 年就达到了 0.3 元/立方米。可见广州资源环保类收费改革步伐比其他城市慢，收费标准偏低。近年来国家和广东省都多次提出要加快资源环保类价格改革，逐步提高收费标

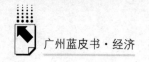

准，提高全社会节约资源重视环保的意识，因此广州在减少收费或降低标准以减轻企业和居民负担的同时也要注重逐步提高资源环保类收费标准。

（三）原因分析

1. 管理体制不完善

我国目前的收费管理体制，从宏观上讲，实行的是收费项目、收费标准、收费资金三位一体的模式；从微观上讲，由收费许可制度、收费公示制度、"收支两条线"管理制度等构成。不可否认，这种管理体制已经初具体系，但它也存在着一系列制度性缺陷，难以有效防止乱收费现象的出现。

（1）监督机制不完善。在我国现有的监督体制下，监督主体和监督对象混淆，导致监督作用难以发挥。我国现行的行政事业性收费管理体制中，"同级监督同级"、"同系统监督同系统"，收费政策的出台、收费票据的制发、收费资金的使用和财务管理，往往由单一的部门主管，整个过程被置于社会监督之外。目前各执收部门和单位较多，大小收费项目种类繁多，管理部门缺乏科学先进的管理手段，只能靠对单位的临时性、年度性稽查和群众举报来查处纠正违规收费问题。往往在稽查过程中检查出了违规问题，加大了对违纪问题的整改力度，但处罚手段过软，处罚时阻力重重，仅对执收单位作退款或没收上缴财政处理，很少追究乱收费单位的领导和直接责任人的责任，致使不规范收费现象依然存在。

（2）"收支两条线"管理制度执行不够彻底。"收支两条线"管理制度的实行，并未改变收支挂钩的实质。从资金收缴方面，目前广州收费模式主要有收费部门直接收取、收费部门开票银行代收、税务部门代征三种方式，其中大部分收费实行"单位开票、银行代征、财政统管"的模式，有效防止了坐收坐支现象发生。但仍有部分收费因征收点偏远、附近银行网点少、缴款人缴款不便等原因，为方便群众，经财政部门批准，收费单位可直接收取现金，并在规定时限内将资金上缴财政，由此可能存在挤占挪用的风险。在资金安排方面，还是存在以收定支的现象。单位在编制部门预算时要编制收入和支出计划，财政部门根据单位的收入核定支出，并未完全实现收支脱钩。

2. 政府职能划分模糊

我国正逐步建立和完善市场经济体制，政府的职能也处于相应的转变之中。

但政府权力与市场机制的界线并不明确，即政府职能界定不清。由于过去受计划经济体制的影响，政企不分、事企不分，政府包办了应由市场、由企业办的事，一些本应由市场中介机构或企业收取的费用也由政府部门收取。政府职能转变不到位，导致财政支出范围过宽，支出增长速度过快，财政收支矛盾加剧，在这种情况下，迫使各级政府及各部门通过非规范性的收费来缓解收支矛盾，满足支出的需要。

3. 地方利益、部门利益的干扰

行政事业性收费的收入长期以来一直没有纳入政府财政的预算资金来管理，使地方利益、部门利益与行政事业性收费的不正当利益联结，各地方、部门的利益往往与行政事业性收费的收入直接相挂钩。当前财税分配体制还不完善，使得地方利益与行政事业性收费收入紧密相连。

4. 地方政府思想不够解放，改革意识不强

近年来，由于缺乏行政事业性收费减免权等原因，与国内、省内其他城市相比，广州行政事业性收费改革力度较小，这与曾作为全国改革开放窗口、敢为人先的广州精神极为不符，也不符合《珠江三角洲改革发展规划纲要》提出的先行先试的改革精神，解放思想还不够到位，改革创新意识不强。《财政部、国家发展改革委关于发布〈行政事业性收费项目审批管理暂行办法〉的通知》（财综〔2004〕100 号）第十三条规定，属于市本级收入的收费，市政府（含区、县级市）可以批准减征、免征、缓征，不需再报省审批。根据此文件，广州市政府有权减征、免征、缓征属于本级收入的收费。据调研，青岛、成都、昆明等城市均按该文件执行。但省财政、物价部门未转发该文，广州也一直没有执行。

5. 政策法规滞后，缺乏自主管理权限

（1）政策规定滞后。当前的行政事业性收费政策有些缺少科学依据，不能根据变化了的形势及时调整。如广州目前的基础设施配套费收取标准是根据1998 年广州市建委、物价局发布的《关于缴交配套设施建设费有关计算基数问题的通知》确定的，多年未进行调整，已不符合经济社会发展实际。

（2）自主管理权限不足。与其他副省级城市以及计划单列市相比，广州缺乏行政事业性收费的自主管理权限，主要是上级政府没有授权制定地方性行政事业性收费管理法规，不能对收费项目进行设立、取消以及调整收费标准。

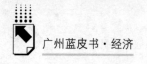
（四）行政事业性收费问题导致的负面影响

1. 影响政府执政为民的形象

行政事业性收费的收费部门大多数是政府的职能部门和法律授权的组织，代表政府行使职能，它们的收费行为直接关系到政府执政为民的形象和公信力。广州行政事业性收费数额大，收费项目设置、收费标准、计征方式方面存在的不合理现象，影响了企业和居民对政府评价，降低了企业对政府的信任度，不利于以人为本的科学发展观的落实，间接地影响了惠民措施的贯彻实施。

2. 影响市场资源的合理配置

不合理的行政事业性收费影响了资源在地区和部门间的合理配置。其主要表现在：一是收费地区以及部门都是从本地区、本部门利益出发，而较少考虑全省、全市宏观决策和调控要求，未能适当地贯彻国家鼓励、限制产业的政策，加上由于收费标准千差万别，地区、部门、产业和行业之间，在同等情况下的收费负担高低不一，影响公平竞争，不利于合理配置资源；二是收费地区、部门自收自支，或以收定支，与自身利益密切关联，这必然强化地区、部门对所隶属企业的行政保护和干预，资源若要在不同隶属地区、部门间合理流通，必然会遭到有关部门的阻碍，影响资源按照统一大市场原则要求合理配置。

3. 加重企业的负担

个体工商业主以及企业在缴纳多项行政事业性收费项目后，成本增加，竞争力削弱，在同等市场条件下盈利空间缩小。同时，在财政资金短缺的情况下，地方政府和收费部门往往设法扩大对企业的收费量，使企业负担进一步加重。据调研情况显示，2008年广州外贸企业普遍反映在广州经商承担的费赋要比在珠三角其他城市经商承担的费赋大。

4. 费赋过重不利于经济和财政收入的持续增长

目前行政事业性收费增加了广州的可支配收入，弥补了城市发展所需资金的不足，且合理费赋能够调节市场经济秩序。然而从长远来看，费赋过重不利于广州经济和财政收入的持续增长。对比广州与国内一些主要城市以及周边其他城市，广州行政事业性收费的数额普遍偏高，降低了广州对外来资本的吸引力，削弱了本地企业的竞争力，影响了生产要素在本市的聚集，不利于广州经济和财政收入的持续增长。例如，广州开发区较广州其他地区对外来投资更有吸引力的一个重要原因就在于它从 2003 年开始实施行政管理"无费区"政策。自 2003 年实行行政管理"无费区"改革至今，广州开发区的地区生产总值、财政收入、实际利用外资额都增加了两倍左右，"无费区"政策实施对开发区经济增长起到了积极的促进作用。外省市地区，如天津滨海新区、苏州开发区对行政事业性收费项目的清理，有力地改善了投资环境，促使外部投资大幅度增长，带动了区域经济和财政收入的迅速增长。

三 国内外行政事业性收费改革经验对广州的启示

(一) 国外行政事业性收费的经验启示

1. 公开透明，实行收费听证协商制度

公众拥有知情权，政府向公众公开包括政府收费在内的财政预算报告和财政管理政策，财政收支完全公开透明，公众通过政府网站能查询到各项财政收支（包括非税收入收支）情况。在加拿大，法律明确规定公众对制定收费政策有知情权和参与权，政府有关部门必须与潜在缴费人进行有效磋商，以取得其理解和支持。政府有关部门必须在设立新的收费项目或修订收费标准之前，采取适当方式通知缴费人，向缴费人说明为什么要收费，以及收费标准如何制定等；对收费可能产生的正反两方面影响进行评估，就可能出现的问题与有代表性的缴费人进行磋商并达成共识；设立答辩程序，阐明缴费人提出意见和建议的吸收程度及原因等。

2. 收支脱钩，财政集中统管收支

作为依靠国家财政预算运行的政府部门和公有机构，在为特定对象提供专门服务时收取的费用，均需上缴国库，作为政府财政收入的组成部分，并且纳入财政预算管理，由政府统一安排使用。对于收费收入没有明确规定专项用途的，法律明确规定不与有关部门和机构的支出挂钩。即使相关法律法规明确规定了特定用途的专项性收费，也必须先全部缴入同级国库，再由政府通过财政预算安排使用。如在美国，政府机构和受政府委托的部门、单位根据预算法案和年度预算安排统一收取的各种专项收费收入，先全部缴入同级政府财政金库，再由财政部门根据收费用途分别记入相应的信托基金专户中，并依据年度预算计划按季度拨

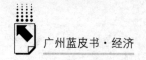

付，支出单位按规定用途专款专用，不得挪作他用。

3. 科学合理制定收费标准

对于以提供准公共物品为核心的收费，政府确定收费标准时遵循不盈利、合理负担、分类定价的原则，收费标准的确定经过严密计算和公众讨论等程序。对兼有公共和私人混合受益特性的服务，其收费标准按照弥补公共开支全部成本或费用的原则核定。如加拿大联邦《财政管理法》规定，收费标准不得超过支出成本，国库部专门制定了成本、费用计算公式，供联邦政府和部门制定收费时参考。澳大利亚对政府收费的成本、费用测算非常严格，联邦政府国库部成本核算和市场调查任务委托给其下属的专门调查机构——生产力委员会，由其对收费标准方案进行调查和核定，并提出有关政策，以确保制定的收费标准既能满足政府补偿成本的需要，又能被普通大众接受。

4. 现代化的缴费方式

在发达国家，政府收费主要由颁发各种证件以及提供社会保障、文化娱乐、旅游服务等公共事业服务的部门和单位在办理相应公务或提供相应服务时一并征收；对有明确专门用途的收费，如排污费等由国家税务部门负责征收，对垃圾处理、公共场所使用费等，则由地方税务机构在征收相应的地方税时一并征收。缴费时缴者可以采用多种渠道，如预先授权支付办法，即通过"消费者自动银行"予以自动划转；由金融机构代办缴付；通过电话委托缴付；通过邮寄付款；直接向征收机构缴纳等，通过多种现代化的缴费方式，缩短了缴费时间。加拿大等国还建立了发达的计算机信息网络系统，可以对政府收费收缴情况进行全过程的直接监控。

（二）国内其他城市的经验启示

本课题组通过对国内深圳、青岛、重庆、成都、杭州、昆明、北京等城市行政事业性收费改革的实地调研，总结了以下值得广州借鉴的主要经验。

1. 主动争取自主管理权限

按照《财政部、国家发展改革委关于发布〈行政事业性收费项目审批管理暂行办法〉的通知》精神，市级政府有权调整市本级的收费项目和标准，国内一些城市积极解读国家、省有关文件，主动争取自主管理权限。如享有地方立法权的深圳市早在2002年就发布了深圳市人民政府令第116号《深圳市行政事业性收费管理若干规定》，并于 2007 年进行了再次修订。规定指出，行政事业性收费严格按照每年公布的《深圳市行政事业性收费征收项目目录》进行收取，即使当年有国家、省下发的收费项目，也要经过深圳市人民政府审批，以确定收与不收。需要减免的收费项目由物价局、财政局上报市政府，不需上报省政府。可见，该项政府令在深圳具有绝对的权威性。与广州同为副省级城市的成都也紧紧抓住设立全国统筹城乡综合配套改革试验区的历史机遇，积极向上级争取到了行政事业收费的立项权和收费标准的调整权，原先应上缴国家、省级的非税收入留用成都市。

2. 积极争取上级政府的支持

任何一项改革都需要上级政府的大力支持，而支持与否、支持力度的大小则取决于地方政府的改革意愿和主动性。如深圳市的行政事业性收费改革力度如此之大，很大程度上是与省政府的积极支持分不开的，物价、财政部门每次上报的清理行政事业性收费方案和措施都会得到省政府的积极支持。作为地级市的昆明市，其管理权限小，但市领导改革意识强，积极争取云南省政府的支持，凡是市政府上报的改革方案，都能得到省政府的关注和积极回复。例如，2008 年昆明市政府上报的《昆明市行政事业性收费改革方案》已经获得云南省政府的审批通过，并出台了《昆明市行政事业性收费改革的若干规定》，对证照工本费、登记注册费等部分行政事业性收费实行免收。实行免收政策后的相关费用由市、县两级财政补贴。在 506 项市级行政审批项目中，保留了 197 项，取消 71 项，合并 101 项，下放到县（市、区）43 项，转为管理服务 35 项，属于内部审批项目不再对外公布的 59 项。并对现有的 172 项行政事业性收费项目中的 77 项收费项目予以免除，目前仅保留 86 项，减负 684 万元。

3. 思想解放、改革力度大

纵观国内行政事业性收费改革成效显著的城市，其成功的很大因素是市政府思想解放，改革力度大。主要表现在：①减负幅度大。如昆明市 2008 年对 506 项市级行政审批项目进行了新一轮的全面清理，合并 101 项，下放到县（市、区）43 项，转为经营服务性 35 项，属于内部审批项目不再对外公布的有 59 项，免收 77 项，保留行政事业性收费项目共 95 项；杭州市 2008 年暂停了 152 项收费项目，为企业和城乡居民每年减负 3.9 亿元，2009 年又清理暂停了 148 项行政事业性收费；深圳市自 2002 年开始，已清理了 172 项行政事业性收费，2008 年，全市保留的收费项目为 161 项，市实施收费的部门有 34 个，而管理类收费、许可证类收费、检验检测监测类收费下阶段也即将"叫停"。②为了确保行政事业性收费改革的有效实施，在清理收费的同时，这些城市还注重地方法律法规的配套建设。如重庆市早在 2002 年就开始实施的《重庆市行政事业性收费管理条例》中，有多处条款明确规定了某项行政行为应遵守的步骤和前后秩序，以及完成的期限，并且规定了不严格遵循有关程序或不作为的法律责任；并强化了人大常委会对收费的监督，加大了收费监督检查力度。深圳市在 2007 年修订的《深圳市行政事业性收费管理条例》中规定，对涉及重大社会公共利益或者自然人、法人以及其他组织重大利益的行政事业性收费项目，市物价部门应当依法举行听证。

4. 行政事业性收费改革与政府职能转变和事业单位改革相结合

目前，我国行政事业性收费中出现的诸多问题，归根到底是由于社会经济转轨时期，行政管理体制改革和政府职能转变滞后，政府包办过多的社会事务以及政企不分问题尚未得到根本解决导致的。因此，很多城市的行政事业性收费改革注重行政审批制度的改革，使政府职能的转变与机构改革同步进行。2008 年，昆明市为了配合行政事业性收费改革，相继颁布了《昆明市人民政府关于调整市级行政审批项目公告》和《昆明市人民政府关于公布行政事业性收费目录及免收目录的公告》，要求各相关部门严格按照公告公布的行政审批项目目录和确定的时限，做好对本部门行政审批项目的规范细化和对外公布工作。在大幅度精简审批事项的基础上，市级各行政部门按照"流程最短、效率最高"的原则，对保留的行政审批项目，进一步简化审批流程，最大限度地削减前置性条件，重新设定审批时限。

5. 收费调整灵活及时

昆明、成都、重庆、深圳等城市根据经济发展的实际状况合理制定收费项目和标准，及时出台减免或暂缓政策。如深圳市根据城市发展实际情况，几乎每年都有减免、清理行动。2002 年，深圳市就成立了由 8 个部门组成的清理收费工作小组，对当时 55 个行政事业收费单位的 304 项行政事业性收费进行了全面清理，并砍削了 112 项收费项目，减轻企业和社会负担 15.73 亿元，其中仅取消外来人员的城市增容费一项，就减轻社会负担 12 亿元。同时，还在国内率先实行行政事业性收费公示制度，规范收费行为。2003 年，深圳市继续降低 5 项收费、取消 5 项收费，全年减负约 1.05 亿元；同时，为减轻受"非典"影响较大行业的负担，深圳市率先出台了对涉及集贸市场、餐饮、旅店、娱乐、民航、旅游、公路客运、水路客运、出租车等 9 个行业的 20 项行政事业性收费减免政策。2004～2006 年，深圳市取消了 9 项行政事业性收费。2006 年执行省物价、财政部门公布取消的 11 项行政事业性收费项目；同时，通过制定工商"两费"（市场管理费和个体工商户管理费）的核定办法，规范了工商"两费"收费行为，不同程度地减轻了经营者的负担。2008 年，深圳市开展了清理、减免涉及农产品的收费，仅检验检疫收费一项就减轻相关企业负担约 1400 多万元。

6. 收费方式和标准的科学化

这些城市收费计征方式和标准设定也较为科学化。如广州城市基础设施配套费是按照基建投资额进行征收，操作性不强。而成都、重庆、昆明、杭州等是按照建筑面积收取；广州堤围防护费是按照企业营业额的 1.0‰～1.3‰收取，从事专业批发的商业企业，按营业（销售）额的 0.5‰计征，而深圳市虽然同样是按照企业的营业额计征，但是按企业营业额的不同而实行阶梯式征收，营业额在 1 亿元以下的企业按 0.1‰计征，为最高标准，营业额超过 30 亿元的企业按照 0.02‰收取，为最低标准。

7. 实行精细化管理

为了有效规范行政事业性收费行为，这些城市在管理上注意细节，既保证了收费的足额有效收取，也方便了企业和居民。如杭州采取公共垃圾和居民垃圾收费的分类征收等；青岛市为了完善行政事业性收费的监管网络，2009 年 3 月设立了市行政审批服务大厅，对涉及 14 个部门 32 项行政事业性收费项目实行集中审批、统一收费、综合服务的一站式服务，市大厅内行政审批事项涉及的所有行政事业性收费，均在大厅实现"一个窗口、一个网络"统一收费和即办即收，并在大厅和网上进行公示。重庆由市法制办牵头，财政局、物价局配合，完成收费清理后，严格要求相关部门向企业发放"行政事业性收费卡"，列出所有收费项目及标准，凡是卡上没有的收费项目，企业可以拒绝缴纳。

四　广州行政事业性收费改革的目标、原则和思路

（一）目标

在我国经济社会发展过程中，行政事业性收费发挥了重要作用。然而，随着

经济社会的发展，行政事业性收费的各种弊端以及存在的各种问题也日益暴露出来，项目设置和标准订立的不合理阻碍了经济社会的发展，加重了企业和居民负担，各种改革呼声日益增大。政府财政收入水平的提高也为行政事业性收费改革提供了较好的前提条件。通过推进行政事业性收费改革，明确地级以上城市政府依法行使行政事业性收费决定开征权和减免权，制定行政事业性收费减免的具体原则，指导行政事业性收费管理工作；并通过积极协调推进政府职能转变以及行政审批制度改革，实现广州行政事业性收费合理化、科学性、公平性。行政事业性收费涉及众多部门以及不同主体，还与我国的审批制度有着密不可分的联系，因此改革是一项系统工程，必须分阶段进行，逐步实现近期与中长期目标。

1. 近期目标（2009～2010 年）

在金融危机下，企业生产经营活动遭受严重负面影响，企业收益水平严重下滑，经营能力大幅度降低，为了扶持企业健康发展，促进经济尽快向好，政府必须尽快对各项行政事业性收费政策进行清理，在权限范围内或在争取上级政府同意情况下暂停征收或降低标准征收企业反映大、项目设置和标准设定不合理的项目，切实减轻企业费赋，降低企业负担。

2. 远期目标（2011～2020 年）

积极推进政府职能转变，深化行政审批制度改革，强化制度创新，在争取上级政府同意的前提下，明确地级以上城市市政府享有行使行政事业性收费决定开征权和减免权，制定行政事业性收费减免的具体原则，指导行政事业性收费管理工作。按照《规划纲要》要求，率先在广州实现审批管理零收费。对行政事业性收费收支实施严格的全过程监控，使收费项目的设置合理化。收费标准的确定应科学化，遵循等额成本原则；收费方式要便捷化，方便缴费主体。通过对行政事业性收费进行改革，使广州成为我国收费最科学、合理的地区之一，真正建立服务型、责任型、廉洁型政府，建立一套适合广州发展、具有广州特色的行政事业性收费管理模式，并为其他地区改革提供经验借鉴，最终推动我国行政事业性收费改革的进行。

（二）原则和思路

《规划纲要》明确要求珠三角地区积极探索行政事业性收费改革，先行先试，率先实现审批管理零收费，为我国行政事业性收费改革积累经验。广州应抓住《规划纲要》实施的有利时机，针对实践过程中存在的各种问题，积极争取国家和省级政府支持，充分借鉴国内外其他地区的经验，解放思想，先行先试，创新体制机制，建立一套适应广州地方经济社会发展的行政事业性收费管理新模式。

1. 科学合理原则

广州在进行行政事业性收费改革时，应遵循科学合理性原则，这主要包含如下几层意思：一是广州在开征或免征行政事业性收费项目时必须符合公共利益；二是行政事业性收费标准应科学，应与缴费主体的承受能力相适应，做到取之有度；三是在征收行政事业性收费以弥补行政成本时，收费单位应大力提高效率，降低行政成本。

2. 对等性原则

这主要是针对涉外类行政事业性收费项目。行政事业性收费改革方案必须与国际接轨，实行国际对等原则。广州在进行改革时，应根据国际惯例，实行国际对等的原则，开征或停征收费项目；参照国际标准，减免涉外收费项目。

3. 总量控制原则

广州在推进行政事业性收费改革时，应按照"总体设计、循序渐进、重点突破"的思路，对所有收费项目进行科学分类，针对不同类型实施不同的改革措施。对于现行的行政审批管理类、考试类、检验检测类、环境资源类、培训类等分别采取不同的改革措施；对不符合《珠江三角洲地区改革发展规划纲要》精神的坚决停止征收；对暂时不宜停止的采取改革收费方式或降低收费标准的方式减收。对于收费标准不合理的项目，要研究科学的收费标准。以达到科学控制行政事业性收费数额总量，确定合理基数，确保年收费总额或所占比例不能超过基数。

4. 分步实施原则

在充分考虑广州行政事业性收费改革的长期目标和当前目标基础上，制定行政事业性收费改革规划，保证广州收费改革能够按照规划有序进行，分步实施。根据近期改革目标、现实体制机制以及收费状况等，在权限范围内明确近期必须实施步骤；根据中长期目标，积极争取上级政府授权，与配套改革相协调，积极推进广州行政事业性收费改革。

五　广州推进行政事业性收费改革的对策措施

（一）更新对行政事业性收费性质、功能的认识

行政事业性收费的目的是弥补行政事业单位为特定对象进行管理或提供服务

时产生的成本费用。它体现了公平原则，避免了用全部纳税人的钱为部分人提供服务；同时也有效弥补了政府财政支出的不足。但建设资金的紧缺以及认识上的偏差，使得行政事业性收费性质以及功能逐渐发生了偏离。

应改变对行政事业性收费的认识，逐渐减少依附于行政事业性收费上的其他功能，在回归它设立初衷的基础上逐渐发挥好它对市场经济运行的调控作用。切实降低行政事业性收费在财政收入中的比例，逐渐削弱其"第二税收"的功能。在此基础上，进一步发挥其对区域经济运行的调控作用。通过严格科学核算环境资源类项目的行政成本，包括环境整治以及资源保护的直接成本以及对后代人权益的损失等，提高收费标准，从而促进资源节约型和环境友好型产业的发展；通过政府对行政事业性收费享有的减免权力，对重点发展产业予以费用减免，推进相关产业的发展。通过发挥收费的价格和财政政策工具的作用，提高地方政府对区域经济调控的有效性。

（二）确立收费规模，控制收费总量

为了切实减轻企业和居民负担，推进行政事业性收费改革，在现行条件下，应确立适度收费规模，设立总量控制指标，以免收费总量进一步膨胀。由于现行收费项目难以大规模取消或暂停征收，以及收费标准难以在短期内进行重大调整，随着广州经济总量的增加，收费规模有的还会继续扩大，不利于行政事业性收费改革的推进，因此有必要对收费进行总量控制。广州应对当前行政事业性收费现状进行充分调研，以及对行政事业性收费的使用方式、用途、效率及其贡献等进行切实分析，以便设立总量指标或者相对指标（可相对于财政收入水平等），如果年收费总额超过指标值，不能再新设立收费项目或应按比例返还给相应企业或居民户；如果年收费总额超过指标值，不能再新设立收费项目。据统计，美、英、德等发达国家的"非税收入"一般占财政收入的10%以下；深圳2008年行政事业性收费收入占市财政收入的5%左右，重庆占10%左右。而目前广州偏高，参照前述国家和地区的标准，广州行政事业性费收入占财政收入比重应逐年降低，至少应控制在10%以下，可由市物价、财政部门对每年的收费规模和总量进行统计分析，如发现超过，则可通过降低收费等途径加以调节。

（三）进一步梳理收费项目，分类处理

针对现行的收费项目进行系统梳理，在符合国家相关法规规定的基础上分类

确立收费原则，提高广州收费项目设置的科学性。一是对于行政管理类收费项目应尽快停征或取消；二是对于检验检测类收费项目，政府强制类检测项目应停征或取消，非强制类检验检测项目应降低收费标准，并在竞争比较充分的条件下转为经营类收费项目；三是环境资源类收费可根据经济社会发展情况以及居民综合承受能力等因素，保留并逐步提高收费标准；四是政府部门强制性培训类收费应停征或取消，其培训费用应由公共财政承担。

（四）科学设计收费方式和标准

一是要科学合理确定费基，比如对城市基础设施配套费，可否将费基由按投资额改为按竣工面积收费，堤围防护费改营业额为按流转税征收。二是要对收费对象分类确定征收标准（费率），如对公交等非营利、公益性行业的企业，可予停征流动人员调配费等。三是考虑对部分资源类收费实行阶梯式收费，以节约资源；四是要实行动态浮动调整，在特殊时期，如经济不景气年份，应对部分费种进行缓征、减征或免征；五是要对个别项目实行收费封顶，如对城市基础设施配套费、堤围防护费等，设立上限，以免对企业造成过重负担。

（五）先行先试，逐步推广

一是在开发区开展试点改革。今年初召开的中共广州市委九届六次会议明确将广州开发区列为广州"三促进一保持"的市级试点单位，为更好地贯彻落实国务院《珠江三角洲地区改革发展规范纲要》，充分发挥先行先试的体制优势，目前广州正研究在三个国家级开发区率先开展行政事业性收费改革。相关改革方案正在制定中，如能顺利实施并收到较好的成效，将会对加快全市改革步伐有积极的试点作用。

二是研究在广州停止征收一批审批管理类收费。为贯彻落实国务院批准的《珠三角地区改革发展规划纲要》中关于"推进行政事业性收费改革，减少收费项目"，"率先实行审批管理零收费制度"的要求，广州物价、财政等部门对现行行政事业性收费项目进行了梳理，清理出一批拟停止征收的审批管理类收费。可先对这类收费进行清理，进而再逐类改革。

（六）积极争取开征权和减免权，扩大自主管理权限

根据我国行政事业性收费相关法规规定，行政事业性收费项目的审批权限在

中央和省级政府，省级以下政府无权对收费项目进行审批。审批权限的高度集中，保证了收费项目设置的有序性，更好地维护了群众和企业利益。随着经济社会的发展，不合理、不科学的行政事业性收费所带来的负面影响越来越大，广州对于行政事业性收费改革意识不断增强，要求积极推进收费改革以促进当地经济社会发展环境的改善，在激烈的竞争中占据优势地位。然而，审批权限的高度集中也导致了地方政府在清理收费项目、调整收费标准、改革行政事业性收费收支体制等方面受到很大制约。

为了更好地为企业、居民提供服务，改善经济社会发展环境，提升城市竞争力，广州应积极向上级政府申请授权，扩大对行政事业性收费的自主管理权限。借鉴深圳、昆明、成都、青岛、杭州等地经验，在保证国家法律法规的权威性、群众利益以及上级政府财政收益的基础上，向省政府以及国家有关部门申请允许广州自主决定是否开征收费权；自主决定暂停、减免行政事业性收费项目，调整收费标准；允许广州市政府根据经济形势自主决定是否允许企业缓交、少交相关费用，或者返还相关费用；允许广州积极探索行政事业性收费管理体制改革，改变以收定支行为。根据《规划纲要》要求和精神，向国家有关部门积极争取将广州列为我国"行政事业性收费改革试点地区"，积极探索行政事业性收费改革新模式。在向省政府以及国家有关部门争取权限的同时，应充分利用好现有法律、法规、政策。

（七）设立广州行政事业性收费管理地方性政府规章

为了落实《规划纲要》的精神，建设国家中心城市、综合性门户城市，借鉴其他副省级城市以及计划单列市的做法，积极争取上级政府支持，根据国家相关法律、法规、政策精神，设立广州地方性行政事业性收费管理规章规定，明确规定广州各项行政事业性收费项目设立的法律依据，以及执行的必需条件；明确收费减免的条件以及程序；明确收费标准的制定程序；明确行政事业性收费的管理制度，如年审制度、收费公示制度等制度的具体操作程序、执行部门等；明确意见反馈的途径等。通过出台地方性行政规章，推进广州行政事业性收费改革，加快实现国家赋予广州的战略任务。

（八）建立现代行政事业性收费征管系统

建立和健全行政事业性收费信息平台和网络系统。征收技术的提高对于杜绝乱收费、利益部门化等问题具有良好的效果。广州应花大力气更新征管系统。取消所有部门、单位的收费专户，而代之以财政部门的财政专户和国库，执收单位收取的所有收入全部直接缴入财政；改变目前财政票据种类繁多的状况，除保留极少量的专用票据外（如车辆通行费等），全面推行使用"非税收入一般缴款书"，将票据的发放、认证、核销等管理工作全部通过计算机网络管理完成，使收费票据自始至终处于财政部门的有效监管之下，实现"以票管费"；为便于统计、比较、分析，应进一步推广广州的非税征管信息系统，控制执行单位的收入项目、标准、账户设置、票据使用等，监管、分析收入的来源、结构、规模等动态变化情况，规范收费行为，防止乱收费等现象的发生。

（九）对管理服务水平实行评估，提高管理服务质量

尽管广州已对行政事业性收费实行了"收支两条线"管理，杜绝了坐收坐支现象，但从财政部门的实际支出运作来看，绝大多数收费收入并未改变部门的专用权利，都会按一定比例返还给收费部门，甚至对重大收费项目明文规定专款专用，使得很大程度仍存在"收支挂钩"、"以收定支"问题。在推进行政事业性收费管理模式改革，改变以收定支现象的同时，应进一步通过考核和评估促使收费部门管理服务水平的提高。对于管理服务水平考核和评估不达标，或者排名靠后的部门，降低返还的比例，甚至不予以返还。

（十）进一步加大行政事业性收费的监督检查力度

当前，应继续推行行政事业性收费公开制度，对于收费项目、收费标准、收费对象、收费单位、审批单位、审批时间以及有效期限等要进行公示，对于收费总量、用途等要及时通过有关途径向缴费对象发布。大力检查收费执行情况，重点查处涉农、涉及垄断行业、涉及行业协会的收费情况，防止乱收费、"搭车"收费现象。进一步推广和强化非税征管信息系统，提升财政监管效能。把行政事业性收费全部纳入广州财政系统的非税征管信息系统，严控每一笔费用的收取、流向，杜绝利益部门化。进一步推进收费综合年审工作，集物价、财政、纠风、审计多部门合力，对全市行政事业性收费实行年度审查。

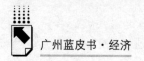

Research on Guangzhou Administrative and Utilities Charges Reform

Project Team of the Research on GuangZhou Administrative and Utilities Charges Reform

Abstract: In implementing the Outline of the Reform and Development of Pearl River Delta Area concerning the requirements for "pushing forward the reforms regarding administrative and utilities charges, reducing the categories of fees, taking the lead in adopting the 'zero-fee' system when conducting the approval procedures in Pearl River Delta Area". This article has done an in-depth research on the current charging system in Guangzhou, finds the existing problem, analyzs its causes and formulates the goals, principles, ideas as well as the measures of Guangzhou administrative and utilities charges reforms By charges reform, it yields for further promotion of the government administrative approval system's reform, improves Guangzhou investment environment and enhances Guangzhou to be more comprehensive and competitive.

Key Words: GuangZhou; Charges Reform; Research

专家数据解析　权威资讯发布

社会科学文献出版社 皮书系列

　　皮书是非常珍贵实用的资讯，对社会各阶层、各行业的人士都能提供有益的帮助，适合各级党政部门决策人员、科研机构研究人员、企事业单位领导、管理工作者、媒体记者、国外驻华商社和使领事馆工作人员，以及关注中国和世界经济、社会形势的各界人士阅读使用。

权威　前沿　原创

　　"皮书系列"是社会科学文献出版社十多年来连续推出的大型系列图书,由一系列权威研究报告组成,在每年的岁末年初对每一年度有关中国与世界的经济、社会、文化、法治、国际形势、行业等各个领域以及各区域的现状和发展态势进行分析和预测,年出版百余种。

　　"皮书系列"的作者以中国社会科学院的专家为主,多为国内一流研究机构的一流专家,他们的看法和观点体现和反映了对中国与世界的现实和未来最高水平的解读与分析,具有不容置疑的权威性。

咨询电话: 010-59367028　QQ:1265056568
邮　　箱: duzhe@ssap.cn　邮编: 100029
邮购地址: 北京市西城区北三环中路
　　　　　甲29号院3号楼华龙大厦13层
　　　　　社会科学文献出版社 学术传播中心
银行户名: 社会科学文献出版社发行部
开户银行: 中国工商银行北京北太平庄支行
账　　号: 0200010009200367306
网　　址: www.ssap.com.cn
　　　　　www.pishu.cn

图书在版编目（CIP）数据

中国广州经济发展报告．2011/李江涛，刘江华主编．—北京：
社会科学文献出版社，2011.6
（广州蓝皮书）
ISBN 978 - 7 - 5097 - 2307 - 4

Ⅰ.①中… Ⅱ.①李… ②刘… Ⅲ.①区域经济发展 - 研究报
告 - 广州市 - 2010 ②区域经济 - 经济预测 - 研究报告 - 广州市 -
2011 Ⅳ.①F127.651

中国版本图书馆 CIP 数据核字（2011）第 065944 号

广州蓝皮书
中国广州经济发展报告（2011）

主　　编/李江涛　刘江华
副 主 编/欧江波　杜家元

出 版 人/谢寿光
总 编 辑/邹东涛
出 版 者/社会科学文献出版社
地　　址/北京市西城区北三环中路甲 29 号院 3 号楼华龙大厦
邮政编码/100029

责任部门/皮书出版中心（010）59367127　　责任编辑/丁　凡
电子信箱/pishubu@ ssap. cn　　　　　　　责任校对/师敏革
项目统筹/丁　凡　　　　　　　　　　　　责任印制/董　然
总 经 销/社会科学文献出版社发行部（010）59367081　59367089
读者服务/读者服务中心（010）59367028

印　　装/北京季蜂印刷有限公司
开　　本/787mm×1092mm　1/16　　印　张/19
版　　次/2011 年 6 月第 1 版　　　　字　数/323 千字
印　　次/2011 年 6 月第 1 次印刷
书　　号/ISBN 978 - 7 - 5097 - 2307 - 4
定　　价/59.00 元

盘点年度资讯 预测时代前程

从"盘阅读"到全程在线阅读
皮书数据库完美升级

·产品更多样

从纸书到电子书，再到全程在线阅读，皮书系列产品更加多样化。从2010年开始，皮书系列随书附赠产品由原先的电子光盘改为更具价值的皮书数据库阅读卡。纸书的购买者凭借附赠的阅读卡将获得皮书数据库高价值的免费阅读服务。

·内容更丰富

皮书数据库以皮书系列为基础，整合国内外其他相关资讯构建而成，内容包括建社以来的700余种皮书、20000多篇文章，并且每年以近140种皮书、5000篇文章的数量增加，可以为读者提供更加广泛的资讯服务。皮书数据库开创便捷的检索系统，可以实现精确查找与模糊匹配，为读者提供更加准确的资讯服务。

·流程更简便

登录皮书数据库网站www.pishu.com.cn，注册、登录、充值后，即可实现下载阅读。购买本书赠送您100元充值卡，请按以下方法进行充值。

充值卡使用步骤：

第一步
· 刮开下面密码涂层
· 登录 www.pishu.com.cn
  点击"注册"进行用户注册

社会科学文献出版社 皮书系列
SOCIAL SCIENCES ACADEMIC PRESS (CHINA)

卡号：5403646547322720
密码：

(本卡为图书内容的一部分，不购书刮卡，视为盗书)

第二步
登录后点击"会员中心"
进入会员中心

SSDB
社科文献资源库
SOCIAL SCIENCE DATABASE

第三步
· 点击"在线充值"的"充值卡充值"，
· 输入正确的"卡号"和"密码"，即可使用。

如果您还有疑问，可以点击网站的"使用帮助"或电话垂询010-59367227。